묵시록 해설 [7]

―묵시록 8장 1-13절 영해(靈解)―

예 수 인

묵시록 해설 [7]
―묵시록 8장 1-13절 영해(靈解)―

E. 스베덴보리 지음
이 영 근 옮김

예 수 인

THE APOCALYPSE EXPLAINED

by

EMANUEL SWEDENBORG

차 례

옮긴이의 머리말[1] · 13
옮긴이의 머리말[2] · 17

묵시록 8장 ·· 21
   제 8장 본문(8장 1–13절) · 21
   제 8장 상세한 영적인 해설(8장 1–13절) · 23

옮긴이의 머리말[1]

작금의 기독교계에서 이해하기 가장 어려운 성경책이 있다면 아마도 ≪묵시록≫일 것입니다.
많은 교회들이나, 그 교회에 속한 사람들은 ≪묵시록≫이 성경의 편집 구조상 "마지막 책"이기 때문에, 앞서의 성경책의 내용의 결론처럼 생각하고 있습니다. 따라서 이른바 그들의 말세사상(末世思想)에 입각(立脚)해서 묵시록서를 이해하고, 해설하고 있습니다. 우리가 잘 알고 있듯이, 그들의 "말세사상" 또는 "말세론적인 가르침"은 한마디로 "이 세상이 끝이 나고, 새로운 세상이 도래(到來)한다"는 것입니다. 뿐만 아니라, 여기에다 말도 되지 않는 이른바 "세상창조 6,000년 설"을 꿰맞추어서 ≪묵시록≫의 말씀을 해석하기 때문에, 그들은 온갖 그릇된 교리(教理)를 날조(捏造)하게 되었습니다.
이와 같이 날조된 허무맹랑(虛無孟浪)한 종지(宗旨)나 미망(迷妄)은 소위 사이비기독교(似而非基督教) 또는 사이비교회(似而非教會)를 양산(量産)하는데 일조(一助)하는 결과를 빚고 말았습니다. 이런 고약한 짓을 서슴치 않고 자행(恣行)하는 자들을 우리 주님께서는 "교회의 마지막 때"(=시대의 종말)에 창궐(猖獗)할 "거짓 그리스도들" "거짓 예언자들"이라고 말씀하셨습니다(마태 24 : 24).
저자 스베덴보리 선생님께서는 이 책 즉 ≪묵시록 해설≫에서 이런 것들이 야기(惹起)된 근본적인 원인들로 크게 "두 가지"를 지적하고 있는데, 그 첫째는 성경말씀(聖言)에 대한 그릇된 이해의 오류(誤謬)이고, 그 둘째는 교회에 대한 그릇된 신념(信念)이라고 하였습니다.
먼저 성경말씀에 대한 근본적인 이해의 오류에 관해서 말씀드리겠습니다. 저자는 그의 수많은 저서 곳곳에서 언급, 주장하고 있듯이, 성경말씀은, 그것의 겉뜻인 문자적인 뜻(文字意)과 그 문자 속에 숨겨져 있는 영적인 뜻(靈意)으로 이루어졌다는 것입니다. 이 두 뜻의 관계는 마치 우리 사람의 경우에 비교한다면, 바로 전자는 우리의 육체이고 후자는 우리의 영혼이다는 관계와 같다는 것입니다. 성경말씀(聖言)이 그와 같이 이루어져야만 하는 것은, 태초 전부터 존재한 말씀(聖言)이 이 세상, 즉 시간(時間)과 공간(空間) 안에 존재하기 위해서는 반드시 시공(時空)적인 매체(媒體)를 사용할 수밖에 없었는데, 그 매체가 바로 문자

(文字)요, 문체(文體)이기 때문입니다. 이런 사실을 요한복음서는 "말씀이 육신이 되어 우리 가운데 사셨다"(요한 1 : 14)고 선포하고 있습니다. 그리고 저자는 이 책 여러 곳에서 주님께서는 "모든 것들 안에 존재하는 모든 것"이라고 하였고, 그리고 주님께서는 궁극적인 것 안에 존재하신다고 설파(說破)하였습니다.

이 책을 읽는 독자들께서는 저자가 이 책에 기술한 이른바 성언(聖言)의 문자적인 뜻과 영적인 뜻에 관해서 밝히 아시겠지만, 한마디로 성언의 영적인 뜻은 성경말씀의 문자들이나 문자적인 뜻 안에 숨겨져 있으며, 그리고 성언의 영적인 뜻은 시공(時空)을 초월(超越)한 이 세상 너머의 뜻으로, 영들(spirits)이나 천사들의 사회에서 통용되는 뜻이라고 하겠습니다.

또한 저자는 다른 책에서 이러한 뜻, 즉 영적인 뜻은 성경말씀에 속한 대응(對應)·표징(表徵)·표의(表意)의 지식이나, 그 어떤 낱말이 가지고 있는 고유의 뜻에 관한 지식에 의해서만 알 수 있다고 하였습니다(저자의 저서 ≪새로운 교회의 사대교리≫ 중 제 2편 "성경에 관한 새 예루살렘의 교리" 참조).

그럼에도 불구하고 작금의 기독교계는 성경말씀의 문자적인 뜻에만 매달려서, 그리고 그들의 잘못된 교리적인 신조(信條)에 얽매여서, 다시 말하면 그들의 그릇된 미망(迷妄)이나 종지(宗旨)에 사로잡힌 채 성경말씀을 이해하고, 해석하려고 하고 있습니다. 우리가 경험하였듯이, 그 결과는 무가치(無價値)한 것이고, 혹세무민(惑世誣民)적인 신기루(蜃氣樓)였습니다. 그 대표적인 예를 든다면 "붉은 용"(묵시록 12 : 3)이 소위 "공산당"이나 공산주의자들의 괴수인 "소련"이라는 것이고, 그리고 "666"(묵시록 13 : 18)을 마귀의 숫자로 규정하고, 그것을 이른바 '바·코드(bar code)화'해서, 그 칩을 사람의 머리에 삽입(揷入)시켜, 마귀들이 그 사람들을 자신들의 의도대로 이끌고 간다는 매체로서 해석한다는 것 등등이 되겠습니다.

밝히 말씀드리지만, 저자는 성경에 기록된 모든 것들은—그것이 낱말이든, 인물이든, 지명이나 나라이든, 심지어 금수(禽獸)에 이르기까지, 또는 그 어떤 역사적인 사건들까지도—높게는 주님에 관해서, 낮게는 주님의 나라나 교회에 관해서, 아주 낮게는 우리 사람에 관해서 서술하고 있다는 것입니다. 그러므로 묵시록서에 서술된 것들도, 그것이 어떤 것이든, 바로 위에 언급된 것들에 관한 것입니다.

그리고 저자가 지적하고 있는 두 번째 원인인 "교회에 관한 그릇된 신념"에 관해서 말씀드리겠습니다. 우리가 잘 알고 있듯이 "교회"는 어떤 사람들이 정의하고 있듯이, 이른바 가시적인 "하나의 공동체"를 뜻하는 것은 아닙니다. 여기서 가시적인 것들이라고 하는 것은 교회의 건물을 비롯하여, 그 건물에서 행해지는 예배의 예전이나, 그 예배에 속한 사람들과 그 예전에 사용되는 수많은 집기(什器)들의 공동체를 가리키는데, 사실 이런 의미의 공동체가 교회일 수는 없습니다. 굳이 공동체라는 말을 한다면, 예배 받는 주체인 우리 주님과 예배하는 객체인 우리 사람의 공동체입니다.

본질적으로 교회는, 주님께서 요한복음서에서 여러 차례 말씀하셨듯이, "주님께서 사람 안에, 사람이 주님 안에 존재할 때, 그 사람이 교회"인 것입니다. 이런 교회를 가리켜 우리 예수님은 자기 자신을 성전(聖殿)이라고 말씀하셨습니다(요한 2 : 19-22). 그리고 서간문은 여러 곳에서 우리 사람이 곧 하나님의 집, 또는 성전이라고 설파하였습니다(고린도 전서 3 : 9 ; 3 : 16 ; 6 : 19 ; 고린도 후서 6 : 16 ; 베드로 전서 2 : 5). 그리고 출애굽기서는 사람이 주님을 만나는 곳(會幕)이라고 하였습니다(출애굽 33 : 7).

따라서 진정한 교회는, 단순한 예전적인 예배나, 그 예전이 집전되는 건물이 아니고, 우리 주님을 창조주요, 구원주로 고백하고, 예배하며, 그리고 그분의 말씀(=가르침·진리)에 순종하는 삶이 있을 때, 교회입니다. 이 두 초석—주님의 시인과 그의 말씀에 순종하는 삶—이 바로 묵시록서에서 언급된 "두 증인" 즉 "두 그루의 올리브 나무"요, "두 개의 촛대"가 뜻하는 것입니다.

그럼에도 불구하고 이 두 초석은 시간과 공간 속에서, 시간의 경과와 더불어 변절(變節)되었는데, 이것이 바로 저자가 말하는 "교회의 종말과 시작"입니다. 그리고 또한 교회의 종말과 시작의 연속적인 역사가 우리 주님의 인류구원의 대업(人類救援 大業)입니다.

저자가 기술하고 있는 내용은, 묵시록서에 기술된 모든 예언적인 사건들은—개별적인 것이든 전체적인 것이든—바로 우리 주님의 인류구원의 대업에 관한 것이다는 것입니다. 말세론적인 말로 표현된 것을 빌려서 말한다면 하나의 교회의 종말은 곧 새로운 교회의 시작으로 이어지고 있다는 것입니다. 왜냐하면 인류구원이 단절(斷絶)된다면, 주님나라는 존속될 수 없고, 그리고 주님나라가 계속해서 존재하지 않는다면, 주님께서는 주님 자신의 속성(屬性)이나 명분(名分)을 상실하는 것이기 때문입니다.

따라서 묵시록서는 크게 나누면 첫째는 교회의 본질적인 것에 관해서(1-3장), 둘째는 교회들의 심판에 관해서(4-7장), 셋째는 개혁교도, 또는 개혁교회에 대한 심판에 관해서(8-10·13·15·16장), 넷째는 로마 가톨릭 종파에 대한 심판에 관해서(17·18장), 그리고 마지막으로 그 심판들이 있은 뒤, 새롭게 세워질 새로운 교회에 관해서(3·11·12·14·19-22장) 기술하고 있습니다.

저자는 "묵시록 영해"에 관해서 두 책을 저술하였습니다. 그 하나는 ≪묵시록 계현≫(黙示錄 啓顯·the Apocalypse Revealed)이고, 다른 하나는 ≪묵시록 해설≫(黙示錄 解說·the Apocalypse Explained)입니다. 우리의 ≪묵시록 해설≫은 후자의 번역이 되겠습니다. 번역에 사용된 책은 미국 새교회 재단(Swedenborg Foundation)이 1968년도에 발간한 표준판(Standard Edition)입니다.

이 번역서가 나오기까지 격려와 조언을 아끼지 않은 예수교회 소속의 여러 목사님들과 남양주시에서 목회하시는 김기표 목사님, 여러 면에서 재정적인 도움을 주신 논산시의 안영기 집사 내외분과 자당 어른되시는 윤순선 전도사님, 무척 어려운 가운데서도 헌신적으로 word processing에 수고하신 조근휘 목사님, 그리고 경제적으로 작, 크게 도움을 주신 여러분들에게 감사의 말씀을 드리고, 끝으로 번역에 참여해 주신 박예숙 권사님에게 이 자리를 빌어서 감사의 말씀을 드립니다.

끝으로 와병(臥病) 중에 계신 <예수+교회 동산 예배당>의 방성찬 복음사의 쾌유를 두 손 모아 우리 주님에게 간절히 기도드립니다.

독자 여러분의 편달(鞭撻)과 지도(指導)를 거듭 말씀드립니다. 감사합니다.

2007년 11월 1일
예수+교회 제일 예배당 서재에서
이 영 근

옮긴이의 머리말[2]

제 짧은 인생에서 우리나라 기독교계의 두 번의 비극적인 사건을 보았습니다. 하나는 1992년의 이른바 "휴거소동"이고, 또 하나는 2014년의 "양푼 비빔밥 성만찬" 사건입니다. 전자는 매스컴을 통해 떠들썩하게 잘 알려졌으므로 특별히 소개하지 않겠습니다. 그러나 후자 "양푼 비빔밥 성만찬" 사건은 크게 알려진 것은 아니지만, 《한겨레 신문》에 기재된 것은 이런 내용입니다. 교단은 알 수 없고, "동녘 교회"(김경환 목사 시무)에서 있었던 일입니다. 이 사건은 한마디로 말하면 성만찬의 "빵"(=떡) 대신에 교인들 가정에서 각자 준비한 우리나라 음식인 "비빔밥"을 준비하고, 그것들을 모두 큰 그릇에 넣어서 만든 비빔밥을 사용하였고, 그리고 어른들은 "포도주"로, 어린 아이들은 "포도 주스"로 성만찬 예배를 드렸다는 것입니다. 그 이유를 그 교회의 담임목사는 예수님 당시에는 일상적인 음식이 "빵이었고, 포도주"였기 때문에, 오늘날 우리에게는 일상적인 음식이 "밥"이기 때문에, 특히 "공동체"인 교회에서는 "비빔밥"이 성만찬에서는 제격이라는 설명입니다.

이쯤 되면 정말 꼴불견의 극치(極致)입니다. 왜냐하면 기독교회의 "성만찬"이나 성만찬 예배는 예배의 진수(眞髓)이기 때문입니다. 성만찬의 "빵과 포도주"는 일상의 먹거리나 마실거리로 먹는 것은 더더욱 아닙니다. 왜냐하면 우리가 잘 알고 있듯이 "성만찬의 빵(=떡)과 포도주"는 우리 주님의 살과 피를 표징하고, 그리고 그것은 곧 우리 주님의 신령선과 신령진리를 표징(表徵)하는 것이기 때문이지, 결코 조달(調達)하기 쉽기 때문에 그것들이 사용된 것은 아니기 때문입니다.

근자 기독교계통의 TV방송사들이 많은지라 여기서도 때로는 "꼴 불견들"이 더러더러 소개되는 것을 볼 수 있습니다. 그중의 하나는 근자 교황님의 방문 시 "영성체"를 모실 때 그것의 빵에 대해서 설명하는 어느 가톨릭 신자는 그것을 가리켜 "양념이 하나도 들어가지 않은 것"이라고 방송에서 말하는 것을 들었습니다. 또 하나는 서울의 대형교회를 자처하는 성만찬 예배를 집전하는 목사의 말입니다. 술을 마시면 기분이 좋기 때문에 "성만찬에서 포도주가 사용되는 것"이라는 취지(趣旨)의 설명입니다.

이런 사건, 사실에 대하여 비극(悲劇)이라는 낱말을 사용한 것은 시쳇말로 지나치게 "뻥 튀긴 것입니까?" 우리의 것·우리의 문화·우리의 유산이 값진 것이기 때문에 육성(育成)하고, 보호, 장려한다는 데는 동의하지만, 위의 사건들은 우리 문화나 전통과는 아주 무관(無關)한 것이라고 생각됩니다. 제가 아주 역설하는 말입니다.

우리나라 개신교회가 지키는 11월의 이른바 "추수감사주일"이나 "추수감사예배"는 우리의 것이 아니고 미국의 명절을 우리가 지키는 것입니다. 특히 그 주일을 성경말씀이 정하고 있는 것도 아니라면, 우리의 것으로, 우리의 문화에 맞는 것이 더 좋은 것이 아니겠습니까! 따라서 11월 추수감사주일은 우리 민족의 전통 명절인 "한가위" 명절 때로 바뀌어야 제격이라고 생각합니다. 차치(且置)하고 "휴거소동"은 이른바 "종말론적 말세론"이나 성경말씀의 잘못된 해석인 이른바 "주님의 재림신앙"에서, 그리고 "이 세상 창조 6,000년설"에서 빚은 촌극(寸劇)이라고 한다면, 지나친 과언(過言)입니까? 그리고 "비빔밥 성찬" 사건은 성경말씀의 영적인 뜻을 모르고, 그저 단순한 "편의주의"(便宜主義)나 개혁(改革)이면 다 좋다는 "개혁 과신론자"나 "개혁 만능주의자"들의 씻을 수 없는 과오(過誤)라고 지적하고 싶습니다.

왜 이런 비극이 일어나는 것일까요? 한마디로 그 이유를 말한다면 "무지 무식"(無知 無識)의 결과라고 생각합니다. 다시 말하면 성경말씀을 "문자로만" 그리고 "문자적인 뜻으로만" 읽고, 그렇게 이해하고, 믿기 때문입니다.

그런 과오를 저지르면서도 그들 대부분은 때로는 성경말씀의 "영적인 뜻"이라고 말하기도 하지만, 사실 그들의 그 영적인 뜻까지도 어느 심리학자, 어느 시인, 어느 철학자나 어느 종교가가 말하는 뜻이나 해석을 빌리는 것이 대부분입니다. 왜냐하면 성경말씀이 뜻하는 영적인 뜻이 아니기 때문에, 그들의 "영적인 뜻"은 일관성(一貫性)이 없고, 따라서 체계적이지 못하기 때문입니다. 그러므로 그들의 "영적인 뜻"으로는 성경말씀의 전반적인 뜻이나 개별적인 뜻까지도 해석되지 않은 것은 물론, 이해되지도 않습니다. 저자 스베덴보리 선생님은 성경말씀의 영적인 뜻을 시공(時空)을 초월(超越)한 것이고, 따라서 주님나라에서 통용(通用)되는 것으로 정의(定義)하고 있습니다. 그리고 그것은 체계적이고, 일관성이 있는 것이고, 따라서 성경말씀 어디에나 적용될 수 있는 것입니다.

이런 초지(初志)의 일관된 변함없는 영적인 뜻으로 저자는 묵시록서를 해설하고 있습니다. 저자는 자신의 "영계처럼" 가운데 있었던 것이나, 천사들과의 대화(對話)에서, 때로는 성경말씀에 대한 해박(該博)한 지식으로, 또는 저자 자신의 심오(深奧)한 이성(理性)적인 판단(判斷)이나 직관(直觀)에 의하여 본서 ≪묵시록 해설≫을 저술하였습니다.

번역하는 사람이 불학무식(不學無識)하고, 기독교회의 가르침에 밝지 못하기 때문에 저자의 뜻을 바르게 번역하지 못한 과오도 많이 있으리라 생각하지만, 무식한 우격다짐으로 여러분에게 일독(一讀)을 강권(强勸)합니다. 왜냐하면 여기에 한국 기독교회의 소망이 있고, 사명이 있고, 진정한 기독교회의 가르침인 "구원"(救援)이 있기 때문입니다.

이 책의 출판을 위해 워드·프로세싱에 헌신적으로 수고하신 ≪사단법인 한국상담심리연구원≫의 안시영 실장님에게 이 난을 빌어 감사의 말씀을 드립니다.
지금까지 격려해 주시고, 편달(鞭撻)을 주신 독자 여러분, 그리고 교역자 목사님 여러분, 특히 김홍찬 목사님의 조언에 감사말씀을 드립니다. 감사합니다.

2014년 11월 23일
양천구 우거(寓居)에서
이 영 근 드림

제 8장 본문(8장 1-13절)

1 그 어린 양이 일곱째 봉인을 뗄 때에, 하늘은 약 반 시간 동안 고요하였습니다.
2 그리고 나는 하나님 앞에 서 있는 일곱 천사를 보았습니다. 그들은 나팔을 하나씩 가지고 있었습니다.
3 또 다른 천사가 와서, 금향로를 들고 제단에 섰습니다. 그는 모든 성도의 기도에 향을 더해서 보좌 앞 금제단에 드리려고 많은 향을 받았습니다.
4 그래서 향의 연기가 성도들의 기도와 함께 천사의 손으로부터 하나님 앞으로 올라갔습니다.
5 그 뒤에 그 천사가 향로를 가져다가, 거기에 제단 불을 가득 채워서 땅에 던지니, 천둥과 요란한 소리와 번개와 지진이 일어났습니다.
6 그 때에 나팔을 하나씩 가진 일곱 천사가 나팔을 불 준비를 하였습니다.
7 첫째 천사가 나팔을 부니, 우박과 불이 피에 섞여서 땅에 떨어졌습니다. 그래서 땅의 삼분의 일이 타버리고, 나무의 삼분의 일이 타버리고, 푸른 풀이 다 타버렸습니다.
8 둘째 천사가 나팔을 부니, 불타는 큰 산과 같은 것이 바다에 던져졌습니다. 그래서 바다의 삼분의 일이 피가 되고,
9 바다에 사는, 생명이 있는 피조물들의 삼분의 일이 죽고, 배들의 삼분의 일이 부서졌습니다.
10 셋째 천사가 나팔을 부니, 큰 별 하나가 횃불처럼 타면서 하늘에서 떨어져서, 강들의 삼분의 일과 샘물들 위를 덮치면서 내렸습니다.
11 그 별의 이름은 '쑥'이라고 합니다. 그래서 물의 삼분의 일이 쑥이 되고, 많은 사람이 그 물을 마시고 죽었습니다. 그 물이 쓴 물로 변하였기 때문입니다.
12 넷째 천사가 나팔을 부니, 해의 삼분의 일과 달의 삼분의

일과 별들의 삼분의 일이 타격을 입어서, 그것들의 삼분의 일이 어두워지고, 낮의 삼분의 일이 빛을 잃고, 밤도 역시 그렇게 되었습니다.

13 그리고 내가 보고 들으니, 날아가는 독수리 한 마리가 하늘 한가운데로 날면서, 큰소리로 "화가 있다. 화가 있다. 땅 위에 사는 사람들에게 화가 있다. 아직도 세 천사가 불어야 할 나팔 소리가 남아 있다"하고 외쳤습니다.

제 8장 상세한 영적인 해설(8장 1-13절)

485. 1-4절. 그 어린 양이 일곱째 봉인을 뗄 때에, 하늘은 약 반시간 동안 고요하였습니다. 그리고 나는 하나님 앞에 서 있는 일곱 천사를 보았습니다. 그들은 나팔을 하나씩 가지고 있었습니다. 또 다른 천사가 와서, 금향로를 들고 제단에 섰습니다. 그는 모든 성도의 기도에 향을 더해서 보좌 앞 금제단에 드리려고 많은 향을 받았습니다. 그래서 향의 연기가 성도들의 기도와 함께 천사의 손으로부터 하나님 앞으로 올라갔습니다.

[1절] :
"그(=그 어린 양)가 일곱째 봉인을 뗄 때"에라는 말씀은 그 교회의 마지막 상태에 관한 예언(豫言·prediction)을 뜻합니다(본서 486항 참조). "하늘은 고요하였습니다"(=하늘에는 고요가 있었다)는 말씀은 그런 부류이고, 그 교회의 마지막이 임박했다는 것에 깜짝 놀랐다는 것을 뜻합니다(본서 487항 참조). "약 반 시간이었다"는 말씀은 아래에 이어지고 있는 변화들을 겪기 위한 모든 것들의 준비에 대응하는 때를 뜻하고, 또한 그것에 앞서의 지체(遲滯)에 대응하는 때를 뜻합니다(본서 488항 참조).

[2절] :
"나는 하나님 앞에 서 있는 일곱 천사들을 보았다"는 말씀은 모든 천계가 주님에게 보다 더 내면적으로, 그리고 보다 더 근접하게 결합되었다는 것을 뜻합니다(본서 489장 참조). "그들은 나팔을 하나씩 가지고 있었다"(=그들에게 일곱 개 나팔들이 주어졌다)는 말씀은 그것들에게서 비롯된 입류(入流)를 뜻하고, 결과적으로는 상태의 변화들이나 분리들을 뜻합니다(본서 489[A]항 참조).

[3절] :

"또 다른 천사가 와서, 제단에 섰다"는 말씀은 천적인 선을 통한 주님과 천계의 결합을 뜻합니다(본서 490항 참조). "(그는) 금향로를 들고 있다"는 말씀은 영적인 선과 천적인 선의 결합을 뜻하고, 따라서 보다 높은 천계의 결합을 뜻합니다(본서 491항 참조). "그는 많은 향을 받았다"(=그에게 많은 향이 주어졌다)는 말씀은 풍부함 가운데 있는 진리들을 뜻합니다(본서 492항 참조). "그는 모든 성도의 기도에 향을 더해서 보좌 앞 금제단에 드릴 것이다"는 말씀은 반드시 악한 사람에게서 분리되고, 그리고 반드시 구원받아야 할 자들과 천계와의 결합을 뜻합니다(본서 493항 참조).

[4절] :

"향의 연기가 성도들의 기도와 함께 천사의 손으로부터 하나님 앞으로 올라갔다"는 말씀은 주님과 모두와의 결합을 뜻합니다(본서 494항 참조).

486. 1절. 그(=그 어린 양)가 일곱째 봉인을 뗄 때…….

이 말씀은 그 교회의 마지막 상태에 관한 예언(豫言)을 뜻합니다. 이러한 뜻은, 위에서 언급한 것과 같이(본서 352·361·369·378·390·399항 참조), 그 교회의 계속적인 상태들을 예언하는 것이나, 증명, 밝히는 것을 가리키는 "봉인을 뗀다"(opening a seal)는 말의 뜻에서, 그리고 또한 이것에 관해서도 언급하겠지만, 충분하고, 완성된 것을 가리키고, 따라서 그것에서부터 마지막을 가리키는 "일곱째"(seventh)의 뜻에서 잘 알 수 있습니다. 왜냐하면 충분하고 완성된 것은 마지막 것이기 때문입니다. 교회의 마지막 상태는, 거기에 선이 전혀 없기 때문에, 진리가 전혀 없는 때를 가리킵니다. 똑같은 뜻이지만, 인애가 없기 때문에 믿음이 전혀 없는 때입니다. 그 때가 교회의 마지막 상태라는 것은 《최후심판》 33-39항을 참조하십시오. 그리고 이 상태에서 일어나는 것이 무엇인지는 아래에 이어지는 것에서 입증하겠습니다.

[2] 여기서 생기는 것이나, 입증되는 것은, 최후심판 전에 영계에서 일어납니다. 왜냐하면 영계에서의 교회의 상태는, 자연계에서의 그 때의 그것과 비슷하기 때문이지만, 그러나 그것은 또다른 겉모습(外現) 아래에 있을 뿐입니다. 영계에는 수많은 사회들이 있고, 그 사회들은 선과 진리의 정동들에 따라서, 그리고 그것들의 다양성들에 따라서 분별, 구분됩니다. 그리고 사후(死後) 그들의 각각은 자기 자신의 정동에 따라서 그들 사회의 각각에 들어갑니다. 그것은 자연계의 그런 것과 같은 것은 아닙니다. 영계의 이런 구별들 때문에, 거기의 교회는 이 땅에 있는 그런 모습으로 나타납니다. 그리고 이들 양계(兩界)의 교회는 대응들에 의하여 하나의 교회를 이룹니다. 영계에서 교회의 마지막 상태가 되었을 때 그 때 예언되었던 모든 것들은 아래에 이어지는 것에서 완성, 완결되었습니다. 이들 중에 몇몇은, 그것들이 보여졌기 때문에, 아래의 내용에서 언급, 설명되겠습니다.

487. 하늘은 고요하였다(=하늘에는 고요가 있었다).
이 말씀은, 그 교회가 그런 부류이고, 그리고 그것의 종말이 임박했다는 것에 깜짝 놀랐다는 것을 뜻합니다. 이러한 뜻은 아래에 이어지는 내용에서 명백합니다. 그것은 교회의 파멸을 기술하고 있고, 그들 안에 전혀 교회가 없는 모두의 영벌(永罰)을 기술하고 있습니다. 다시 말하면 그들 안에는 진리와 선의 결합이 전혀 없고, 또한 믿음과 인애의 결합이 전혀 없기 때문입니다. 왜냐하면 이런 결합은 모두 각자에게서 교회를 이루기 때문입니다. 일곱째 봉인이 열릴 때, 이런 것들이 천계에서 지각되기 때문에, 그리고 그러므로 이런 것들이 천사들의 마음을 사로잡기 때문에, 거기에도 놀라움이 있었고, 그리고 그 놀라움으로 말미암아 고요함이 있었습니다. "고요함"(silence)은 많은 뜻을 가지고 있는데, 일반적으로 그것은 그것을 야기시키는 모든 것들을 뜻하고, 그리고 이런 것들 가운데는 놀라움에 의하여 특별하게 야기되는 것이 있습니다.

488. 약 반 시간 동안(고요하였다).
이 말씀은 아래에 이어지는 변화들을 겪기 위한 모든 것들의 준비에 대응하는 때를 뜻하고, 또한 그것에 앞서의 지체에 대응하는 때를 뜻합니다. "반 시간"이라고 언급되었는데, 그것은 "반"(半·a half)이 대응적으로는 많은 것을 뜻하기 때문이고, 그리고 충분함으로는 넉넉한 것을 뜻하기 때문입니다. 그리고 여기서 "한 시간"(an hour)은 지체(遲滯)나 연기(延期)를 뜻합니다. 성경말씀에는 "시간"(hour)이 자주 언급되는데, 그것은 긴 기간이나 짧은 기간을 뜻하지만, 그러나 어떤 시간의 기간은 생각되지 않습니다, 그리고 숫자가 거기에 부가되었을 때, 예를 들면 첫째(the first), 둘째(the second), 여섯째(the sixth), 열째(tenth), 열두째(the twelfth) 시간이라는 것이 언급되었을 때, 그것은 상태의 기간을 뜻합니다. 그리고 그 때 부가 된 숫자의 뜻에 일치하여 상태의 질(質)을 뜻합니다. "시간"의 뜻에 관해서는 본서 194항을 참조하시고, "반"(half)이 대응적으로는 많은 것을, 충분함으로는 넉넉한 것을 뜻합니다(《천계비의》 10255항 참조).

489. 2절. 그들은 나팔을 하나씩 가지고 있었습니다(=그들에게는 일곱 개 나팔이 주어졌다).

이 말씀은, 주님에게 더 내면적으로, 그리고 더 근접적으로 결합된 천계를 뜻합니다. 이러한 뜻은 모든 천계들을 뜻하는 "일곱 천사들"의 뜻에서 명확한데, 여기서 "일곱"(7)은 모든 인물들이나 모든 사물들을 뜻하고(본서 257 · 299항 참조), 그리고 "천사들"은 천계들을 뜻합니다(본서 90 · 302 · 307항 참조). 그리고 또한 주님에게 결합된 것을 가리키는 "하나님 앞에 서 있다"는 말의 뜻에서(본서 462 · 477항 참조)에서 명확합니다. "하나님 앞에 서 있는 일곱 천사들"이 지금은 주님에게 보다 내면적으로, 보다 근접적으로 모든 천계들이 주님에게 결합된 것을 뜻하는 이유는 아래의 단락에서 설명되겠습니다.

489[A]. [2] 그들에게 일곱 나팔들이 주어졌다(=그들은 나팔을 하나씩 가지고 있었다).
이 말씀은 그들에게서 비롯된 입류를 뜻하고, 그리고 결과적으로는 상태의 변화들이나 분리(分離)들을 뜻합니다. 이러한 뜻은 장차 계시될 신령진리를 뜻하는, 그리고 명료하고 분명하게 계시될 "나팔"이나, "뿔"(horn)의 뜻에서 명확합니다(본서 55 · 262항 참조). 여기서는 주님에게서 비롯된 천계를 통한 신령선과 신령진리의 입류를 뜻합니다. 왜냐하면 그 입류를 통해서 모든 변화들이나 분리들은 다루어졌기 때문입니다. 그러한 사실은 아래에 이어지는 것에서 이루어지겠습니다. 왜냐하면 매 때마다 천사는 나팔을 불고, 변화를 기술하고, 그리고 분리가 이루어지기 때문입니다. 그러므로 아래에서 "나팔을 분다"는 것은 입류를 뜻합니다.

[3] 심판 전에, 그리고 심판 중에 일어나는 상태의 변화들이나, 선한 사람에게서 악한 사람의 분리나, 악한 사람에게서 선한 사람의 분리 따위는 앞에서 언급하고, 입증한 것과 같이(본

서 413[A] · 418[A] · 419[A] · 426항 참조), 주님으로부터 천계를 통해서 오는 신령신과 신령진리의 내면적인 입류나, 보다 짙은, 보다 더 조절된 입류에 의하여 이루어집니다. 그리고 또한 그것이 어떻게 행해지는지, 그리고 뒤어진 결과의 종류가 무엇인지는 5절에서 "그 천사가 향로를 가져다가, 거기에 제단 불을 가득 채워서 땅에 던졌다"는 말씀을 뜻하고, 그리고 그 뒤에는 "천사들이 나팔을 불렀다"는 말씀이 뜻합니다. 이런 일은 천계를 통해서 주님에 의하여 행해지기 때문에, 그러므로 주님께서는 제일 먼저 천계를 당신 자신에게 더 내면적으로, 더 근접적으로 결합시키십니다. 왜냐하면 그렇게 하지 않으면 천계들은 또한 위험에 빠지기 때문입니다. 그러므로 "하나님 앞에 서 있는 일곱 천사들"은 이런 뜻을 가리키고, 그리고 "하나님 앞에 서 있다"는 것은 그분에게 결합된 것을 뜻합니다. 그리고 그들이 보다 더 내면적으로, 더 가까이에 그분에게 결합되었을 때, 그들 자신 안에 전혀 영적인 선이 존재하지 않는 자들은 분리됩니다. 왜냐하면 결합하는 것은 오로지 영적인 선이기 때문이고, 그리고 영적인 선에서 그것의 본질(本質)이나 그것의 실재(實在)를 획득하지 못하는 외적인 선이나 자연적인 선은 결합되지 못하기 때문입니다.

[4] 주님께서 천사들을 당신 자신에게 그들의 영적인 선에 유입하는 강력한 입류에 의하여, 그리고 이것을 통하여 악한 사람의 내면적인 것에의 입류에 의하여, 보다 내면적으로, 그리고 보다 근접적으로 결합시킬 때, 선한 사람으로부터 악한 사람의 이런 분리는 어느 정도 총명의 상태에 있는 자들이 이해하기 위한 것입니다. 왜냐하면 이런 부류의 입류를 통해서 외적인 것들 안에 있는 선이나 자애(慈愛)를 오직 가장(假裝)하는

악한 사람의 내면적인 것들은 열리기 때문입니다. 그리고 그들의 내면적인 것들이 열리게 되었을 때, 내적으로 감추어 숨겨졌던 온갖 악들이나 거짓들은 적나라하게 드러나기 때문입니다. 이런 일은, 그들이 전혀 영적인 선을 가지고 있지 않기 때문에 일어납니다. 그리고 영적인 선이 없는 외적인 선(external good)은 오직 겉치레적인 선(apparent good)이고, 본질적으로는 가장된 선이고, 위선적인 선입니다. 이러한 것은, 내면적인 것들이 까발려지고, 숨겨진 것들이 공개되기 전까지는 명확하지 않습니다. 사람에게 있는 영적인 선은, 진리들에 의하여, 그리고 그것들에 일치하는 삶에 의하여 주님에 의하여 형성됩니다. 그러나 내적 영적 선(internal spiritual good)에서 분리된 외적인 선은, 자아(自我)나 세상을 목적으로 지니고 있는 도덕적인 삶(a moral life)에 의하여 형성되고, 또한 영예나, 재물, 그리고 육신의 쾌락들을 목적으로 가지고 있는 도덕적인 삶에 의하여 형성됩니다. 만약에 이런 것들만이 중요하게 여겨진다면, 신령 진리는, 명성(名聲)을 얻는 수단들이 아니라면, 전혀 무가치(無價値)한 것으로 생각될 것입니다. 이것은 앞에서 언급된 것 같이, 그것은 유일한 목적으로서 외적인 것들을 소유합니다. 선한 사람에게 있는 내적인 선이나 외적인 선에 관해서, 그리고 악한 사람에게 있는 그것들에 관해서는 《새 예루살렘의 교리》 36-53항을 참조하십시오. 이런 것들은 뒤에 이어지는 것을 이해하게 하기 위하여 순서에 따라서 이미 언급되었습니다. 이 주제에 관하여 언급, 입증된 것은 본서 413[A]・418[A]・419[A]・426항에 인용한 것을 참조하십시오.

490. 3절. **또 다른 천사가 와서, 제단에 섰습니다.**
이 말씀은 천적인 선을 통한 주님과 천계의 결합을 뜻합니다.

이러한 내용은, 이것에 관해서 곧 언급하겠지만, 천계를 가리키는 "천사"의 뜻에서, 그리고 이것에 관해서도 곧 언급하겠지만, 주님사랑에 속한 선을 가리키는, "제단"의 뜻에서 명확합니다. 요한이 본 것들은 표징적이기 때문에 "천사"는 천사적인 천계(the angelic heaven)을 뜻합니다. 그리고 천계는 그의 시야에는 들어낼 수 없기 때문에, 따라서 천계들 대신에 천사들이 보인 것입니다. 예를 들면 위에서와 같이 "하나님 앞에 서 있고 일곱 천사들"이 보였고, 따라서 천계들을 표징하는 "스물네 장로들과 네 생물들"이 보였습니다(본서 313[A]·332·362·462항 참조). 그러므로 여기서는 "제단에 서 있는 천사"가 되겠습니다. 요한이 본 천사들은 천계를 표징하는데, 그 이유는 주님 앞에 있는 전 천계는 마치 천계의 각각의 사회와 같이, 한 천사 사람(one angel-man)과 같기 때문입니다. 천사는 인간적인 모습을 가리키는 자신의 천사적인 모습을 보편적인 천계(the universal heaven)에서 취하기 때문입니다. 이것에 관해서는 나의 저서《천계와지옥》51-58·59-67·68-72·73-77·78-86항을 참조하십시오. 거기에는 이 비의(秘義)가 충분하게 설명, 전개되었습니다. 이런 이유 때문에 천사가 표징적으로 나타날 때에는, 그는, 그가 온 천계의 사회나, 또는 수많은 사회들이나, 또는 다루어지고 있는 천계나 교회에 관한 보편적인 천계를 표징합니다. 성경말씀에서 "천사들"이 천계에 있는 온전한 사회들을 뜻한다는 것, 그리고 또한 전 천계를 뜻한다는 것은 본서 90·302·307항을 참조하십시오. "제단에 서 있는 천사"가 극내적인 천계, 즉 삼층천을 뜻하는데, 그것은 "제단"이 주님사랑에 속한 선을 뜻하기 때문이고, 그리고 극내적인 천계, 즉 삼층천에 있는 모두는 주님사랑에 속한 선

8장 1 - 13절

안에 있기 때문입니다.
[2] 천계에서는 제단이 보이지 않는데, 그 이유는 이스라엘 민족이 가지고 있었던 그런 제단은 존재하지 않기 때문입니다. 그러나 성경말씀에는 제단이 자주 언급되고 있고, 그리고 그것이 주님사랑에 속한 선을 뜻하고, 그리고 그 선에서 비롯된 예배를 뜻하기 때문에, 그러므로 성경말씀을 기록한 요한에 의해서 제단이 보였습니다. 그것은 성경말씀이 어디에서나 그것 자체와 조화를 이루기 위해서입니다. 비슷한 이유 때문에 그는, 향을 드리기 위한 금제단을 보았고, 그리고 또한 향로와 방향(芳香)을 보았는데, 그것 역시 곧 언급되겠습니다. 묵시록 11장 19절에는 언약궤(the ark of the Covenant)도 보였습니다. 왜냐하면 수많은 표징적인 것들은 천계에서 아래에 서 있는 자들에게 보이지만, 그럼에도 불구하고 그것은 실제적으로 거기에 존재하지 않기 때문이고, 그러나 거기에는 주님의 입류로 말미암아 생각하고 거기의 천사들이 생각하는 그런 것들의 표징적인 형체들만 있기 때문입니다. 결과적으로 그것들은 모두가 신령적인 것들의 표의(表意)적인 것입니다. 예를 들어 보겠습니다. 케르빔을 가리키는 동물들이 보이고, 그리고 일곱 봉인을 한 책이 있고, 처음에 네 봉인들이 열렸을 때 거기에는 말들이 나왔고, 다른 곳에서는 그 밖의 다른 것들이 언급되었습니다. 그러므로 여기서는 제단, 향로, 향내음이 나타났습니다. 이것들은, 이런 것들이 성경말씀에 거명되었고, 그리고 그것들이 신령한 것들을 뜻하기 때문에 요한의 시각에 진열(陳列), 보이었습니다. 그리고 묵시록에 있는 성언(聖言)은 유산한 것들에 의하여 기술된 것이기 때문입니다. 이스라엘 민족에게는 두 제단들이 사용되었는데, 하나는 "번제의 제단"(the altar of burnt-

offering)이라고 부르는 것이고, 다른 하나는 "향의 제단"(the altar of incense)이라고 부르는 것인데, 후자는 금으로 씌워졌기 때문에, 그것은 "금제단"(the golden altar)이라고 불리웠습니다. "번제단"(the altar of burnt-offering)은 주님과 천적인 선에서 비롯된 주님의 예배의 표징이고, 분향단(the altar of incense)은 주님과 영적인 선에서 비롯된 주님의 예배의 표징입니다. 천적인 선은 주님사랑에 속한 선이고, 영적인 선은 이웃을 향한 인애의 선입니다. 그러나 일반적으로나 개별적으로 제단이 표징하고 표의하는 것이 무엇인지는 본서 391항을 참조하십시오.

491. 금향로를 들고 있다.

이 말씀은 영적인 선과 천적인 선의 결합을 뜻합니다. 따라서 높은 천계들의 결합을 뜻합니다. 이러한 뜻은 영적인 선에서 비롯된 예배를 가리키는 향로(香爐 · censer)의 뜻에서 명백합니다. 왜냐하면 이런 예배는 향로들에서 비롯된 향기(=향내음 · 香氣)가 표징하기 때문입니다(본서 324항 참조). "금향로를 들고 있다"는 것은 영적인 선과 천적인 선의 결합을 뜻하는데, 그 이유는 그 제단에 서 있는 천사는 향로를 가지고 있고, 그리고 "제단"은 천적인 선에서 비롯된 예배를 뜻하기 때문입니다. 그리고 "금향로"는 천적인 선에서 비롯된 영적인 선을 뜻하고, "금"(金)은 천적인 선을 뜻하기 때문입니다. 유대 민족이나 이스라엘 민족에게서 사용된 향로들은 놋쇠(brass)로 만들어졌습니다. 이런 향로들에게서 비롯된 향기의 제물(祭物 · offering)은 영적인 선에서 비롯된 예배를 표징하고, 그리고 동시에 자연적인 선과 영적인 선의 결합을 표징합니다. 왜냐하면 "놋쇠(黃銅 · brass)"는 자연적인 선을 뜻하기 때문입니다. 그러므로 여기서 "금향로"는 영적인 선과 천적인 선의 결합을 뜻합니다. 그것은 또한 보다 높은 두 천계들의 결합을 뜻하는데, 그것은 극내적인 천계의 선은 천적인 선을 가리키고, 중간천계의 선은 영적인 선을 가리키기 때문입니다. 그러므로 이들 선들이 거명, 언급되었을 때에는 역시 천계들의 결합을 뜻하는데, 그 이유는 선이 천계를 형성하는 것이기 때문입니다. 천적인 선은 주님사랑에 속한 선이고, 그것은 가장 높은 천계, 즉 극내적 천계를 형성합니다. 그리고 영적인 선은 이웃을 향한 인애에 속한 선을 가리키고, 그리고 그것은 그 아래에 있는 천계를 형성하는데, 그것은 이층천, 즉 중간천계라고 불리웁니다.

[2] 성경말씀에서 "유향"(乳香 · frankincense)은 영적인 선을 뜻하고, 그것을 담는 향로도 똑같은 것을 뜻합니다. 어디에서나 그릇은 내용(=알맹이)으로 여깁니다. 이러한 것은 아래의 장절들에게서 잘 볼 수 있습니다. 이사야서의 말씀입니다.

   너는 나에게
   번제물을 가져 오지 않았고……
   유향 때문에
   너를 괴롭게 하지도 않았다.
   (이사야 43 : 23)

"음식제물과 유향"이 언급되었는데, 여기서 고운 밀가루로 만들어진 "곡식제물"(meal-offering), 그러므로 빵은 천적인 선을 뜻하고, 따라서 "유향"은 영적인 선을 뜻하기 때문입니다. 이들 둘이 함께 언급되었는데, 그것은 성경말씀의 모든 것 안에는 선과 진리의 혼인(=결합)이 있기 때문이고, 다시 말하면 어디에서나 그것은 선에 관해서 다루고 있고, 또한 그것은 진리에 관해서 다루고 있기 때문입니다. 그것의 본질에서 영적인 선은 진리입니다. 이것은 "유향"이 영적인 선을 뜻한다는 것, 즉 천적인 선에 속한 진리를 뜻한다는 것을 보여 주고 있습니다. 이러한 내용은, "음식제물"과 "유향"이 함께 거명된 다른 장절들에게서 더 잘 볼 수 있습니다. 이사야서 말씀입니다.

> 소를 죽여 제물로 바치는 자는
> 사람을 쳐죽이는 자와 같다……
> 분향(=유향)을 드리는 자는
> 우상을 찬미하는 자와 같다.
> (이사야 66 : 3)

[3] 예레미야서의 말씀입니다.

> 그들은 번제물과 희생제물과 곡식제물과 유향을 가지고 와서, 주의 성전에서 감사의 제물을 바칠 것이다(예레미야 17 : 26).

여기서 "번제물"은 천적인 사랑의 선에서 비롯된 예배를 뜻하고, "희생제물"은 영적인 사랑의 선에서 비롯된 예배를 뜻하고, 이들 두 선들은 "곡식제물과 유향"이 뜻합니다. "곡식제물과 분향제물"은 동일합니다. 왜냐하면 "분향제물"은 주로 유향으로 만들어지기 때문입니다. 말라기서의 말씀입니다.

> 곳곳마다, 사람들이 내 이름으로 분향하며, 깨끗한 제물(=곡식제물)을 바칠 것이다(말라기 1 : 11).

시편서의 말씀입니다.

> 내 기도를
> 주님께 드리는 분향으로 받아 주시고,
> 손을 위로 들고서 드리는 기도는
> 저녁 제물(=곡식제물)로 받아 주십시오.
> (시편 141 : 2)

그러므로 레위기서의 말씀입니다.

> 그 위에 기름과 향을 놓아라. 이것이 곡식제물이다(레위기 2 : 1, 2, 15).

이런 일은, 곡식제물이 천적인 선과 영적인 선의 결합을 표징하기 위하여 행해졌습니다. 왜냐하면 "기름"(oil)은 천적인 선을 뜻하고, "유향"은 영적인 선을 뜻하기 때문입니다.
[4] 그러므로 다시 레위기서의 말씀입니다.

> 유향을 성막 안에 있는 진설병(the bread of faces) 위에 놓아라(레위기 24 : 7).

이런 일은 두 종류의 선의 결합 때문에 행해졌습니다. 왜냐하면 "빵"(餠·bread)은 천적인 선을 뜻하기 때문이고, "유향"(=향)은 영적인 선을 뜻하기 때문입니다. 그러므로 유향이 빵 위에 놓여졌을 때, 그것은 두 선의 결합을 뜻합니다. 천적인 선과 영적인 선의 결합을 뜻하기 위해서는 빵을 위한 식탁은 성막 안에 두어야 했습니다. 그리고 다른 쪽에는 분향을 위한 제단을 설치하여야 했습니다.
[5] 어디에서나 "곡식제물과 유향"이 거명되는 것은 아닙니다. "기름과 유향"은 함께 거명되고, "금과 유향" 역시 함께 거명

되는데, 그것은 "기름"이나 "금"은, "곡식제물"과 마찬가지로, 천적인 선을 뜻하기 때문입니다. "기름과 향"은 에스겔서에 함께 거명되었습니다.

> 너는 내가 준 기름과 향을 그것들 앞에 가져다 놓았다(에스겔 16 : 18).

이사야서에는 "금과 유향"이 거명되었습니다.

> 스바의 모든 사람이
> 금과 유향을 가지고 와서,
> 주께서 하신 일을 찬양할 것이다.
> (이사야 60 : 6)

마태복음서의 말씀입니다.

> 동방에서 온 박사들(=점성가들)은 그들의 보물 상자를 열어서, 아기 예수에게 황금과 유향과 몰약을 예물로 드렸다(마태 2 : 11).

여기서 "금"은 천적인 선을 뜻하고, "유향"은 영적인 선을 뜻하고, "몰약"(myrrh)은 그것들에게서 비롯된 자연적인 선을 뜻합니다. 따라서 세 천계의 세 선들을 뜻합니다. 이러한 내용은 향로를 들고 제단에 있는 것으로 보인 천사의 뜻을 명확하게 합니다. 왜냐하면 "제단"은 천적인 선의 표징이고, 향로는 영적인 선의 표징이고, 그리고 이들 둘은 영적인 선과 천적인 선의 결합의 표징을 가리키기 때문입니다. 똑같은 것이지만, 보다 높은 천계들의 결합을 가리키고, 또한 천적인 천사들이 있는 천계와 영적인 천사들이 있는 천계와의 결합을 뜻합니다.

492. **또 다른 천사는 많은 향을 받았다**(=또 다른 천사에게는 많은 향이 주어졌다).

이 말씀은 넉넉함 가운데 있는 진리들을 뜻합니다. 이러한 내용은 영적인 선에 속한 진리들을 가리키는 "향"(香 · incense)의 뜻에서, 그리고 진리의 풍부함을 가리키는 "많다"(much)의 뜻에서 명백합니다. 왜냐하면 성경말씀에서 "군중"(=무리 · 群衆 · multitude)은 진리에 관해서 서술하기 때문이고, 그리고 "다량"(多量 · magnitude)은 선에 관해서 서술하기 때문입니다. "향"이 진리들을 뜻하는데, 그것은 향의 제물들은 영적인 선에게서 비롯된 예배를 표징하기 때문입니다. 그리고 "유향"은, 앞의 단락에서 입증된 것과 같이, 영적인 선을 뜻하기 때문입니다. 그러므로 유향의 "향의 제물"(incense-offerings)은 그 선에게서 발출하는 것을 표징하고, 그리고 진리들은 그 선에서 발출하는 것을 표징합니다. 왜냐하면 진리들은 그 선의 것이기 때문입니다. 다시 말하면 사람이 그 선으로부터 생각하고 말한 것입니다. 더욱이 영적인 선은 진리들에 의하여 사람 안에 형성됩니다. 왜냐하면 진리들은, 사람이 그것에 일치하여 살 때, 사람에게 있는 영적인 선이 되기 때문입니다(본서 458[A]항 참조). 따라서 영적인 선은 그것의 본질에서는 진리입니다(본서 376[A · B · E]항 참조). 그러나 향의 제물이나 그것들의 뜻은 앞에서 상세하게 다루었습니다(본서 324항 참조).

493. **그는 모든 성도의 기도에 향을 더해서 보좌 앞 금제단에 드릴 것입니다.**

이 말씀은 악한 사람에게서 분리된 자들과의 천계의 결합을 뜻하고, 그들이 구원받는다는 것을 뜻합니다. 이러한 뜻은, 그것에 관해서 곧 언급하겠지만, 영적인 선에서 비롯된 예배 안에 있는 자들이 진리들에 의하여 보다 높은 천계의 선한 자와 결합하는 것을 가리키는 "기도하는 자에게 있는 향을 드리는 것"의 뜻에서, 그리고 진리들에 의하여 선 안에 있는 자들을 가리키는, 따라서 영적인 선 안에 있는 자들을 가리키는 "모든 성도들"의 뜻에서 잘 알 수 있습니다. 이들이 "성도들"(saints)이라고 불리웠습니다(본서 204항 참조). 그리고 또한 향이 그것 위에 드려진 제단이 "금제단"이라고 불리워졌기 때문에, 영적인 선이 있는 곳인, 천계를 가리키는 "금제단"(the gold alter)의 뜻에서, 그리고 또한 천계와의 결합을 가리키는, "보좌 앞에 있다"라는 말의 뜻에서 잘 알 수 있습니다. 여기서 "보좌 앞에 있다"는 것은, 위에서 언급한 것과 같이(본서 462 · 477 · 489항 참조), 결합(結合)을 뜻합니다.

[2] 이들 낱말들이, 악한 자에게서 분리된 자들과 천계의 결합을 뜻하고, 그리고 그들이 구원받는다는 것을 뜻한다는 등은 속뜻으로, 그리고 시리즈로 다루어진 것들에서, 그리고 지금 언급하고, 뒤이어 언급할 것들과의 연결에서 잘 알 수 있고, 그리고 또한 속뜻으로 그 낱말들의 뜻에서 잘 알 수 있겠습니다. 왜냐하면 지금 우리의 본문장이나, 뒤이어지는 장들은 교회의 마지막 상태를 다루고 있기 때문입니다. 다시 말하면 다가오는 그것의 종말이나, 임박한 심판의 때를 가리키는 그것의 상태를 다루고 있기 때문입니다. 그러나 이에 앞서 그 상태가 기술되었습니다. 그것은 구원받게 될 자들의 분리가 다루어졌는데, 이들은 그들의 이마에 도장을 받은 자들이 뜻하는 자들입니다. 그리고 앞 장에서는 "흰 두루마기"를 입은 자들에 의하여 다루어졌습니다. 그 이유는 저주를 받게 될 그들과 동시

에 그 사회에서 이들이 제휴(提携)하기 때문입니다. 우리의 본문장에서는 그것에 의하여 분리되고, 구원받게 된 자들이 기술되었습니다. 다시 말하면 보다 높은 천계는 신령선이 유입하는 신령입류에 의하여, 그리고 그것을 통하여 영적인 선에 유입하는 신령입류에 의하여 밀접하게 주님과 결합하고, 그 뒤에는 이런 선들을 통한 신령입류에 의하여 구원받을 자들과 영벌을 받을 자들이 함께 있는 낮은 지역에 들어온 자들과 결합합니다. 보다 높은 천계에서 온 주님의 입류는, 이 세상에서 선 가운데 산 자들에 의하여 영접, 수용되는데, 왜냐하면 그 선은 그들에게서 계속되기 때문입니다. 그러므로 그 선에 의하여 그들은 보다 높은 천계와 결합하고, 따라서 그들은 입류를 영접, 수용할 수 없는 자들에게서 분리됩니다. 그 이유는 그들이 이 세상에서 사는 동안 그들은 선 안에서 살지 않고 악 안에서 살았기 때문입니다.
[3] 이러한 내용이 복음서에서 하신 주님의 말씀이 뜻하는 것입니다. 복음서의 말씀입니다.

> 그 때에 두 사람이 밭에 있을 터이나, 하나는 데려가고, 하나는 버려 둘 것이다. 두 여자가 맷돌을 갈고 있을 터이나, 하나는 데려가고, 하나는 버려 둘 것이다 (마태 24 : 40, 41 ; 누가 17 : 34-36).

이것이 속뜻으로 시리즈로 다룬 것들의 뜻입니다. 그리고 또한 지금 언급된 것이나, 뒤에 언급될 것인 그것들의 관계를 뜻합니다. 이런 것들에 관해서는 본서 413 · 418 · 419 · 426 · 489항을 참조하십시오. 이상에서 볼 때 밝히 알 수 있는 것은, 이런 말씀들 즉, "그는 모든 성도의 기도에 향을 더해서 보좌 앞 금제단에 드리려고 많은 향을 받았습니다"는 말씀이 영적인 뜻으로 무엇을 뜻하는지 잘 알 수 있겠습니다. 다시 말하면, 앞에서 분리된 자들이 보다 높은 천계와의 결합을 뜻한다는 것, 그리고 그들이 구원받는다는 것을 뜻한다는 것을 잘 알 수 있겠습니다. 향을 가지고 바치려는 "기도하는 자들"은, 기도하는 자들을 뜻하지 않고, 오히려 선에서 비롯된 진리들을 뜻하고, 그것에 의하여 기도들은 바쳐졌습니다. 왜냐하면 사람에게 있는 진리들은 기도하는 것이고, 그리고 사람은, 그가 진리들에 일치하여 살 때, 계속해서 그런 기도들 안에 있기 때문입니다. 성경말씀에서 "기도들"이 사람에게 있는 선에게서 비롯된 진리들을 뜻하는 것이지, 결코 입 안에 있는 기도를 뜻하지 않는다는 것은 본서 325항을 참조하십시오.

494. 4절. 그래서 향의 연기가 성도들의 기도와 함께 천사의 손으로부터 하나님 앞으로 올라갔습니다.
이 말씀은 주님과의 모든 것의 결합을 뜻합니다. 이러한 내용은, 그것에 관해서 곧 언급하겠지만, 영적인 선에 속한 진리를 가리키는 "향의 연기"의 뜻에서, 그리고 또한 앞에서 분리된 자들과 구원받은 자들에게 있는 선에서 비롯된 진리들을 가리키는 "성도들의 기도들"의 뜻에서(본서 493항 참조), 그리고 천계를 가리키는 "천사"의 뜻에서(본서 490항 참조) 잘 알 수 있습니다. 그러므로 "천사의 손으로부터"라는 말씀은 천계에 속한 방법들에 의한 것을 뜻합니다. 그리고 또한 위에서 언급한 것과 같이(본서 462 · 477 · 488항 참조), 주님과 결합된 것을 가리키는 "하나님 앞"(before God)이라는 말씀의 뜻에서 잘 알 수 있습니다. 그러므로 우리의 본문 말씀인 "향의 연기가 성도들의 기도와 함께 천사의 손으로부터 하나님 앞으로 올라갔다"는 말씀은 천계의 수단들에 의하여 이루어진 주님과의 모든 결합을 뜻합니다. "향의 연기"(=향기·향내음)는 신령선에서 비롯된 진리들을 뜻하는데, 그것은 그 연기가 비롯된 근원인 "유향"(乳香·frankincense)은 영적인 선을 뜻하기 때문이고, 그리고 그 유향을 태운 "불"(fire)은 천적인 선을 뜻하기 때문에, 따라서 그것에서부터 올라간 "연기"는 선에서 비롯된 진리를 뜻합니다. 왜냐하면 모든 진리는 선에서 발출하기 때문입니다. 이것이 바로 "연기"가 표징적인 것이 된 이유입니다. 그것의 향기나 그것의 감미로운 향내음에서 비롯된 유쾌한 "향의 연기"는 선에서 비롯된 진리의 표징(表徵)입니다. 왜냐하면 "향기나 감미로운 향내음"은 유쾌한 것이나, 마음에 드는 것을 뜻하기 때문입니다(본서 324[A]항 참조). "연기"(=내음·smoke)가 모세의 글에서도 동일한 뜻을 가지고 있습니다.

> 그들(=레위 자손들)은……
> 주 앞에 향을 피워 올리고,
> 주의 제단에 번제(=온전한 번제의 희생)드리는 일을
> 계속하고 있습니다.
> (신명기 33 : 10)

여기서 "레위 자손들"은 영적인 선에 속한 진리들 안에 있는 자들을 뜻하는데, 이들 진리들은 "연기"(smoke)가 뜻하고, 천적인 선은 "온전한 희생의 번제"(=번제)가 뜻합니다. 향의 연기는 "향의 구름"(=그 향의 연기가 구름처럼)이라고 하였습니다(에스겔 8 : 11). 따라서 반대의 뜻으로 "연기"는 앞에서 비롯된 거짓을 뜻합니다(그것의 예는 이사야 34 : 10 ; 요엘 2 : 30 ; 나훔 2 : 13 ; 시편 18 : 8 ; 37 : 20이다). 그 이유는 이런 연기를

만드는 그 불은 사랑(=애욕)에 속한 악을 뜻하기 때문입니다.
495. 5, 6절. 그 뒤에 그 천사가 향로를 가져다가, 거기에 제단 불을 가득 채워서 땅에 던지니, 천둥과 요란한 소리와 번개와 지진이 일어났습니다. 그 때에 나팔을 하나씩 가진 일곱 천사가 나팔을 불 준비를 하였습니다.
[5절] :
"그 천사가 향로를 가져다가, 거기에 제단 불을 가득 채웠다"는 말씀은 천적인 사랑과 영적인 사랑의 결합을 뜻합니다(본서 496항 참조). "그것을 땅에 던졌다"는 것은 분리되고, 옮겨질 자들이 있을 곳인, 낮은 영역에의 입류를 뜻합니다(본서 497항 참조). "거기에 천둥과 요란한 소리와 번개가 있었다"는 것은 선과 악에 관한, 그리고 진리와 거짓에 관한, 정동들의 소동(騷動 · disturbance)이나 그것에서 비롯된 생각들(思想)의 소동에서 비롯된 추론(推論 · reasonings)들을 뜻합니다(본서 498항 참조). 여기서 "지진"(地震)은 교회의 상태의 변화들을 뜻합니다(본서 499항 참조).
[6절] :
"그 때에 나팔을 하나씩 가진 일곱 천사가 나팔을 불 준비를 하였다"는 말씀은 천계에서 나온 입류로 말미암아 야기된 그들의 질서 가운데 있는 변화들을 뜻합니다(본서 500항 참조).
496. 5절. 그 천사가 향로를 가져다가, 거기에 제단 불을 가득 채웠다.
이 말씀은 천적인 사랑과 영적인 사랑의 결합을 뜻합니다. 이러한 뜻은 앞에서 언급한 것과 같이(본서 491항 참조), 영적인 선을 가리키는 "향로"(香爐 · censer)의 뜻에서, 그리고 모든 선이 사랑에 속해 있기 때문에, 따라서 영적인 사랑을 가리키는 그 뜻에서, 그리고 또한 천적인 사랑을 가리키는 "제단의 불"(the fire of the altar)의 뜻에서 명백합니다. 왜냐하면 성경 말씀에서 "불"(fire)은 양쪽의 뜻으로 사랑을 뜻하기 때문입니다. 다시 말하면 천적인 사랑과 지옥적인 사랑(=애욕)을 뜻하기 때문입니다. "제단의 불"은 천적인 사랑을 뜻하는데, 그 이유는 불이 그것 위에 놓이는 번제의 제단(the altar of burnt-offering)은 그 사랑에서 비롯된 주님의 예배에 속한 으뜸되는 중요한 표징이기 때문입니다(본서 490항 참조). 주님의 이 사랑은 변함없는 것이기 때문에, 그러므로 불이 그 제단에서 계속해서 반드시 타야 한다는 것이 지정, 약속되었고, 그리고 그들은 향을 태우기 위하여 향로에 있는 불을 취하도록 약속되었는데, 그것은 영적인 사랑과 천적인 사랑의 결합을 표징하기 위해서 행해졌습니다.

[2] 불이 제단에서 계속해서 타고 있어야 한다는 것은 레위기서의 말씀에서 명확합니다. 그 책의 말씀입니다.

> 제단 위의 불은 타고 있어야 하며, 꺼뜨려서는 안 된다. 제사장은 아침마다 제단 위에 장작을 지피고, 거기에 번제불을 벌여 놓고, 그 위에다 화목제물의 기름기를 불살라야 한다. 제단 위의 불은 계속 타고 있어야 하며, 꺼뜨려서는 안 된다(레위기 6:12, 13).

이 장절은 주님의 신령사랑은 멈추지 않고, 영원하다는 것을 표징합니다.

[3] 그들이 향을 태우기 위하여 향로 안에 있는 제단의 불에서 취하여야 한다는 것은 모세의 글에서 잘 볼 수 있습니다.

> 아론은 주 앞의 제단에 피어 있는 숯을 향로에 가득히 담고, 또

> 곱게 간 향기 좋은 향가루를 두 손으로 가득 떠서, 휘장 안으로 가지고 들어가서, 주 앞에서 향가루를 숯불에 태우고, 그 향 타는 연기가 증거궤 위의 덮개를 가리우게 하여야 한다(레위기 16 : 12, 13).
> 모세가 아론에게 말하셨다. "형님께서는, 향로에 제단 불을 담고, 그 위에 향을 피워, 빨리 회중에게로 가서, 속죄의 예식을 베푸십시오." …… 아론이 모세의 말을 듣고, 향로를 가지고 회중에게로 달려갔다. …… 아론이 백성에게 속죄의 예식을 베풀었다(민수기 16 : 46, 47).

이 장절은 모든 화해나 속죄나 죄의 씻음은 주님의 신령사랑에서 비롯된다는 것을 뜻합니다. 그리고 그것 안에 있는 그 사랑을 가지고 있는 모든 것은 주님에게서 들렸고, 영접, 수용되었습니다. 그리고 향의 연기의 솟음은 순종과 수용을 표징합니다.

[4] 고라와 다단과 아비람과 그의 동료들이 제단과 타고 있는 향불에서 불을 취하였기 때문에, 그것으로 말미암아 그들의 향로들은 거룩하게 되었습니다. 이것에 관한 말씀입니다.

> 불 탄 자리에서 향로들을 모으게 하고, 타다 남은 불은 다른 곳에 쏟게 하여라. 이 향로들은 아무나 만져서는 안 된다. …… 그 향로는 그들이 주 앞에 드렸던 것으로, 이미 거룩하게 된 것인 만큼, 향로를 망치로 두들겨펴서 제단에 씌우도록 하여라(민수기 16 : 36-39).

이 장절 역시 주님의 신령사랑의 거룩을 표징합니다. 그리고 드려진 향은 제단의 불로 말미암아 거룩하기 때문에, 그러므로 이상한 불로 피운 분향은 모독되었습니다. 그러므로 이렇게 기술되었습니다. 레위기서의 말씀입니다.

> 아론의 아들 가운데서, 나답과 아비후가 이상한 불(=금지된 불)로 향을 피워서, 주께로 가져왔다.…… 주 앞에서 불이 나와서 그들을 삼키니, 그들은 주 앞에서 죽고 말았다(레위기 10 : 1, 2).

이상한 불(=금지된 불)에서 비롯된 분향은 신령한 사랑 이외의 다른 사랑에서 비롯된 예배를 뜻하고, 그리고 더럽혀진 그 어떤 사랑에서 비롯된 예배를 표징합니다.
[5] "제단의 불"이 천계에 있는 신령 천적인 사랑이나 신령 영적인 사랑이라고 하는 주님의 신령사랑을 뜻한다는 것은 밝히 알게 하기 위하여, 여러 장절들을 인용하였습니다. 신령 천적인 사랑(Divine celestial love)은 주님의 천적인 왕국(the Lord's celestial kingdom)에 존재하고, 신령 영적인 사랑(Divine spiritual love)은 주님의 영적인 왕국에 존재합니다. 왜냐하면 천계에 들어온 모든 것들은 이 두 왕국인, 천적인 왕국과 영적인 왕국으로 나뉘기 때문입니다. 신령 천적인 사랑은 천적인 왕국을 형성하고, 신령 영적인 사랑은 영적인 왕국을 형성합니다. 천계의 모든 것들이 이들 두 왕국으로 나뉘어진다는 것은 《천계와 지옥》 20 - 28항을 참조하시고, 이들 두 사랑들이 이들 두 왕국을 형성한다는 것, 또는 모든 천계들을 형성한다는 것은 같은 책 13 - 19항을 참조하십시오. 그러나 이러한 것이 주지되어야 한다는 것은 천계에 있는 주님의 신령사랑이 천사들의 그것의 수용으로 말미암아 천적인 것과 영적인 것으로 불리운다는 것이고, 그리고 본질적으로 그것 자체는 둘로 나뉘

는 것은 아니라는 것입니다. 그리고 영적인 사랑은 천적인 사랑에서 솟아난다는 것도 주지하여야 하는데, 그것은 마치 결과가 그것의 실제적인 원인에서 비롯되는 것과 같고, 그리고 진리가 선에서 비롯되는 것과 같습니다. 왜냐하면 영적인 사랑에 속한 선은 그것의 본질에는 천적인 사랑의 선에 속한 진리이기 때문입니다. 이런 이유 때문에 이들 두 왕국은 서로서로 결합하고, 그리고 주님의 안전(眼前)에서는 하나로 존재합니다. 그러나 이러한 것이 언급된 것은 내면적인 것들을 연구, 탐색(探索)하기를 좋아하는 사람들을 위한 것입니다. "불"(fire)이 양쪽의 뜻에서 사랑을 뜻한다는 것은 아래에 이어지는 성경말씀에서 확증된 것을 잘 볼 수 있겠습니다.

497. 그 천사가 그것을 땅에 던졌다.
이 장절은, 분리되어야 하고, 옮겨져야 할 자들이 있는 곳인, 보다 낮은 영역(the lower parts)에 유입하는 입류를 뜻합니다. 이러한 내용은, 이것에 관해서 곧 언급하겠지만, 천계에서 비롯된 신령사랑의 입류를 가리키는, "제단의 불로 가득 채운 향로를 아래로 내던졌다"는 말의 뜻에서, 그리고 또한 서로가 분리되고, 옮겨지게 될 자들이 있는 곳인 낮은 영역들(the lower parts)을 가리키는 "땅"(the earth)의 뜻에서 잘 알 수 있습니다. 왜냐하면 영계에는 땅들(lands)·언덕들·산들이 있고, 그리고 이런 땅들·언덕들·산들에는 사람들이 살고 있기 때문입니다. 언덕들이나 산들에는 천사들이 살고 있고, 그리고 이런 것들이 천계들입니다. 언덕들이나 산들 아래에 있는 땅들(=지면들)에는 서로 분리되어야 할 자들이 살고 있습니다. 그러므로 여기서 "땅들"(earths)은 낮은 영역을 뜻합니다. 영계에 있는 것들의 표면이 이런 점에서 우리의 지구에 있는 것과 유사하다는 것은 나의 저서《천계와 지옥》의 여러 지면에, 그리고 나의 작은 저서《최후심판》에서 입증, 기술되었습니다. 그리고 또한 이 책 앞부분에서 자주 언급되었습니다. 이렇게 볼 때 "그가 제단의 불로 가득 채운 향로를 땅에 던졌다"는 말씀이, 장차 분리되고, 옮겨져야 할 자들이 있는 곳인, 낮은 영역에 유입된 천계에서 비롯된 신령사랑의 입류를 뜻한다는 것은 밝히 알 수 있겠습니다. 왜냐하면 그 땅 아래에는 여러 사회들이 있는데, 그 사회에는 선한 사람과 악한 사람이 함께 있기 때문이고, 그리고 이들은, 최후심판이 일어나기 전에 반드시 서로 분리되어야 하기 때문입니다. 왜냐하면 주님의 때로부터 최후심판의 때까지, 외적인 도덕적인 삶(the external moral life)을 살 수 있던 모두는, 따라서 외관상 영적인 삶을 모방(模倣)한 삶을 산 자들은 너그럽게 보아주었기 때문입니다. 이들이 최후심판 때까지 관대하게 대해 주었다는 것, 그리고 그 이유 등은 나의 작은 저서《최후심판》(the Last Judgement) 59 · 69 · 70항을 참조하시고, 그리고 이들로 형성되었던 "옛 하늘"(the farmer heaven)이 소멸되었다는 것은 같은 책 65-72항을 참조하십시오. 동일한 사회들 안에, 즉 "옛 하늘 안에" 선한 사람이 있고, 어떤 자는 거기에서 다른 자들과 함께 제휴(提携)되어 있고, 더러는 다른 곳에 있지만, 그러나 외적으로 거룩하고, 경건(敬虔)한 것에 의하여 다른 자들과 결합되어 있습니다. 그럼에도 불구하고 필수적인 것은, 최후심판 전에 선한 사람은 악한 사람에게서 분리되어야 하는데, 그것은 선한 사람이 천계에 올리워지고, 악한 사람은 지옥으로 쫓겨나야 한다는 것 때문입니다. 그리고 이런 분리가 그들 모두가 있는 낮은 영역에 유입하는, 천계에서 비롯된 신령선과 신령진리의 입류에 의하여 이루어지기 때문에, 그것으로 인하여 "그가 제단의 불로 가득 채운 향로를 땅에 던졌다"는 것이 낮은 영역에의 이 입류를 뜻한다는 것은 명확하게 알 수 있겠습니다. 선한 사람에게 있는 이 입류의 역할이나, 악한 사람에게 있는 이 입류의 작용에 관해서는 본서 413 · 418[A] · 419 · 426 · 489 · 493항을 참조하십시오.

498. (거기에) **요란한 소리와 천둥과 번개가 있었다.**
이 말씀은, 선과 악에 관해서, 그리고 진리와 거짓에 관해서, 정동들의 소란이나, 방해(妨害)들에서, 그리고 그것에서 비롯된 생각들의 소란이나 방해에서 비롯된 추론(推論)을 뜻합니다. 이러한 내용은, 이것에 관해서 곧 설명하겠지만, 추론들을 가리키는 "소리들"(voices)의 뜻에서, 그리고 선과 악, 진리와 거짓에 관해서 정동들이나 그것에서 비롯된 생각(思想)들의 다툼(=갈등)이나 방해 따위를 가리키는 "천둥들과 번개들"(thunders and lightnings)의 뜻에서 잘 알 수 있습니다. 이런 부류의 다툼(=갈등)이나 방해의 원인은 천계에서 비롯된 입류에 의하여 악한 사람에게 있는 외적인 것들의 마감들(=종말들 · the closing of the externals)이고, 그리고 내적인 것들의 열림들(=개봉들 · the opening of the internals)입니다. 외적인 것들은 선들이나 진리들을 가장(假裝 · 겉꾸밈)한 것이고, 다른 한편 내적인 것들은 악이나 거짓을 생각한 것입니다. 그러므로 그것들의 외적인 것이 닫히고, 그리고 그것들의 내적인 것들이 열릴 때, 거기에는 선과 악, 그리고 진리와 거짓에 속한 정동들이나 생각들의 다툼과 방해가 일어납니다. 결과적으로 온갖 추론(推論)들이 생깁니다. 이런 것들은, 영계에서, 마치 군중의 소리, 투덜대는 소리, 짜증나는 소리, 협박하는 소리, 다투는 소리 따위로 들립니다. 약간 떨어진 곳에서는 이런 소리들은 들리지 않는데, 거기에 있는 그것들은 마치 천둥들이나 번개들처럼 듣고, 봅니다. 천둥들은 정동들의 다툼(=갈등)에서 생겨나기 때문에, 그리고 번개들은 그것에서 비롯된 생각들의 다툼(=갈등)에서 생기기 때문입니다. 이런 것들은 보다 높은 천계에서 비롯된 신령선과 신령진리가 보다 낮은 영역에로의 내려옴에서 생기기 때문에, 선한 사람이 듣고 보았을 때, 음성들, 천둥들, 번개들은 지각이나 예증에 관한 신령진리를 뜻합니다. 이런 뜻은 본서 273 · 353항을 참조하십시오. 그러나 악한 사람이 듣고 보았을 때의 그것은 전혀 다릅니다.

499. 지진이 일어났습니다.
이 말씀은 교회의 상태의 변화들을 뜻합니다. 이러한 내용은 교회의 상태의 변화들을 뜻하는 "지진"의 뜻에서 명확합니다 (본서 400항 참조). 영계에 있는 교회의 상태가 더 악한 사람들에 대하여 변화되고, 그리고 악과 거짓이 통치하기 시작하였을 때, 영계에서 땅들이 흔들리고, 언덕들이나 산들이 흔들린다는 것이 동일한 장소에서 입증되었습니다. 영계에서 지진들이 일어나는 것은, 거기에 있는 땅들은 영적인 근원에서 비롯되었기 때문이고, 그리고 거기에 있는 자들에게 있는 교회의 변화들에 의하여 변한다는 것 등등의 이유 때문입니다. 교회가 원기왕성한 곳의 나라(country)에서는 멋지고, 지복(至福)으로 충만하고, 꽃들의 정원이나 초장으로 충만하지만, 그러나 교회가 쇠퇴(衰退)한 곳의 그것은 흉하고, 황량한 사막이나 바위들로 가득 차 있습니다. 그 변화는 선과 진리에서부터 악이나 거짓으로 기운 교회의 쇠퇴에 정확하게 일치합니다. 그러나 이런 일은 낮은 땅에서 일어나는데, 이런 일에 관해서는 《천계와 지옥》156항을 참조하십시오. 이런 것이 그 땅의 근원이기 때문에 거기의 지진이 교회의 상태의 변화에서 비롯된다는 것은 거기에서 잘 볼 수 있습니다.

500. 6절. 그 때에 나팔을 하나씩 가진 일곱 천사가 나팔을 불 준비를 하였습니다.

이 말씀은 천계에서 비롯된 입류에서 일어나기 위한 그들의 순서에 따른 변화들을 뜻합니다. 이러한 내용은 보다 더 내면적으로, 그리고 더 밀접하게 주님에게 결합된 천계를 가리키는 "하나님 앞에 서 있는 일곱 천사들"의 뜻에서(본서 488장 참조), 그리고 입류를 가리키는 "나팔을 분다"는 말의 뜻에서, 그리고 결과적으로는 상태의 변화들이나, 분리들을 가리키는 "나팔을 분다"는 말의 뜻에서(본서 489항 참조), 잘 알 수 있습니다. 그 이유는 아래에 이어지는 것은 천계의 입류들로 말미암아 일어나는 상태의 변화들을 순서에 따라서 다루고 있기 때문에, 이러한 내용은 우리의 본문 "나팔을 하나씩 가진 일곱 천사가 나팔을 불 준비를 하였다"는 말씀이 뜻합니다.

501. 7절. 첫째 천사가 나팔을 부니, 우박과 불이 피에 섞여서 땅에 떨어졌습니다. 그래서 땅의 삼분의 일이 타버리고, 나무의 삼분의 일이 타버리고, 푸른 풀이 다 타버렸습니다.

[7절] :

"첫째 천사가 나팔을 불었다"는 말씀은 천계에서 비롯된 입류를 뜻하고, 결과적으로는 첫 번째 변화를 뜻합니다(본서 502항 참조). "우박과 불이 피에 섞여서"라는 말씀은 그것에 대하여 폭행(=모독)을 가하려는 성경말씀의 진리들과 선들이 뒤섞인 파괴하는 지옥적인 거짓이나 악을 뜻합니다(본서 503 · 504항 참조). "그것들이 땅에 떨어졌다"는 말씀은 보다 낮은 영역을 향한 진전(進展)을 뜻합니다(본서 505항 참조). "그래서 나무의 삼분의 일이 타버렸다"는 말씀은 악한 사랑들(=애욕들)에서 야기된 온갖 탐욕들(=정욕들)에 의하여 진리와 선에 속한 지각들이나 지식들이 파괴되었다는 것을 뜻합니다(506항 참조). "푸른 풀이 다 타버렸다"는 말씀은 모든 참된 지식들(=과학자들)이 동일한 사랑들의 탐욕들(=정욕들)에 의하여 파괴되었다는 것을 뜻합니다(본서 507장 참조).

502[A]. 7절. **첫째 천사가 나팔을 불었다.**
이 말씀은 천계에서 비롯된 입류를 뜻하고, 그리고 결과적으로는 첫 번째 변화를 뜻합니다. 이러한 내용은 천계에서 나온 신령진리의 입류를 가리키는 "나팔을 분다"는 말의 뜻에서 명확합니다. 그리고 그것에서 빚어진 첫 번째 변화가 지금 기술되었기 때문에, 이것이 뜻하는 것입니다. "나팔을 분다"는 것은 천계에서 나온 신령진리의 입류를 뜻하는데, 신령진리가 천계에서 아래로 내려올 때에 그것은 가끔 영계에서는 마치 뿔피리 소리(the sound of a horn)이나 나팔의 소리처럼 들리기 때문이고, 그리고 아래에 서 있는 자들에게는 말하자면 나팔들을 가지고 있는 천사들처럼 보이기 때문입니다. 그러나 이런 것들은 천계 아래에 있는 표징들이고, 외현들입니다. 왜냐하면 이와 같이 드러나 보이는 것은 낮은 영역을 향하여 천계에서 내려오고, 유입하는 것이 신령진리이기 때문입니다. 이러한 사실이, "나팔을 분다"는 것이 천계에서 나온 신령진리의 유입을 뜻하는 이유입니다.

[2] 이 내려오는 유입이 강할 때, 그것은 선한 사람에게나, 악한 사람에게 하나의 결과를 빚습니다. 선한 사람에게서 그것은 이래에 설명, 예증되고, 그리고 그것은 그들을 천계와 더욱 밀

접하게 결합시키고, 그리고 그것으로 인하여 그들을 천계와 더욱 밀접하게 결합시키고, 그리고 그것으로 인하여 그들의 마음들을 기쁘게 하고, 생동감을 줍니다. 그러나 악한 사람에게서 그것은 이해를 혼란스럽게 저해하고, 그리고 그들을 천계에서 분리시키고, 그들을 지옥에 더욱 가까이 결합시키고, 그들의 마음에 공포나 두려움 따위를 야기시키고, 종국에는 영적인 죽음을 불러옵니다. 이러한 내용은, "나팔을 분다"는 말이 사실상 신령진리의 계시(啓示)나 현현(顯現 · manifestation)을 뜻한다는 것을 명확하게 합니다(본서 55 · 262항 참조). 반대의 뜻에서는 진리의 박탈(剝奪 · deprivation)이나, 황폐(荒廢 · desolation)를 뜻합니다. 여기서 천사들이 일곱 번 나팔을 불었다고 언급되었기 때문에, "분다"(=소리 낸다 · to sound)는 말이 뜻하는 것이 무엇인지 성경말씀에서 입증한다는 것은 필수적이라고 하겠습니다. 그리고 따라서, "천사가 (나팔을) 분다"고 언급된 이유도 입증하여야 하겠습니다.

[3] "나팔을 분다" "피리를 분다"(to sound horns)는 말이 신령진리의 계시나 현현을 뜻한다는 것은, 여호와께서 시내 산에 내려오셔서, 율법을 선포하실 때, 나팔의 소리(the sound of a trumpet)에서 명확한데, 그것은 이렇게 기술되었습니다. 출애굽기서의 말씀입니다.

> 마침내 셋째 날 아침이 되었다. 번개가 치고, 천둥소리가 나며, 짙은 구름이 산을 덮은 가운데, 산양 뿔나팔 소리가 우렁차게 울려퍼지자, 진에 있는 모든 백성이 두려워서 떨었다. 모세는, 백성이 하나님을 만날 수 있게, 진으로부터 그들을 데리고 나와서 산기슭에 세웠다. 그 때에 시내 산에는, 주께서 불 가운데서 그곳으로 내려오셨으므로, 온통 연기가 자욱했는데, 마치 가마에서

나오는 것처럼 연기가 솟아오르고, 온 산이 크게 진동하였다. 나팔 소리가 점점 더 크게 울려 퍼지는 가운데, 모세가 하나님에게 말씀을 아뢰니, 하나님이 음성으로 그에게 대답하셨다.…… 주께서 모세에게 말씀하셨다. "너는 내려가서 백성에게, 주를 보려고 경계선을 넘어 들어오다가, 많은 사람이 죽는 일이 없도록 단단히 일러 두어라."…… 주께서 그에게 말씀하셨다. "너는 어서 내려가서, 아론을 데리고 올라오너라. 그러나 제사장들과 백성은 나에게 올라오려고 경계선을 넘어서는 안 된다. 그들이 경계선을 넘으면, 나 주가 그들을 쳐서 죽일 것이다." 모세가 백성에게 내려가서, 그대로 전하였다(출애굽 19 : 16 - 25).

그 때 선포된 "율법"(the Law)은 신령진리를 뜻하고, "뿔나팔 소리"는 천계에서 나온 그것의 유입(=흐름 · its flowing)과 그것의 현현을 표징하고, "뿔나팔 소리가 우렁차게 울려퍼진다"는 말은, 보다 낮은 영역에 접근하는 것에 있는, 이 입류의 증대를 뜻합니다. 왜냐하면 "백성이 산기슭(=산의 낮은 영역)에 서 있다"고 언급되었고, 그리고 "그 백성이 두려워서 떨었다"고, 그리고 "주를 보려고 경계선을 넘어 들어오다가, 많은 사람이 죽는 일이 없도록 단단히 일러 두어라"라고 그들에게 경고되었다는 말씀은 야곱의 자손들에게 있는 신령진리의 내려옴의 결과를 뜻하기 때문입니다. 내면적으로 그들이 전적으로 악하다는 것은 여러 날들이 지난 뒤에 그들의 송아지 숭배에서 명확합니다. 더욱이 만약에 그들이 멀리 떨어져 있지 않았다면 그들은 멸망하였을 것이고, 결과적으로 그들은 죽음의 공포에 빠졌을 것입니다.
[4] "뿔나팔을 분다" "나팔을 분다"는 것이 천계에서 내려오는 신령진리를 표징하고, 따라서 그것을 뜻하는데, 이러한 사

실은 이스라엘 자손들 가운데, 나팔의 제도나 쓰임이에서 잘 알 수 있겠습니다. 왜냐하면 이렇게 명령되었는데, 민수기서의 말씀입니다.

> 너는 은을 두드려서 은 나팔 두 개를 만들고, 아론의 자손들은 회중을 불러모을 때와 진을 출발시킬 때에, 전쟁에 나설 때에, 즐기는 경축일과 정기적으로 모이는 날과 매달 초하루에는 너희가 번제와 화목제물을 드릴 때에 나팔을 불어라(민수기 10 : 1-10)

나팔들이 은으로 만들어졌는데, 그것은 "은"(銀)이 선에서 비롯된 진리를, 따라서 신령진리를 뜻하기 때문입니다. "은"이, 이 뜻을 뜻한다는 것은 《천계비의》 1551 · 1552 · 2954 · 5658항을 참조하십시오. "아론의 아들들이 그 나팔들을 불었는데" 그것은 아론 자신이, 대제사장으로서, 신령선과의 관계에서 주님을 표징하기 때문이고, 그리고 그의 아들들은 신령진리와의 관계에서 주님을 표징하기 때문입니다(《천계비의》 9806 · 9807 · 9966 · 10017항 참조). 나팔은 회중의 소집(召集)들이나, 그것은 전쟁의 출정(出征)들을 위해서 불리웠는데, 신령진리는 소집하는 것을 가리키고, 거두어들이는 것을 가리키기 때문이고, 그리고 길들을 가르치고, 안내, 인도하는 것을 가리키기 때문입니다. 그것들은 기쁘고 즐거운 날에, 경축일에, 매달 초하루에, 그리고 번제물을 드릴 때 불리웠습니다. 그 이유는 천계에서 내려오는 신령진리는 기쁨과 예배의 거룩함을 생산하기 때문입니다. 그리고 나팔들은 성경말씀에서 "적군들"을 가리키는 악한 사람과 싸우는 것을 뜻하고, 전쟁들이나, 전투들을 위해서 불리웠고, 천계에서 내려오는 신령진리는 죽음의 공포를 야기시키고, 그리고 적군을 물리치고, 쫓아버리는 것을 뜻합니다. 이런 뜻에서, 그리고 이런 결과 때문에 여기서는 그 순서에 따라서 "일곱 천사들이 나팔을 불렀다"는 말씀이 언급되었습니다.

502[B]. [5] 소집(召集)을 위해 그들이 나팔들을 불 것이 명령되었기 때문에, 마태복음서에서는 주님에 의하여 이런 말씀이 언급되었습니다.

> 그는 자기 천사들을 큰 나팔 소리와 함께 보낼 것인데, 그들은 하늘 이 끝에서 저 끝까지, 사방에서 선택된 사람들을 모을 것이다(마태 24 : 31).

여기서 "큰 나팔 소리와 함께 할 천사들"은 마지막 때에 계시될 신령진리를 뜻합니다. 다시 말하면 교회가 종말에 이르렀을 때 계시될 신령진리를 뜻합니다.
[6] 이사야서의 말씀입니다.

> 그 날이 오면,
> 큰 나팔 소리가 울릴 것이니,
> 앗시리아 땅에서 망할 뻔한 사람들과
> 이집트 땅으로 쫓겨났던 사람들이 돌아온다.
> 그들이 예루살렘의 거룩한 산에서
> 주님을 경배할 것이다.
> (이사야 27 : 13)

이 장절은 주님의 강림에 관해서 언급하고 있습니다. 그리고 주님에 의한 교회에의 소집이나 구원은 "그 날이 오면 큰 나팔 소리가 울릴 것이고, 그리고 앗시리아 땅에 있는 멸망할 사람들이나, 이집트 땅에서 쫓겨난 사람들"이 뜻합니다. 여기서

"나팔을 분다"는 것은 소집하고(calling together), 구원하는 (saving) 신령진리를 뜻하고, "앗시리아 땅에서 망할 사람들"은 거짓된 추론들에 의하여 속는 자들을 뜻하고, 그리고 "이집트 에서 쫓겨난 자들"은 지식들(=과학지들)에 의하여 속은 자들, 따라서 진리의 무지(無知)에서 비롯된 거짓들 앞에 있는 이방 사람들을 뜻합니다. 이들이 사랑으로 말미암아, 그리고 진리 가운데서 주님을 예배한다는 것은 "그들이 예루살렘의 거룩한 산에서 주님을 경배할 것이다"는 말씀이 뜻합니다. 여기서 "거룩한 산"은 사랑의 선의 측면에서 교회를 뜻하고, 결과적으로는 교회에 속한 사랑의 선을 뜻합니다. 그리고 "예루살렘"은 교리의 진리의 측면에서 교회를 뜻하고, 결과적으로는 그 교회에 속한 교리의 진리를 뜻합니다. 이렇게 볼 때, "나팔(=뿔나팔 · a horn)을 분다"는 것이 천계에서 내려오는 신령진리를 뜻한 다는 것은 명확합니다.

[7] 주님으로부터 천계를 통하여 내려오는 신령진리가 심령들 (=마음들)을 기쁘게 하고, 예배의 거룩함을 주입시키기 때문에, 그리고 그러므로 나팔들(trumpets)이 즐거운 날이나 경축일에 불리우므로, 따라서 시편서에는 이렇게 언급되었습니다.

> 수금을 뜯으며, 주님을 찬양하여라.
> 수금과 아우르는 악기들을 타면서,
> 찬양하여라.
> 왕이신 주님 앞에서
> 나팔과 뿔나팔 소리로 환호하여라.
> (시편 98 : 5, 6)

스바냐서의 말씀입니다.

도성 시온아, 노래하여라.
이스라엘아, 즐거이 외쳐라.
도성 예루살렘아,
마음껏 기뻐하며 즐거워하여라.
(스바냐 3 : 14)

이 장절은 주님에 의한 교회의 설시에 관해서 언급하고 있습니다. 여기서, 나팔(trumpets)이나, "뿔나팔을 분다"는 것이나, "소리를 낸다"(=분다 · sounding)는 것은 천계에서 내려오는 신령진리로 인한 기쁨을 뜻합니다. 욥기서의 말씀입니다.

그 날 새벽에 별들이 함께 노래하였고,
천사들(=하나님의 아들들)은 모든 기쁨으로 소리를 질렀다.
(욥기 38 : 7)

이 장절은 교회의 초기의 교회의 상태에 관해서 언급하고 있는데, 여기서 "별들"(stars)은 진리나 선에 속한 지식들을 뜻하고, 그리고 "하나님의 아들들"(=천사들)은 신령진리들을 뜻합니다. 이들의 기쁨, 다시 말하면 사람들의 기쁨은, 이런 것들 때문에, 그들의 "노래를 부른다나 소리를 지른다"는 말씀이 뜻합니다.
[8] 시편서의 말씀입니다.

나팔 소리를 울리면서 주님을 찬양하여라 (시편 150 : 3).

같은 책의 말씀입니다.

축제의 함성을 외칠 줄 아는 백성은
복이 있는 사람입니다.
주님, 그런 사람들은
주의 빛나는 얼굴을 보면서
살아갈 것입니다(=즐거운 소리를 아는 백성은 복이 있다. 오 주여, 그들이 주의 얼굴 빛 가운데 걸어가리다)(시편 89 : 15).

여기서 "뿔나팔의 소리"는 마음의 기쁨을 만드는 신령진리를 뜻하고, 그러므로 신령진리를 뜻하는, "주의 얼굴빛 가운데 있다"는 말씀이 언급되었습니다. "뿔나팔 소리"나 "나팔들의 소리들"(sounds of trumpets)은 천계에서 내려오는 신령진리를 뜻하고, 그리고 여기 묵시록서에 언급된 것과 같이, 악한 사람을 두렵게 하고, 그들을 뿔뿔이 흩어지게 하는 신령진리를 뜻합니다. 일곱 천사들이 가지고 부는 "나팔들"의 뜻은 이사야서에서 아주 명확합니다.

주께서 용사처럼 나서시고,
전사처럼 용맹을 떨치신다.
전쟁의 함성을 드높이 올리시며,
대적들을 물리치신다.
(이사야 42 : 13)

여기서 대적들(enemies)은 악한 사람들을 뜻합니다. 요엘서의 말씀입니다.

너희는 시온에서 뿔나팔을 불어라.
하나님의 거룩한 산에서
경보를 울려라.

8장 1 - 13절

> 유다 땅에 사는 백성아, 모두 떨어라.
> 주의 날이 오고 있다.
> 그 날이 다가오고 있다.
> 그 날은 캄캄하고 어두운 날,
> 먹구름과 어둠에 뒤덮이는 날이다.
> (요엘 2 : 1, 2)

"여호와의 날"(=주의 날)은 주님의 강림을 가리키는데, 그 때 최후심판은 악한 사람에게서 일어납니다.
[9] 스가랴서의 말씀입니다.

> 주께서
> 그의 백성에게 나타나셔서
> 그의 화살을 번개처럼 쏘실 것이다.
> 주 하나님이 나팔(=뿔나팔)을 부시며,
> 남쪽에서 피리바람을 일으키며 진군하신다.
> (스가랴 9 : 14)

이 장절 역시 주님의 강림에 관한 것인데, 그 때 악한 사람은 멸망할 것을 가리킵니다. "뿔나팔을 분다"는 것은 신령진리에 의하여 소멸하는 것을 뜻하고, "화살이 번개처럼 나아갈 것이다"는 말씀은 분산시키고, 멸절시키는 신령진리를 뜻합니다. 그러므로 이런 말씀도 있습니다.

> 너희는 온 땅에
> 공격 신호의 깃발을 올려라.
> 만방에 나팔을 불어서,……
> 군마들을 메뚜기처럼

몰고 오게 하여라.
(예레미야 51 : 27 ; 호세아 5 : 8, 9)

[10] 영계에서 그들이 모인 곳 어디에서나 악한 사람은 진리들이나 선들에 속한 신령선과 신령진리의 입류에 의하여 자제되고, 끊겨지기 때문에, 외적인 것들로 겉꾸민 자들은 그들이 내적으로 소중히 여기는 그들의 악들이나 거짓들에 빠질 것이고, 그리고 따라서 그들은 선한 사람에게서 분리되고, 지옥으로 떨어질 것입니다. 그 때 이런 일이 없어나기 때문에 멀리에서는 마치 뿔나팔이나 나팔이 울리는 것처럼 들릴 것입니다. 그런 사실은 앞에서 여러번 반복하여서 언급하였기 때문에, 그러므로 이스라엘 자손에게는 그것은, 마치 그들이 전쟁을 위해 나팔들을 불기 때문에, 명령이었습니다. 그리고 우리는, 미디안과 싸우고, 여리고 성을 빼앗는, 그들의 전쟁들에서 비느하스나 기드온에 의하여 행해진 사건을 읽습니다. 모세의 글에 비느하스에 관해서 언급된 말씀입니다.

모세는 각 지파에서 천 명씩 무장한 만이천 명을 전쟁에 보내면서, 제사장 엘르아살의 아들 비느하스에게 성소의 기구들과 신호용 나팔을 들게 하였다. 그들은 미디안을 쳐서 남자는 모조리 죽여 버렸고, 군인들만 죽였을 뿐 아니라, 그들의 왕들도 죽였다(민수기 31 : 1-8).

[11] 사사기서에 기드온에 관해 언급된 말씀입니다.

기드온은 삼백 명을 세 부대로 나누고, 각 사람에게는 나팔과 빈 항아리를 손에 들려 주었다. 빈 항아리 속에는 횃불을 감추었다. 그리고 그는 말하기를, "나와 우리 부대가 함께 나팔을 불면, 너희도 적진의 사방에서 나팔을 불면서 '주님 만세! 기드온 만세!' 하고 외쳐라" 하였다.⋯⋯ 삼백 명이 나팔을 불 때에, 주께서 모든 적들이 저희들끼리 칼로 치게 하셨다. 적군은 도망하였다(사사기 7 : 16-22).

그리고 여리고 성을 함락시킬 때 여호수아서의 말씀입니다.

너희 가운데서 전투를 할 수 있는 모든 사람은, 엿새 동안 성 주위를 날마다 한 번씩 돌아라. 제사장 일곱 명을, 숫양 뿔나팔 일곱 개를 들고 궤 앞에 걷게 하여라. 이레째 되는 날에, 너희는, 제사장들이 나팔을 부는 동안, 성을 일곱 번 돌아라. 제사장들이 숫양 뿔 나팔을 한 번 길게 불면, 백성은 그 나팔 소리를 듣고 모두 큰 함성을 질러라. 그러면 성벽이 무너져 내릴 것이다. 그 때에 백성은 일제히 진격하여라.⋯⋯ 제사장들이 나팔을 불었다. 그 나팔 소리를 듣고서, 백성이 큰소리로 외치니, 성벽이 무너져 내렸다. 백성이 일제히 성으로 진격하여 그 성을 점령하였다(여호수아 6 : 3-20).

이런 일들은 영계에서 악한 사람의 정복을 표징합니다. 그 일은 천계에서 비롯된 신령진리에 의하여 이루어졌는데, 그것은, 위에 언급한 것과 같이, 뿔 나팔이 울릴 때처럼, 그것이 무너지는 것 같이 들렸습니다. 성경말씀에 언급된 모든 기적들은 표징적인 것이고, 그리고 그것에서 비롯된 천계에 있는 신령한 것들의 표의(表意)입니다. 그러므로 이 땅에서 적군들에 향한 나팔 소리의 결과는 영계에서 악한 사람에게 있는 결과(=효과)와 꼭 같습니다. 왜냐하면 성경말씀에서 "적군"(=원수)은 악한 사람을 표징하고, 그리고 그것으로 인하여 악한 사람을 뜻하기 때문입니다. 여기서 "미디안 사람"은 악에 속한 거짓들 안에 있는 자들을 뜻하고, "여리고 성"은 진리의 지식들의 위화(僞化)를 뜻합니다.
[12] 이렇게 볼 때 그 뜻은 아래의 예레미아서에서도 잘 볼 수 있겠습니다. 그 책의 말씀입니다.

>너희는 그 도성을 에워싸고
>함성을 울려라.
>그 도성이 손들고 항복하였다.
>성벽을 받친 기둥벽들이 무너지고,
>성벽이 허물어졌다.
>(예레미야 50 : 15).

스바냐서의 말씀입니다.

>그 날은 주께서 분노하시는 날이다.
>환난과 고통을 겪는 날,
>무너지고 부서지는 날,
>캄캄하고 어두운 날,
>먹구름과 어둠이 뒤덮이는 날이다.
>나팔이 울리는 날,
>전쟁의 함성이 터지는 날,
>견고한 성읍이 무너지는 날,
>높이 솟은 망대가 무너지는 날이다.
>(스바냐 1 : 15, 16)

이상에서 우리는 "나팔들을 분 일곱 천사들"이 뜻하는 것이 무엇인지 잘 알 수 있겠습니다. 그리고 그것에서 비롯된 그런 결과들이 여기서 이렇게 기술되었습니다. 따라서 "나팔들을 분다"는 것은 천계에서 온 신령진리의 입류를 뜻하고, 그리고 그것에서 일어난 변화들을 뜻한다는 것입니다. 왜냐하면 묵시록서의 본문장이나, 아래에 이어지는 장들은 심판 전에 영계에 있는 교회의 상태를 다루고 있기 때문이고, 그리고 악한 사람의 지옥에서의 소멸이나 추방의 상태를 다루고 있기 때문입니다.

503[A]. 우박과 불이 피에 섞여서 땅에 떨어졌습니다(=피가 섞인 우박과 불이 땅에 쏟아졌다).
이 말씀은, 거기에 폭력이나 폭행이 가해진, 성경말씀의 진리들이나 선들과 뒤섞인 파괴하는 지옥적인 거짓이나 악을 뜻합니다. 이러한 내용은, 이것에 관해서 곧 설명하겠지만, 파괴하는 지옥적인 거짓을 가리키는 "우박"(hail)의 뜻에서, 그리고 이것에 관해서도 곧 언급하겠지만 파괴하는 지옥적인 악을 가리키는 "불"(fire)의 뜻에서, 여기서는 폭력이나 폭행이 가해진 것인, 결과적으로는 위화된 신령진리인, 신령진리를 가리키는 "피"(blood)의 뜻에서 잘 알 수 있습니다. 그 이유는 "피"(blood)가 주님에게서 발출하고, 그리고 사람이 영접, 수용한 주님에게서 발출한 신령진리를 뜻한다는 것, 그리고 반대의 뜻으로는 악에 속한 거짓들에 의한 그것의 파괴를 뜻하고, 그리고 이와 같이 그것에 가해진 폭행이나 폭력을 뜻한다는 것 등등은 본서 329항에서 잘 볼 수 있겠습니다.

[2]. 파괴하는 거짓이나 악을 가리키는 "우박이나 불"의 이런 뜻은, 신령진리가 천계로부터 거기에 내려오고, 그리고 악에서 비롯된 거짓들 안에 빠져 있고, 그리고 교회에 속한 진리들이나 선들을 파괴하기를 열망하는 자들이 있는 곳에 신령진리가 유입할 때 영계의 외현(外現) 등에서, 잘 알 수 있습니다. 멀리 떨어져 있는 그들에게는 그 때 우박이나 불의 소나기 모습으

로 보였는데, 결과적으로 우박의 소나기는 그들의 거짓의 모습이고, 불의 소나기는 그들의 악들에게서 비롯된 것입니다. 이 외현에 속한 이유는 신령진리가 거짓들이나 악들이 있는 영기(靈氣)에 유입될 때인데, 그것은 그 영기 안에 있는 것들과 비슷한 것으로 바뀌기 때문입니다. 왜냐하면 모든 입류는 그것의 성질(=성품)에 따라서 수용되는 주체(主體 · the recipient subject) 안에서 바뀌기 때문입니다. 그러므로 그것은 천계의 빛을 가리키는 신령진리나, 천계의 별을 가리키는 신령선의 경우, 앞에서 비롯된 거짓들 안에 빠져 있는 영들인, 악한 주체 안에서도 마찬가지로 변하기 때문입니다. 이 외현이 곧 거짓에서 비롯된 것입니다. 이렇게 볼 때 "우박과 불"이 성경말씀에서 이런 뜻을 가지고 있다고 하겠습니다. 왜냐하면 성경말씀의 문자적인 뜻은 대부분 영계에 있는 외현들에게서 나오기 때문입니다.
[3] "우박"이 교회에 속한 진리를 파괴하는 지옥적인 거짓을 뜻한다는 것은 성경말씀 어디에서나 명확한데, 성경말씀에서는 어디에서나 진리의 파괴가 "우박"에 의하여 기술하였습니다. 예를 들면 이집트에서 바로가 이스라엘 백성이 나가지 못하게 하려고 할 때 그것은 모세의 글에 이와같이 기술되었습니다. 출애굽기서의 말씀입니다.

  (모세가 바로에게 말하였다.) "내가 매우 큰 우박을 퍼부을 것이니, 그처럼 큰 우박은, 이집트에 나라가 생긴 때로부터, 이제까지, 한 번도 내린 적이 없다."…… 그 때에 주께서 모세에게 말씀하셨다. "네가 하늘로 팔을 내밀면, 우박이 온 이집트 땅에, 그리고 이집트 땅에 있는 사람과 짐승과 들의 모든 풀 위에 쏟아질 것이다." 모세가 하늘로 그의 지팡이를 내미니, 주께서 천둥소리를 나게 하시고, 우박을 내리셨다. 벼락이 땅에 떨어졌다. 주께서 이집트

땅 위에 우박을 퍼부으신 것이다. 우박이 쏟아져 내리면서, 번갯불도 함께 번쩍거렸다. …… 이집트 온 땅에서 우박이, 사람이나 짐승이나 할 것 없이, 들에 있는 모든 것을 쳤다. 우박이 들의 모든 풀을 치고, 들의 모든 나무를 부러뜨렸다. 그러나 이스라엘 자손이 사는 고센 땅에는, 우박이 내리지 않았다.…… 이 때에 이미, 보리는 이삭이 나오고, 삼은 꽃이 피어 있었으므로, 삼과 보리가 모두 피해를 입었다. 그러나 밀과 쌀보리는, 이삭이 팰 때가 아니었으므로, 피해를 입지 않았다.…… 그러나 바로는, 비와 우박과 천둥소리가 그친 것을 보고서도, 다시 죄를 지었다. 그와 그의 신하들이 또 고집을 부렸다. 주께서 모세를 시켜 말씀하신 대로, 바로는 고집을 부리고, 이스라엘 자손을 내보내지 않았다(출애굽기 9 : 18-35).

여기서 "이집트의 우박"은, 여기 묵시록서의 "우박"과 같이, 동일한 뜻을 지니고 있습니다. 이런 이유 때문에, 수많은 같은 것들이 언급되었습니다. 예를 들면, "우박과 불이 함께 섞이었다" "우박이 들의 모든 풀을 치고, 들의 모든 나무를 부러뜨렸다"는 것들이 언급되었습니다. 여기서 많은 것들이 언급되었는데, 그 이유는 이집트의 재앙들이나, 일곱 천사들이 나팔을 불 때, 임한 묵시록서의 재앙들은 동일한 뜻을 가지기 때문입니다. 왜냐하면 "이집트 사람들"은 단순한 자연적인 사람들을 뜻하고, "이스라엘 자손들"은 영적인 사람들을 뜻하고, "이집트의 재앙들"은 최후심판에 선행하는 변화들을 뜻하고, 그리고 여기 묵시록서의 그것도 동일한 것을 뜻하기 때문입니다. 왜냐하면 바로나 이집트 사람들의 홍해 바다의 수몰(水沒)은 최후심판이나 영벌을 표징하기 때문입니다. 이러한 내용은 여기서도 역시 "우박과 불"이 교회를 파괴하는 거짓들이나 악들을 뜻한다는 것을 명확하게 합니다. 그러나 이러한 것들은《천계비의》 7553-7691항에 설명된 것들을 참조하십시오.
[4] 그러므로 "우박"이나 "숯" 또는 "불"은 시편서에서도 동일한 뜻을 가지고 있습니다. 시편서의 말씀입니다.

> 포도나무를 우박으로 때리시고,
> 무화과나무를 무서리로 얼어 죽게 하셨으며,
> 가축을 우박으로 때리시고,
> 양 떼를 번개(=뜨거운 번갯불)로 치셨다.
> 그들에게 진노의 불을 쏟으시며,
> 분노와 의분과 재앙을 내리시며,
> 재앙의 사자를 내려 보내셨다.
> (시편 78 : 47-49)

"우박"이 교회의 진리들을 파괴하는 거짓을 뜻하기 때문에 "그가 우박으로 그들의 포도나무를, 무서리로 그들의 무화과나무를 죽이셨다"고 언급되었습니다. 왜냐하면 "포도나무"는 교회의 영적인 진리를 뜻하고, "무화과나무"는 그것의 자연적인 진리를 뜻하기 때문에, "숯들"(=불)은 악에 속한 사랑(=애욕)이나 그 교회의 선들을 파괴하려는 그것의 열정을 뜻하기 때문에 "그는 그들의 가축을 우박에, 그들의 양 떼를 뜨거운 번갯불에 넘겨주셨다"라고 언급되었습니다. 여기서 "가축"이나 "양 떼"는 악한 사랑에서 야기된 악한 정동들이나 탐욕들을 뜻하고, "뜨거운 번갯불"(=석탄들 · coals)은 파괴에 대한 탐욕이나 열망을 뜻하고, 악한 천사(=재앙의 사자)의 기습(=보냄 · 奇襲)은 지옥에서 비롯된 악의 거짓을 뜻합니다.
[5] 같은 책의 말씀입니다.

8장 1 - 13절

비를 기다릴 때에 우박을 내리셨고,
그 땅에 화염을 보내셨다.
포도나무와 무화과나무를 치시고,
그들이 사는 지경 안의 나무를 꺾으셨다.
(시편 105 : 32, 33)

이 장절 또한 교회의 진리들을 파괴하는 지옥적인 거짓을 뜻하는 "이집트의 우박"에 관해서 언급하고 있습니다. 여기서 "포도나무"나 "무화과나무"는, 역시 위에서의 "포도나무"나 "무화과나무"(sycamore tree)와 같이, 비슷한 뜻을 가리키는데, 다시 말하면 "포도나무"는 영적인 진리를, "무화과나무"(fig tree)는 자연적인 진리를 뜻하고, 그리고 이들 각각은 교회에 속한 그것을 뜻합니다. 그리고 "나무"(tree)는 진리나 선의 지각들이나 지식들을 뜻합니다.

503[B]. [6] 여호수아가 아모리 족속의 다섯 왕을 대항하여 싸울 때, 여호수아서의 "우박"도 같은 뜻을 지니고 있습니다. 여호수아서의 말씀입니다.

그들이 이스라엘 군대 앞에서 도망하여 벳호론의 내리막길에 이르렀을 때에, 주께서, 거기에서부터 아세가에 이르기까지, 하늘에서 그들에게 큰 우박을 퍼부으셨으므로, 많은 사람이 죽었다. 우박으로 죽은 자가 이스라엘 자손의 칼에 찔려서 죽은 자보다 더 많았다(여호수아 10 : 11).

예언서들과 똑같이, 성경말씀의 역사서들도 표징적이고, 그리고 속뜻을 담고 있기 때문에, 그러므로 아모리 족속의 다섯 왕들과 이스라엘 자손의 싸움에 관해서 언급하고 있는 것 역시 그런 내용을 가지고 있습니다. 왜냐하면 가나안 땅에서 쫓겨난 "민족들"은 주님의 나라에서 쫓겨나야 할 악한 자들을 뜻하기 때문이고, "이스라엘 자손"은 그 나라를 차지할 것이 그들에게 주어지는 자들을 뜻하기 때문입니다. 왜냐하면 여기서 "가나안 땅"은 천계나 교회를 뜻하고, 따라서 주님의 나라를 뜻하기 때문입니다. 그것으로 말미암아 "아모리 족속의 다섯 왕"은, 악의 거짓들 안에 있는 자들이나, 교회에 속한 선의 진리들을 파괴하기를 원하는 자들을 뜻합니다. 이것이 바로 그들이 "하늘에서 그들에게 큰 우박이 퍼부어 그들을 죽였다"는 말씀이 뜻하는 이유입니다. 다시 말하면 악에 속한 그들 자신의 거짓들에 의하여 파괴되고, 멸망되었다는 것을 뜻하는 이유입니다. 왜냐하면 악 자체는 결과적으로 그들의 악들이나 거짓들을 멸망시키기 때문이고, 그리고 그들은 그것을 가지고 교회의 진리들이나 선들을 파괴하기를 열망하기 때문입니다.

[7] 시편서의 말씀입니다.

> 주 앞에서 광채가 빛나고,
> 짙은 구름은 불꽃이 되면서,
> 우박은 쏟아지고, 벼락(=불의 석탄)이 떨어졌다.
> 주께서 하늘로부터 천둥소리를 내시며,
> 가장 높으신 분께서
> 그 목소리를 높이시며,
> 우박을 쏟으시고, 벼락을 떨어뜨리셨다.
> 주께서 화살을 쏘아서
> 원수들을 흩으시고,
> 번개를 번쩍이셔서,
> 그들을 혼란에 빠뜨리셨다.
> (시편 18 : 12-14)

여기서도 "우박과 불"은, 묵시록서의 우리의 본문의 "우박과 불"이 가지고 있는 뜻과 동일한 뜻을 가지고 있습니다. 다시 말하면 교회에 속한 진리들이나 선들을 파괴하는 거짓들과 악들을 뜻합니다. 이런 일이 여호와로부터 비롯되었다고 언급하고 있는데, 그것은 천계(=하늘)에서 온 신령진리가 악한 사람에게서는 지옥적인 거짓들로 바뀌기 때문입니다. 이러한 내용이나 사실은 이미 앞에서 언급하였습니다. 그리고 이런 변화로 말미암아 거기에는 우박이나 불이 떨어지는 것과 같은 그런 수많은 외현들이 일어났습니다. 그럼에도 불구하고, 이런 것들은 주님으로 말미암아 천계(=하늘)에서 나오지 않고, 오히려, 신령진리나 신령선의 입류를 악의 거짓으로 바꾸는, 악의 거짓들 안에 있는 자들에게서 비롯됩니다. 이것은 천계에서 나온 신령진리가 어떤 지옥에 들어갈 때에, 이런 변화들을 깨닫게 하기 위하여 나에게 주어진 것입니다. 이런 식으로 그것은 계속해서 악의 거짓으로 바뀌었는데, 그것은 마치 그것이 그들에게 있는 것과 같았습니다. 그것은 마치, 태양의 볕이 똥더미에 떨어지는 그것의 경우와 같았습니다. 또한 태양의 광선을 매우 불쾌한 색깔로 바꾸는 그런 주체들에 떨어질 때의 그것과 똑같았습니다. 그리고 또한 태양의 빛이나 볕은 아주 고약한 냄새가 나는 습지에서 뱀들이 서식하는 잡초 따위를 키우는 것과 같습니다. 이에 반하여 좋은 땅에서 그것들은, 사람들이나 유용한 짐승들을 보양(保養)하는 나무들이나 목초를 생산하는 것과 같습니다. 악취가 나는 땅에서 이런 결과들이 낳는 이유는 태양의 빛이나 볕이 아니고, 오히려 그런 것들을 가리키는 그 땅 자신입니다. 그럼에도 불구하고 이런 결과들은 태양의 불이나 별의 탓으로 돌립니다. 이렇게 볼 때 영계에서 우박이나 불의 외현들에 관한 근원이 무엇인지 밝히 알 수 있겠습니다. 그리고 또한 "주께서 그들에게 우박과 벼락을 떨어뜨렸다"고 언급된 이유 또한 밝히 알 수 있겠습니다. 그럼에도 불구하고 그 때 거기에는 선 이외에 여호와에게서 온 것은 아무것도 없습니다. 여호와, 즉 주님께서 강력한 입류를 행하셨을 때, 그것은 그분께서 선한 사람을 보호하시고, 지키시기 위한 것 이외에는 악한 사람을 멸망시키기 위한 것은 결코 아닙니다. 왜냐하면 그분께서는 이와 같이 선한 사람을 당신 자신에게 보다 가까이 내면적으로 결합시키시기 때문입니다. 그리고 이와 같이, 스스로 선한 자들은 악한 자들에게서 분리되고, 그리고 악한 자는 멸망합니다. 왜냐하면 악한 사람이 선한 사람에게서 분리되지 않는다면 선한 사람도 멸망할 것이고, 천사적인 천계 역시 파멸의 나락(奈落)으로 빠질 것이기 때문입니다.

[8] 아래 장절에서 "우박"이나 "우박의 비"(the rain of hail)도 동일한 뜻을 가지고 있습니다. 이사야서의 말씀입니다.

    술 취한 자,
    에브라임의 교만한 면류관인
    너 사마리아야,
    너에게 재앙이 닥칠 것이다.……
    주께서 강하고 힘 있는 이를 보내신다.
    그가 마치 쏟아지는 우박처럼,
    파괴하는 광풍처럼,
    거센 물결을 일으키는 폭풍우처럼,
    너를 잡아 땅에 쓰러뜨리실 것이다.
    (이사야 28 : 1, 2)

8장 1 - 13절

또 같은 책의 말씀입니다.

    내가 공평으로 줄자를 삼고,
    공의로 저울을 삼을 것이니,
    거짓말로 위기를 모면한 사람은
    우박이 휩쓸어 가고,
    속임수로 몸을 감춘 사람은
    물에 떠내려 갈 것이다.
    (이사야 28 : 17)

역시 같은 책의 말씀입니다.

    주께서 맹렬한 진노와,
    태워 버리는 불과,
    폭풍과 폭우와,
    돌덩이 같은 우박을 내리셔서,
    주의 장엄한 음성을 듣게 하시며,
    내리치시는 팔을 보게 하실 것이다.
    (이사야 30 : 30)

역시 같은 책의 말씀입니다.

    비록 삼림이 우박에 쓰러지고,
    성읍이 완전히 무너져 내려도,
    너희는 복이 있다.
    (이사야 32 : 19)

에스겔서의 말씀입니다.

> 내가 전염병과 피 비린내 나는 일로 그를 심판하겠다. 또 내가, 억수 같은 소나기와 돌덩이 같은 우박과 불과 유황을, 곡과 그의 전군과 그와 함께 한 많은 연합군 위에 퍼붓겠다(에스겔 38 : 22).

묵시록서의 말씀입니다.

> 그러나 하늘에 있는 하나님의 성전이 열리고, 성전 안에 있는 하나님의 언약궤가 보였습니다. 그 때에 번개가 치고, 요란한 소리와 천둥소리가 나고, 지진이 일어나고, 큰 우박이 쏟아졌습니다(묵시록 11 : 19).

같은 책의 말씀입니다.

> 무게가 한 달란트나 되는 큰 우박이 하늘로부터 사람들 위에 떨어지니, 사람들은 우박의 재앙이 너무도 심해서, 하나님을 모독하였습니다(묵시록 16 : 21).

[9] 그래서 악의 거짓들 안에 있는 자들은 "우박들"이라고 불리웠습니다. 에스겔서의 말씀입니다.

> 그러므로 너는, 회칠하는 자들에게, 그 담이 무너질 것이라고 말하여라. 내가 소나기를 퍼붓고, 우박을 쏟아내리고, 폭풍을 일으킬 것이다(에스겔 13 : 11).

여기서 "어울리지 않는 것에 칠을 하는 자들"에게 하는 말씀은 마치 진리들처럼 겉모양으로 보인 것들을 거짓으로 확증한 자들을 뜻합니다. 이런 부류가 "우박"이라고 하였는데, 그것은 그것들이 이와같이 진리들을 파괴하기 때문이고, 그리고 이런 거짓들의 분산(分散)은 "폭우처럼 쏟아진다"는 말씀이 뜻합니다.

[10] 욥기서의 말씀입니다.

> 눈을 쌓아 둔 창고에 들어간 일이 있느냐?
> 우박 창고를 들여다본 일이 있느냐?
> 이것들은 내가
> 환난이 생겼을 때에 쓰려고 간직해 두었고,
> 전쟁할 때에 쓰려고 준비해 두었다.
> 해가 뜨는 곳에 가 본 적이 있느냐?
> 동풍이 불어오는 그 시발점에
> 가 본 적이 있느냐?
> (욥기 38 : 22-24)

욥은 수많은 것들에 관해서 그가 그것에 관해서 아는지, 여호와에게서 질문을 받았습니다. 그리고 그가 질문을 받은 것들은 천계나 교회에 속한 것들을 뜻합니다. "네가 눈을 쌓아 둔 창고에 들어간 일이 있느냐? 우박 창고를 들여다본 일이 있느냐?"는 질문은 영계에서 눈이 내리고, 거기의 하늘에서 우박이 떨어지는 것과 같이 보이는, 진리가 악의 거짓들에 의하여 제거되고, 파괴되는 이유를 그가 아는지, 모르는지를 뜻합니다. 악한 사람이 멸망할 때 이런 모습들이 있다는 것은 "환난이나 전쟁이 생겼을 때 쓰려고 간직해 두었다"는 말씀이 뜻합니다. 따라서 "동풍이 불어오는 그 시발점에 가 본 적이 있느냐?"(= 동풍을 땅 위에 흩어지게 하는 그 빛이 어느 길로 갈라지겠느냐? 바람이 갈라지는 길목이 어디인지를 너는 아느냐?)는 말씀이 부연되었는데, 이 말씀은 그것에 의하여 진리가 주입(注入)되는 과정을 뜻하고, 여기서 "빛"은 진리를 뜻합니다.
[11] "우박"이 악에 속한 거짓을 뜻하고, 그리고 "우박의 폭풍"(a storm of hail)은 진리의 파괴를 뜻하는데, 그 이유는 우박은 본질적으로 얼음이고, 그리고 하늘의 별(=열기)를 지닐 수 없기 때문입니다. 그리고 "차가움"(冷氣 · coldness)이 사랑에 속한 선의 박탈을 뜻하고, 그리고 사랑에 속한 선은 천사적인 천계에 있는 별(=열기 · heat)을 뜻하기 때문입니다(《천계와 지옥》126-140항 참조). 이 뜻에 대한 다른 이유는 성경말씀에서 "돌들"(stones)이 진리를 뜻하고, 반대의 뜻으로는 거짓들을 뜻하고, 그리고 큰 우박은 하늘에서 떨어지는 돌들로 만들어진 것 같이 보이는데, 그것은, 마치 작은 돌들이 작은 동물들을 죽이는 것과 똑같이, 밭의 곡식들이나 야채들이나 목초(木草)들을 파괴시킵니다. 그리고 이것이 그것들의 우박(=싸라기 눈 · hailstones)이라고 불리운 이유입니다. "돌들"(stones)이 성경말씀에서 진리들을 뜻하고, 나쁜 뜻으로는 거짓들을 뜻한다는 것은 《천계비의》 643 · 1298 · 3720 · 6426 · 8609 · 10376항을 참조하십시오.
504[A]. 따라서 "우박"이 뜻하는 것이 무엇인지 더 자세하게 입증하였는데, 그것은 "불"(fire)이 뜻하는 것이 무엇인지를 입증하는 것을 남아 있게 합니다. "불"은 성경말씀에서 천적인 사랑에 속한 선(the good of celestial love)을 뜻하고, "불꽃"(flame)은 영적인 사랑에 속한 선(the good of spiritual love)을 뜻합니다. 그러나 나쁜 뜻으로 "불"은 자기사랑에서 솟아나는 악을 뜻하고, "불꽃"은 세상사랑에서 일어나는 악을 뜻합니다. 여기서 주지하여야 할 것은, 무엇이든 모든 선들은 자신들

의 존재를 천적인 사랑이나 영적인 사랑에서 취한다는 것이고, 그리고 무엇이든 모든 악들은 자신들의 존재를 자기사랑이나 세상사랑에서 취한다는 것입니다. 그리고 성경말씀에서 "불"은 양쪽의 뜻에서 사랑을 뜻하기 때문에, 따라서 그것은, 이런 사랑들에게서 솟아나는 모든 선을 뜻하고, 그리고 모든 악을 뜻합니다. "불"이 성경말씀에서 천계와 지옥 양자를 서술하기 때문에, 그리고 지금까지 "불"이 사랑을 뜻한다는 것이 알려지지 않았기 때문에, "불"이 좋은 뜻으로는 천계적인 사랑을 뜻하고, 나쁜 뜻으로는 지옥적인 사랑을 뜻한다는 것을 명료한 빛 가운데 입증하기 위하여 성경말씀에서 약간의 장절들을 인용하겠습니다.

[2] 성경말씀에서 "불"(fire)이 천계적인 사랑을 뜻한다는 것은, 천계적인 사랑을 뜻하는, 또는 주님사랑을 뜻하는 것을 가리키는 "제단의 불"(the fire of the altar)의 뜻에서 제일 먼저 확실합니다(본서 496항 참조). 그리고 제단에 속한 것이 아닌 "불"이 비슷한 뜻을 가지고 있다는 것은 아래 장절들에게서 명확합니다. 에스겔서의 말씀입니다.

> 그 때에 내가 바라보니, 북쪽에서 폭풍이 불어오는데, 큰 구름이 밀려오고, 불빛이 계속 번쩍이며, 그 구름 둘레에는 광채가 나고, 그 광채 한가운데서는 불 속에서 빛나고 금붙이의 광채와 같은 것이 반짝이었다. 그러더니 그 광채 한가운데서 네 생물의 형상이 나타나는데, 그들의 모습은 사람의 형상과 같았다.…… 그 생물들의 모양은 마치 활활타는 숯불이나 횃불과 같이 보였다. 그 불은 그 생물들 사이를 오가며 빛을 내고, 불 속에서는 번개가 튀어나오고 있었다. …… 또 그들의 머리 위에 있는 창공 모양의 덮개 위에는, 청옥처럼 보이는 보석으로 만든 보좌 형상을 한 것

이 있었고, 그 보좌 형상 위에는, 사람의 모습과 비슷한 형상이 있었다. 또 나는 그의 허리처럼 보이는 그 위쪽에서 금붙이의 광채와 같은 것이 불꽃처럼 안팎으로 그를 둘러싼 것을 보았는데, 그의 허리처럼 보이는 그 아래쪽에서도, 나는 불꽃과 같은 모양을 보았다. 이렇게 그는 광채로 둘러싸여 있었다(에스겔 1 : 4, 5, 13, 26, 27 ; 8 : 2).

생물들(animals)처럼 보이는 "게르빔"(the cherubim)은, 사랑에 속한 선을 뜻하는 것을 제외하면 그에게 근접하지 못하는 신령섭리나 보호의 측면에서 주님을 뜻합니다. 이 보호 자체는 천계에 있기 때문에, 그리고 특히 극내적인 천계, 즉 삼층천에 있기 때문에, 이 천계는 역시 "게르빔"이 뜻합니다(본서 152 · 277 · 313 · 322 · 362 · 462항 참조). 그리고 그들이 특별히 삼층천을 뜻하기 때문에, 그리고 주님께서 천계들 위에 계시기 때문에, 그러므로 주님께서는 "그룹들 위의 보좌에 계신 것" 같이 보였습니다. 그러므로 또한 광채 한가운데 있는, 그리고 번개가 그것에서 튀어나오는 그룹들 가운데 있는 것처럼 보이는 "불"이나, 그리고 "보좌 주위나, 그리고 보좌에 앉은 분의 허리 위쪽과 아래쪽에서 나오는 불꽃"은 분명하게 신령천적인 사랑을 뜻합니다. 왜냐하면 주님께서는 신령사랑 자체이시기 때문이고, 그리고 주님에게서 발출하는 것은 무엇이나 그분의 신령사랑에서 발출하기 때문입니다. 그러므로 이러한 것이 "그것 주위에 광채를 가지고 있는 불"입니다.
[3] 다니엘서에서도 마찬가지입니다.

내가 바라보니,
옥좌들이 놓이고,

한 옥좌에 옛적부터 계신 분이 앉으셨는데,
옷은 눈과 같이 희고,
머리카락은 양 털과 같이 깨끗하였다
옥좌에서는 불꽃이 일고,
옥좌의 바퀴에서는 불길이 치솟았으며,
불길이 강물처럼 그에게서 흘러 나왔다.
수종 드는 사람이 수천이요,
모시고 서 있는 사람이 수만이었다.……
인자 같은 이가 오는데,
옛적부터 계신 분에게로 나아가,
그 앞에 섰다.
(다니엘 7 : 9, 10, 13)

"옛적부터 계신 분"은 역시 주님을 뜻하고, 그리고 여기서 "사람의 아들"(=인자·人子)은 신령진리와의 관계에서 주님을 뜻하고, "옛적부터 계신 분"은 신령선과의 관계에서, 또는 신령사랑과의 관계에서 주님을 뜻합니다. 그리고 그분은, 주님사랑에 있는, 천적인 교회가 거기에 있을 때인 태고시대로 말미암아 "옛적부터 계신 분"이라고 불리셨습니다. 그것으로 말미암아 존재하는 자들의 교회나 천계는 "불꽃이 이는 옥좌"가 뜻하지만, 그러나 "불길이 치솟는 옥좌의 바퀴"는 천적인 사랑에 속한 교리를 뜻합니다. 주님께서 발출하는 신령사랑 자체는 "그에게서 흘러 나오는 강물 같은 불길"이 뜻합니다.
[4] 다니엘에 언급된 그가 본 것입니다.

그 때에 내가 눈을 떠서 보니, 한 사람이 모시옷을 입고 우바스의 금으로 만든 띠로 허리를 동이고 있었다. 그의 몸은 녹주석같이 빛나고, 그의 얼굴은 번갯불 같이 환하고, 눈은 횃불 같이 이글거리고, 팔과 발은 빛나는 놋쇠처럼 번쩍였으며, 목소리는 큰 무리가 지르는 소리와도 같았다(다니엘 10 : 5, 6).

다니엘이 본 주님의 이와 같은 모습은 묵시록서에서도 명확합니다. 묵시록서에서도 그분은 거의 동일한 방법으로 요한의 안전에 드러났는데 그분에 관해서 이렇게 언급되었습니다. 묵시록서의 말씀입니다.

그 촛대 한가운데 '인자와 같은 이'가 계셨습니다. 그는 발에 끌리는 긴 옷을 입고, 가슴에는 금띠를 띠고 계셨습니다. 머리와 머리털은 흰 양털과 같이, 또 눈과 같이 희고, 눈은 불꽃과 같고, 발은 화덕에 달구어 낸 놋쇠와 같고, 음성은 큰 물소리와 같았습니다.…… 얼굴은 해가 세차게 비치는 것과 같았습니다(묵시록 1 : 13-16).

요한이 본 일곱 촛대들 한가운데 있는 "사람의 아들"(=인자 · 人子 · the Son of man)에 관한 기술(=표현)과 다니엘이 본 "모시 옷을 입은 사람"과 "옛적부터 계신 분"의 유사한 표현에서 보면, 그들이 본 그분은 주님이셨다는 것은 명확합니다. "번갯불 같이 환한 그의 얼굴, 횃불 같이 이글거리는 그분의 눈"은 주님의 신령사랑을 뜻하는 것입니다. 왜냐하면 사람에게서 얼굴은 그의 사랑에 속한 정동의 표징적인 형상이고, 특히 눈이 그러하기 때문입니다. 왜냐하면 이런 것들에서는 사랑이 비추기 때문이고, 그것으로 말미암아 그들은 마치 불에서 나오는 불꽃처럼 번쩍이기 때문입니다.

[5] 흰 말(白馬) 위에 앉으신 분에 관해서는 이렇게 기술되었습니다. 묵시록서의 말씀입니다.

그분의 눈은 불꽃과 같았다(묵시록 19 : 12).

여기서 명확한 것은 흰 말 위에 앉으신 분이 표징하는 것은 성언(聖言)에 관해서 주님이시라는 것입니다. 왜냐하면 흰 말 위에 앉으신 분은 "하나님의 말씀"이라고 하였기 때문이고, 그리고 그분은 '왕들의 왕' '군주들의 군주'라고 불리셨기 때문입니다. 그것은 "불"(fire)이 신령사랑을 뜻하기 때문입니다. 출애굽기서의 말씀입니다.

> 주님께서는 호렙 산에서 모세에게 떨기 가운데서 이는 불꽃으로 나타났다(출애굽 3 : 1-3).

그러므로 여기서도 역시 주님께서는, 그분께서 시내 산에 강림하셨을 때, 모세나 이스라엘 백성에게는 "불 가운데 계신"(in fire) 것으로 보였습니다. 따라서 모세의 글에는 이렇게 기술되었습니다.

> 그 때에 시내 산에는, 주께서 불 가운데서 그 곳으로 내려오셨으므로, 온통 연기가 자욱했는데, 마치 가마에서 나오는 것처럼 연기가 솟아오르고, 온 산이 크게 진동하였다(출애굽 19 : 18 ; 신명기 4 : 36).

여기서도 역시 "불"(fire)은 신령사랑을 표징합니다.
[6] "불"이 최고의 뜻으로 주님의 신령사랑을 뜻하기 때문에, 그 불은 제단에서 꺼지지 않고 계속해서 타도록 명령되었고, 그리고 그들은 분향(焚香·the incense-offering)을 위해서는 반

드시 그 불에서 취하도록 명령되었습니다. 이런 이유 때문에 그리스 사람이나 로마 사람은 그들의 종교적인 규율 가운데 꺼지지 않는 불을 간수하여야 했습니다. 이런 일은 순결한 처녀들이 고대 교회들에서 유래된 거룩한 것으로 그들이 불을 숭배한 것인데, 그 예배에 속한 것은 모두 표징적이었습니다. "불"이 최고의 뜻으로 신령사랑을 뜻하기 때문에, 회막(the Tent of meeting)에는 촛대가 있었습니다. 계속해서 불타고 있는 일곱 촛대에 관해서는 모세의 글에 이렇게 기술되었습니다.

> 너는 이스라엘 자손에게 명하여, 올리브를 찧어서 짜낸 깨끗한 기름을 가져다가 등불을 켜게 하되, 그 등불은 늘 켜 두어라. 아론을 시켜 회막 안 증거궤 앞에 쳐 있는 휘장 바깥에 그 등불을 켜 두어, 저녁부터 아침까지 주 앞에 계속 켜 두게 하여라.······ 아론은 주 앞에서, 순금 등잔대 위에 그 등불을 늘 켜 두어야 한다(레위기 24 : 2-4 ; 등잔대 자체에 관해서는 출애굽 25 : 31-40 ; 37 : 17-24 ; 40 : 24, 25 ; 민수기 8 : 2-4).

묵시록서의 말씀입니다.

> 그 보좌 앞에는 일곱 개의 횃불이 타고 있었습니다. 그 일곱 횃불은 하나님의 일곱 영이십니다(묵시록 4 : 5).

그러나 "제단의 불"은 신령 천적인 사랑을 뜻하고, "등잔대의 불"(the fire of the lampstand)은 불꽃이었는데, 그것은 신령 영적인 사랑을 뜻합니다. 이렇게 볼 때, 등잔대의 등불에서 불꽃의 불을 생성하는 "기름"(oil)은 역시 신령사랑을 뜻합니다. 그리고 또한 슬기로운 다섯 처녀의 등 안에 있는 기름이나, 어리

석은 다섯 처녀가 가지지 못한 등의 기름도 동일한 내용을 뜻
합니다(마태 25 : 1 - 12).
[7] 또다시 복음서들에서도 "불"은 주님의 신령사랑을 뜻합니
다. 복음서의 말씀입니다.

> 나는, 너희를 회개시키려고 너희에게 물로 시례를 준다.…… 그는
> 너희에게 성령과 불로 세례를 주실 것이다(마태 3 : 11 ; 누가 3 :
> 16).

"성령과 불로 주는 세례"는 주님에게서 비롯되는 신령진리와
신령사랑에 속한 신령선에 의한 사람의 중생을 뜻합니다. 여기
서 "성령"은 주님에게서 발출하는 신령진리를 뜻하고, 그리고
"불"은 그것이 그것에서 솟아나오는 신령사랑을 뜻합니다.
[8] "불"이 뜻하는 동일한 뜻을 이사야서의 "화덕"(=용광로 ·
a place for fire)이 뜻합니다.

> 시온에 불을 가지고 계시며
> 예루살렘에 화덕(a place for fire)을 가지고 계신 주께서,
> 이렇게 말씀하셨다(이사야 31 : 9).

"시온에 불을 위한 그분의 장소를 가지신 분"이라고 언급되었
는데, 그 이유는 "시온"(Zion)은 그것 안에 천적인 사랑이 있는
교회를 뜻하기 때문이고, 그리고 "예루살렘에 있는 그의 화
덕"(His Oven)이 언급되었는데, 그 이유는 "예루살렘은, 그 곳
안에 교리에 속한 진리가 있는 교회를 뜻하기 때문입니다. 천
적인 사랑은 상대적으로 "불을 위한 장소"를 가리키고, 교리에
속한 진리는 그것 안에 빵이 준비되는 "화덕"(oven)이 가리킵

니다.

504[B]. [9] 사랑의 선(the good of love)은 "불"이 뜻하고, 사랑의 선에서 비롯된 예배는 "전 번제물"(whole burnt-offerings)이 표징하기 때문에, 때로는 불이 하늘에서 내려오고, 전 번제물을 불사르기도 하였습니다. 백성의 속죄를 위해 전 번제물이 드려졌을 때 이런 일이 일어났는데, 그것은 모세의 글에 이렇게 기술되었습니다. 레위기서의 말씀입니다.

> 그 때에 주 앞에서부터 불이 나와, 제단 위의 번제물과 기름기를 불살랐다. 모든 백성은 그 광경을 보고, 큰소리를 지르며 땅에 엎드렸다(레위기 9:24).

이렇게 언급되기도 했습니다.

> 그러자 주의 불이 떨어져서, 제물과 나뭇단과 돌들과 흙을 태웠고, 도랑 안에 있는 물을 모두 말려 버렸다(열왕기 상 18:38).

역시 여기서 이 "불"은 신령사랑을 뜻하고, 그리고 그것으로 말미암아 사랑의 선에서 비롯된 예배의 열납(悅納·the acceptance)을 가리킵니다. 사사기서의 말씀입니다.

> 그러자 불이 바위에서 나와서, 고기와 누룩을 넣지 않은 빵을 살라 버렸다. 그런 다음에 주의 천사는 그 앞에서 사라져서 보이지 않았다(사사기 6:21).

명령에 의한 신령사랑을 뜻입니다.

8장 1 - 13절

> 그 날 밤에 그 고기를 먹여야 하는데, 고기는 불에 구워서, 누룩을 넣지 않은 빵과 쓴 나물을 곁들여 함께 먹어야 한다. 너희는 고기를 결코 날로 먹거나 물에 삶아서 먹어서는 안 된다. 머리와 다리와 내장 할 것 없이, 모두 불에 구어서 먹어야 한다. 그리고 너희는 그 어느 것도 다음날 아침까지 남겨 두어서는 안 된다. 아침까지 남은 것이 있으면, 불에 태워 버려야 한다(출애굽기 12 : 8-10).

이 장절의 설명은 《천계비의》 7852-7861항을 참조하십시오.
[10] 다시 말하면, 그들이 광야에서 행군할 때, 주님께서 그 불 안에 서서, 이스라엘 자손 앞에 가신 "불"은 주님의 신령사랑을 뜻합니다. 그리고 또한 밤에 회막은 가리운 불도 역시 그것을 뜻하는데, 그것은 모세의 글에 이렇게 기술되었습니다.

> 주께서는, 그들이 밤낮으로 행군할 수 있게, 낮에는 구름기둥으로 앞서 가시며 길을 인도하시고, 밤에는 불기둥으로 앞 길을 비추어 주셨다. 낮에는 구름기둥, 밤에는 불기둥이 그 백성 앞을 떠나지 않았다(출애굽기 13 : 21, 22 ; 민수기 9 : 15-23 ; 신명기 1 : 33).

또다시 이렇게 기술되었습니다.

> 그들이 길을 가는 동안에, 낮에는 구름이 성막 위에 있고, 밤에는 구름 가운데 불이 있어서, 이스라엘 온 자손의 눈 앞을 밝혀 주었다(출애굽기 40 : 38; 시편 105 : 32, 39).

"낮에 나타난 구름이나 밤에 나타난 불"은 천계나 교회에 속한 주님의 보호(保護 · the Lord's protection)을 표징합니다. 왜냐하면 성막(聖幕)은 천계나 교회를 표징하고, "구름과 불"은 보호를 표징하기 때문입니다. 왜냐하면 "구름이 있었던 낮"은 빛 가운데 있는 신령진리를 뜻하고, 그리고 "밤"은 그늘(陰影 · shade)에 의하여 타오르는 불길에 해를 입지 않기 위하여 보호, 호위되었습니다.
[11] 그런 것들이 이사야서에서 보여진 것이 표징하는 것입니다. 이사야서의 말씀입니다.

주께서는,
시온 산의 모든 지역과
거기에 모인 회중 위에,
낮에는 연기와 그름을 만드시고,
밤에는 타오르는 불길로 빛을 만드셔서,
예루살렘을 닫집처럼 덮어서
보호하실 것이다.
하나님께서는 예루살렘을
그의 영광으로 덮으셔서,
한낮의 더위를 막는 그늘을 만드시고,
예루살렘으로 폭풍과 비를 피하는
피신처가 되게 하실 것이다.
(이사야 4 : 5, 6)

"시온 산의 모든 지역"(=모든 거처)은 천적인 교회의 선을 뜻하고, "거기에 모인 회중"(=그 집회)은 그 선의 진리를 뜻합니다. 너무나 많은 빛이나 너무나 짙은 어둠에 의한 해를 막은 "보호"는 "낮의 구름"과 그리고 "밤에는 타오르는 그것의 연기와 밝음으로 덮으실 것이다" 그리고 "한낮의 더위를 막는 그늘을

8장 1 - 13절

만드시고, 폭풍과 비를 피하는 피신처가 되게 하실 것이다"고 언급되었습니다. 너무나 많은 빛 때문에, 또는 너무나 많은 어둠(=그늘) 때문에 거짓들이 난입(亂入), 방해하는 것을 막기 위한 것이 "폭풍과 비를 피하는 피신처(=피난처와 덮개)가 되게 하실 것이다"는 말씀이 뜻하는데 여기서 "폭풍과 비"(inundation and rain)는 거짓에 속한 난입과 방해를 뜻합니다.

[12] 스가랴서의 말씀입니다.

> 바깥으로는 내가
> 예루살렘의 둘레를 불로 감싸 보호하는
> 불 성벽이 되고,
> 안으로는 내가 그 안에 살면서
> 나의 영광을 드러내겠다.
> (스가랴서 2 : 5)

여기서 "불 성벽"(a wall of fire)은 신령사랑에 의한 방어를 뜻하는데, 이것 때문에 지옥은 공격할 수 없고, 폭행할 수 없습니다. "그 성 안에 있는 영광"은 모든 방향에 있는 빛 가운데 있는 그것에서 비롯된 신령진리를 가리킵니다. "불"이 신령사랑을 뜻하기 때문에, 전 번제물은 이렇게 불리웠습니다. 모세의 글입니다.

> 이것이 바로 주께 드리는 번제이며, 이것이 바로 향기로 주를 기쁘게 해드리는 살과 바치는 제물이다(출애굽기 29 : 18 ; 레위기 1 : 9, 13, 17 ; 2 : 2, 9, 10, 11 ; 3 : 5, 16 ; 4 : 35 ; 5 : 12 ; 7 : 30 ; 21 : 6 ; 민수기 28 : 2 ; 신명기 18 : 1).

이것은 그것들이 사랑에 속한 선에서 비롯된 예배를 표징하기 위하여 적용된 것을 뜻합니다. "전 번제물"(whole burnt-offerings)은 그 예배를 표징하는데, 그 이유는 그것 안에 있는 모든 짐승들(=고기들)을 불로 태우고, 살라졌기 때문입니다.
[13] 성경말씀(聖言 · the Word)은 신령선에 합일(合一)된 신령 진리 자체이기 때문에, 그러므로 그것 안에 있는 모든 곳에는 선과 진리의 혼인(=결합)이 있기 때문입니다. 따라서 이런 말씀이 있습니다.

> 그들(=엘리야와 엘리사)이 이야기를 하면서 가고 있는데, 갑자기 불 병거와 불말이 나타나서, 그들 두 사람을 갈라 놓더니, 엘리야만 회오리바람에 싣고 하늘로 올라갔다(열왕기 하 2 : 11).
> (동일한 이유 때문에) 주께서 그 시종의 눈을 열어 주셨다. 그가 바라보니,…… 불 말과 불 수레가 엘리사를 두루 에워싸고 있었다 (열왕기 하 6 : 17).

왜냐하면 엘리야와 엘리사는, 성언과의 관계에서, 주님을 표징하기 때문입니다. 그러므로 "병거"(兵車 · the chariot)는 성경말씀에서 비롯된 교리를 뜻하고, "말들"(horses)은 성언의 이해를 뜻합니다.
[14] 또다시 "불"이 사랑을 뜻한다는 것은 시편서에서 명확합니다.

> 바람을 심부름꾼(=천사들)으로 삼으시고,
> 번갯불을 시종으로 삼으셨습니다.
> (시편 104 : 4)

"주께서 주의 천사들을 영으로 삼으셨다"(=바람을 심부름꾼으로 삼으셨다)는 것은 주께서 그들을 신령진리들의 수용그릇으로 만드셨다는 것, 결과적으로는 신령진리들을 만드셨다는 것을 뜻합니다. 그리고 "주께서 주의 사역자들을 불꽃으로 삼으셨다"(=번갯불을 시종으로 삼으셨다)는 것은 주님께서 그들을 신령선의 수용그릇들로 만드셨다는 것, 결과적으로는 신령선들을 만드셨다는 것을 뜻합니다. 성경말씀에서 "천사들"이 신령진리와의 관계에서 주님을 뜻한다는 것, 그리고 상대적인 뜻에서 주님에게서 비롯된 신령진리의 수용그릇들을 뜻한다는 것은 본서 130 · 200 · 302항을 참조하시고, "시종"(=사역자들·ministers)이 신령사랑에 속한 신령선의 수용그릇들을 뜻한다는 것은 본서 155항을 참조하십시오. 이렇게 볼 때 명확한 것은 "불꽃"(a flaming fire)이 사랑에 속한 선을 뜻한다는 것은 명료합니다. "불"(fire)이 사랑을 뜻하는데, 그것은 주님께서 신령사랑으로 말미암아 천사적인 천계에서 태양으로 나타나시고, 그것으로부터 태양은 별(熱)과 빛(光)을 발출하기 때문입니다. 그리고 천계에서 태양이신 주님에게서 발출하는 별(熱 · heat)은 사랑에 속한 신령선이고, 태양이신 주님에게서 발출하는 빛(光 · light)은 신령진리입니다. 이것은 "불"이 성경말씀에서 사랑에 속한 선을 뜻하는 이유이고, 그리고 "빛"이 선에서 비롯된 진리를 뜻하는 이유입니다. 신령사랑으로 말미암아 주님께서 천사적인 천계에서 태양으로 나타나신다는 것은 《천계와 지옥》116-125항을 참조하시고, 그 태양에서 비롯된 빛이 신령진리이고, 그 태양에서 비롯된 별이 신령선이라는 것은 같은 책 126-140항과 567 · 568항을 참조하십시오. 이러한 사실은 어원에서의 불과 사랑(fire and love) 사이의 대응(對應)에서, 그리고 사랑에 속한 정동에 관한 언급에서의 불과 사랑의 대응에서 비롯된 것입니다. 그 표현들인 "뜨거워 진다"(to grow hot)·"태운다"(to burn)·"타오른다"(to glow)·"끓어 오른다"(to boil)·"불 위에 있다"(to be on fire)는 말이나, 동일한 뜻의 그밖의 표현들이 사용되고 있습니다. 더욱이 사람은, 그것의 정도에 따라서 어떤 종류의 사랑으로 뜨거워집니다.

504[C]. [15] 성경말씀에서 "불"의 뜻에 관해서 널리 살펴볼 때, 그것은 주님의 공으로 돌리고, 또는 천계나 교회에 관해서 서술합니다. 그러나 "불"이 성경말씀에서 악한 사람이나 지옥에 관해서 서술할 때 그것은 자기사랑이나 세상사랑을 뜻하고, 그리고 그것으로 인하여 죽은 뒤 지옥에 있는 사악한 사람을 괴롭히고, 고통을 주는 모든 악한 정동(=나쁜 애욕)이나 탐욕(=욕망)을 뜻합니다. "불"은 그것이 천계에서 내려와 악한 사람이 있는 사회들에 떨어질 때, 신령사랑에 정반대되는 사랑으로 바뀌고, 그리고 탐욕이나 정욕에 속한 다종의 열기로 바뀌고, 따라서 온갖 종류의 악들로 바뀌고, 그리고 온갖 종류의 고통이나 괴로움으로 바뀌는데, 그것은 악들이 악에 속한 형벌을 그것들이 지니고 있기 때문인데, 이런 이유 때문에 신령사랑의 뜻에 정반대되는 뜻을 지니고 있습니다. 이렇게 볼 때 신령사랑은 악한 사람에게서는 지옥적인 사랑(=애욕)으로 바뀐다는 것을 알 수 있고, 그리고 자기사랑이나 세상사랑이나 미움이나 복수 따위가 있는 지옥은, 비록 지옥의 무리들이 자신들 안에서 그 어떤 불길의 열기를 지각하지 못한다고 해도, 그들의 안팎이나 주위는 마치 불 속에 있는 것처럼 보입니다. 사실 이런 애욕들(=사랑들)로 말미암아 그런 지옥에 있는 무리들은, 그 불길에서 비롯된 것과 같은 불이 활활타고 있고, 붉게 물든 얼굴

들로 보입니다.
[16] 그러므로 아래의 장절에서 "불"의 뜻은 이런 것입니다. 이사야서의 말씀입니다.

> 참으로 악이 불처럼 타올라서
> 찔레나무와 가시나무를 삼켜 버리고,
> 우거진 숲을 사르니,
> 이것이 연기 기둥이 되어 휘돌며 올라간다.
> 만군의 주의 진노로 땅이 바싹 타버리니,
> 그 백성이 마치 불을 때는 땔감같이 되며,
> 아무도 그 형제자매를 아끼지 않을 것이다.
> (이사야 9 : 18, 19)

같은 책의 말씀입니다.

> 침략자의 군화와 피묻은 군복이
> 모두 땔감이 되어서,
> 불에 타 없어질 것이다.
> (이사야 9 : 5)

역시 같은 책의 말씀입니다.

> 너희(=앗시리아 사람)는 겨를 잉태하여 지푸라기를 낳는다.
> 너희는 제 꾀에 속아 넘어간다.
> 뭇 민족은 불에 탄 석회같이 되며,
> 찍어다가 태우는 가시덤불같이 될 것이다.……
> 시온에서는 죄인들이 공포에 떨고
> 경건하지 않은 자들이
> 두려움에 사로잡힌다.

"우리들 가운데 누가
사르는 불을 견디어 내겠는가?
우리들 가운데 누가
꺼지지 않는 불덩이를 견디어 내겠는가?"
하고 말한다.
(이사야 33 : 11, 12, 14)

"앗시리아 사람"은 자기 총명에서 교회의 진리들이나 선들에 거슬러 추론하는 거짓들이나 오류들에게서 비롯된 자들을 뜻합니다. 그리고 여기서 이들이 그와 같이 기술되었습니다.
[17] 같은 책의 말씀입니다.

이 때가 바로, 주께서 복수하시는 날이니,
시온을 구하여 주시고
대적을 파멸시키시는 해,
보상하여 주시는 해이다.
에돔의 강들이 역청으로 변하고,
흙이 유황으로 변하고,
온 땅이 역청처럼 타오를 것이다.
그 불이 밤낮으로 꺼지지 않고 타서,
그 연기가 끊임없이 치솟으며,
에돔은 영원토록 황폐하여,
영원히
그리고 지나가는 사람이 없을 것이다.
(이사야 34 : 8-10)

같은 책의 말씀입니다.

보아라,

그들은 검불같이 되어서,
불에 타고 말 것이다.
그 불은 빵이나 굽는 숯불도 아니고,
손이나 따뜻하게 하는 화롯불도 아니다.
그 불은 너무나도 뜨거워서,
그들 스스로를 그 불에서
구하여 내지 못할 것이다
(이사야 47 : 14)

또 같은 책의 말씀입니다.

너희가 모두 불을 피우고,
횃불을 들고 나섰지만,
너희가 피운 그 불에 너희가 탈 것이며,
너희가 들고 나선 그 횃불에
너희가 소멸될 것이다.
내가 직접 이 형벌을 너희에게 내리고,
너희는 이 고문을 견디어야 할 것이다
(이사야 50 : 11)

역시 같은 책의 말씀입니다.

그들을 먹는 벌레가 죽지 않으며,
그들을 삼키는 불도 꺼지지 않을 것이다.
(이사야 66 : 24)

에스겔서의 말씀입니다.

나의 분노를 너에게 쏟아 붓고,

타오르는 진노의 불길을 너에게 내뿜고,
사람 죽이는 데 능숙한
짐승 같은 사람들의 손에
너를 넘겨 주겠다.
너는 불의 땔감이 될 것이며,
너는 네 나라의 한복판에 피를 쏟을 것이다.
(에스겔 21 : 31, 32)

시편서의 말씀입니다.

주께서도 진노하셔서 그들을 불태우시고,
불이 그들을 삼키게 하실 것이다.
(시편 21 : 9)

같은 책의 말씀입니다.

숯불이 그들 위에 쏟아지게 하시고,
그들이 불구덩이나 수렁에 빠져서
다시는 일어나지 못하게 해주십시오.
(시편 140 : 10)

마태복음서의 말씀입니다.

도끼가 이미 나무 뿌리에 놓였으니, 좋은 열매를 맺지 않는 나무는 다 찍혀서, 불 속에 던져진다.…… 그는 손에 키를 들었으니, 자기의 타작 마당을 깨끗이 하여, 알곡은 곳간에 모아들이고, 쭉정이는 꺼지지 않는 불에 태우실 것이다(마태 3 : 10, 12; 누가 3 : 9, 17).

8장 1 - 13절

같은 책의 말씀입니다.

가라지를 모아다가 불에 태워 버리는 것 같이, 세상 끝 날에도 그렇게 할 것이다(마태 13 : 40).

또 같은 책의 말씀입니다.

인자가 천사들을 보낼 터인데, 그들은 죄짓게 하는 자들과 불법한 일을 하는 자들을 모조리 그 나라에 모아다가, 불 아궁이 속에 던질 것이다(마태 13 : 41, 42, 50).

역시 같은 책의 말씀입니다.

그 때에 그는 또 왼쪽에 있는 사람들에게도 말할 것이다. "저주 받은 자들아, 내게서 떠나서, 악마와 그 부하들을 가두려고 준비한 영원한 불 속으로 들어가거라"(마태 25 : 41).

같은 책의 말씀입니다.

자기 형제나 자매를 바보라고 하는 사람은, 누구든지 지옥 불 속에 던짐을 받을 것이다(마태 5 : 22 ; 18 : 8, 9 ; 마가 9 : 45, 47).

누가복음서의 말씀입니다.

그가 소리를 질러 말하기를 "아브라함 조상님, 나를 불쌍히 여겨 주십시오. 나사로를 보내서, 그 손가락 끝에 물을 찍어서, 내 혀를 시원하게 하도록 해주십시오. 나는 이 불 속에서 몹시 고통을 당하고 있습니다" 하였다(누가 16 : 24).

같은 책의 말씀입니다.

롯이 소돔에서 떠나던 날에, 하늘에서 불과 유황이 쏟아져 내려서, 그들을 모두 멸망시켰다. 인자가 나타나는 날에도 그러할 것이다(누가 17 : 29, 30).

묵시록서의 말씀입니다.

그 짐승과 그 짐승 우상에게 절하고, 이마나 손에 표를 받은 사람은 누구든지, 하나님의 진노의 포도주를 마실 것이다.…… 또 그런 자는 거룩한 천사들과 어린 양 앞에서 불과 유황으로 고통을 받을 것이다(묵시록 14 : 9, 10).

같은 책의 말씀입니다.

그 둘(=그 짐승과 그 거짓 예언자)은 산 채로, 유황이 타오르는 불바다로 던져졌습니다(묵시록 19 : 20).

또 같은 책의 말씀입니다.

그들을 미혹하던 악마도 불과 유황의 바다로 던져졌는데, 그 곳은 그 짐승과 거짓 예언자가 있는 곳입니다(묵시록 20 : 10).

같은 책의 말씀입니다.

사망과 지옥이 불바다에 던져졌습니다. 이 불바다가 둘째 사망입니다. 이 성경책에 기록되어 있지 않은 사람은 누구나 다 불바다에 던져졌습니다(묵시록 20 : 14, 15).

역시 같은 책의 말씀입니다.

비겁한 자와 신실하지 못한 자와 가증한 자와 살인자와 음행하는 자와 마술쟁이와 우상 숭배자와 모든 거짓말쟁이들이 차지할 몫은 불과 유황이 타오르는 바다뿐이다. 이것이 둘째 사망이다(묵시록 21 : 8).

이들 장절들에서 "불"(fire)은 악의 애욕에 속한 모든 욕망과 그것의 형벌을 뜻하는데, 그것은 곧 고통입니다. 이것에 《천계와 지옥》의 566 - 575항의 내용을 부가해도 좋겠는데, 거기에는 "지옥의 불"(infernal fire)이나 "이를 간다"는 말이 무엇을 뜻하는지 설명되었습니다.

504[B]. [18] "우박"이 다루어진 앞서의 단락에서, 신령존재가 천계에서 악한 사람이 있는 낮은 영역에 내려오실 때, 천계 자체에 있는 그것의 정반대의 결과를 가리키는 결과를 드러내셨다고 언급하였습니다. 다시 말하면 천계에서는 그것은 생기를 주고, 결합하지만, 그러나 악한 자가 있는 낮은 영역에서 그것은 죽음과 분리(分離)를 생성합니다. 그 이유는 천계에서 비롯된 신령입류(神靈入流)는 선한 사람 가운데 있는 영적인 마음(the spiritual mind)이 그것을 영접, 수용하기에 적합한 열기(熱氣)이기 때문이지만, 그러나 영적인 마음을 가지고 있지 않은 악한 사람 가운데 있는 것은 그들의 자연적인 마음의 내면적인 것들을 개방하는데, 그들의 자연적인 마음의 내면적인 것들 안에는 악들이나 거짓들이 자리를 차지하고 있기 때문입니다. 그 때 이런 것들로 말미암아 그들은 천계의 모든 선한 것

에 대하여 혐오감이나 반감을 가지고 있고, 그리고 진리를 몹시 미워하고, 그리고 모든 범죄에 대한 욕망이나 열망 따위를 가지고 있습니다. 결과적으로 그들은 선한 자에게서 분리 되고, 그리고 그 때 그들은 저주나 영벌을 받습니다. 지금 우리가 그것에 관해서 언급하고 있는 선한 사람에게 있는 이런 입류는 천계에서 생기발랄하게 하고, 재창조하고, 결합하는 불로서 나타납니다.

[19] 천계에서 비롯된 신령사랑의 이런 결과 때문에, 성경말씀에서 분노(忿怒)나 격노, 또는 복수(復讐) 따위는 아주 자주 여호와의 탓으로 돌리고, 다시 말하면 주님의 탓으로 돌리는 것으로 표현되고 있지만, 분노는 그 불에서 나오고, 격노(激怒)는 그 불의 연기에서 비롯됩니다. 그리고 성경말씀에는 역시 "여호와의 분노의 불"(the fire of His anger)이나, "그분은 사르는 불"(a consuming fire)이라는 따위의 표현들이 있고, 그리고 이와 비슷한 수많은 표현들이 있습니다. 그럼에도 불구하고 그것은 주님에게서 발출하는 불이 그런 부류라는 것을 결코 뜻하지 않습니다. 왜냐하면 그것의 근원에서 보면 그것은 신령사랑이지만, 그러나 그것은 악한 사람에게서는 그런 것이 되기 때문입니다. 그리고 그들에게 유입하는 것의 추론에 의하여 악한 사람은 분노하고 격노하기 때문입니다. 이러한 것이 사실이라는 것은 시내 산에서 보여진 그 불에서 잘 알 수 있는데, 그 때 주님께서는 그 산에 내려 오셨고, 그리고 율법을 선포하셨습니다. 비록 그것의 근원에서 그것은 신령사랑이고, 신령진리의 근원이라고 해도, 이 불은 이스라엘 백성들에게는 사르는 불(a consuming fire)로 나타나 보였고, 그들은 그것 앞에서 매우 크게 떨었습니다(출애굽기 19 : 18 ; 20 : 18 ; 신명기 4 : 11, 12,

8장 1 - 13절

15, 33, 36 ; 5 : 5, 22-26). 이것은 이스라엘 백성이 영적 내적인 것은 전혀 가지고 있지 못하고, 다만 자연적 내적인 것만 가지고 있기 때문인데, 그것은 온갖 종류의 악들이나 거짓들로 꽉 차 있기 때문이고, 모두에게 주님의 나타나심(顯現)은 그의 성품에 일치하기 때문입니다. 야곱의 아들들이 그런 부류였다는 것은《새 예루살렘의 교리》248항을 참조하십시오.

[20] 이러한 내용이 성경말씀에서 여호와, 다시 말하면 주님께서, 아래의 장절에서와 같이, "사르는 불"(a consuming fire)이라고 불리우신 이유입니다. 신명기서의 말씀입니다.

> 주 너희의 하나님은 삼키는 불이시며, 질투하는 하나님이시다(신명기 4 : 24).

이사야서의 말씀입니다.

> 보아라, 주께서 화염에 싸여 오시며,
> 그의 병거는 마치
> 회오리바람처럼 올 것이다.
> 그의 노여움이 진노로 바뀌고,
> 그의 질책이
> 타는 불길이 되어 보응하려 하신다.
> 주께서 불로 온 세상을 심판하시며,
> 주의 칼로 모든 사람을 심판하실 것이니,
> 주께 죽음을 당할 자가 많을 것이다.
> (이사야 66 : 15, 16)

같은 책의 말씀입니다.

> 만군의 주께서 너를 찾아오시되,
> 천둥과 지진과 큰소리를 내시며,
> 회오리바람과 폭풍과 태워 버리는 불길로
> 찾아오실 것이다.
> (이사야 29 : 6)

역시 같은 책의 말씀입니다.

> 주께서 맹렬한 진노와,
> 태워 버리는 불과,
> 폭풍과 폭우와,
> 돌덩이 같은 우박을 내리셔서,
> 주의 장엄한 음성을 듣게 하시며,
> 내리치시는 팔을 보게 하실 것이다.
> (이사야 30 : 30)

시편서의 말씀입니다.

> 그의 코에서 연기가 솟아오르고,
> 그의 입에서
> 모든 것을 삼키는 불을 뿜어 내시니,
> 그에게서 숯덩이들이
> 불꽃을 튕기면서 달아올랐다.……
> 주 앞에서는 광채가 빛나고,
> 짙은 구름은 불꽃이 되면서,
> 우박이 쏟아지고, 벼락이 떨어졌다.
> 주께서 하늘로부터 천둥소리를 내시며,
> 가장 높으신 분께서
> 그 목소리를 높이시며,

우박을 쏟으시고, 벼락을 떨어뜨리셨다.
(시편 18 : 8, 12, 13)

같은 책의 말씀입니다.

우리 하나님은 오실 때에,
조용조용 오시지 않고,
삼키는 불길을 앞세우시고,
사방에서 무서운 돌풍을 일으키면서 오신다.
(시편 50 : 3)

역시 같은 책의 말씀입니다.

(주님은)
불과 유황을
악인들 위에 비오듯이 쏟으시며,
태우는 바람을
그들 잔의 몫으로 안겨 주신다.
(시편 11 : 6)

에스겔서의 말씀입니다.

그것은 땔감으로
불 속에다 던져버릴 것이다.……
나 주 하나님이 말한다. 삼림 가운데 있는 포도나무를 내가 불 속에 땔감으로 던져 넣듯이, 예루살렘의 주민을 불 속에 던지겠다. 내가 그들을 대적하겠다. 비록 그들이 불 속에서 피하여 나온다 해도, 불이 다시 그들을 삼킬 것이다. 내가 그들을 대적하면, 그 때에야 비로소 너희는, 내가 주인 줄 알 것이다. 그들이 크게 배신하였기 때문에, 내가 그 땅을 황무지가 되게 하겠다(에스겔 15 : 4, 6).

신명기서의 말씀입니다.

나의 분노에서 나오는 불꽃이
서 아래 스올까지 타늘어 가며,
땅 위에 있는 모든 것들을 삼켜 버리고,
멧부리까지 살라 버릴 것이다.
(신명기 32 : 22)

이러한 일들은, 선한 사람에게서 분리되고 흩어진 악한 사람이 있는 낮은 영역에 천계에서 비롯된 신령선과 신령진리가 내려올 때, 영계에서 나타납니다. 그리고 이런 내용들은 거기에 있는 이런 외현들 때문에 그렇게 언급되었습니다. 그리고 불이 천계에서 내려오기 때문에, 그것은 그것의 근원에서 그것은 신령사랑이고, 그리고 거기에서 악한 사람이 그것을 받게 되었을 때 그것은 삼키는 불(=사르는 불 · a consuming fire)이 되는데, 성경말씀에서 이런 불이 여호와에 관해서 서술하고 있습니다. 지옥적인 불은, 악한 사랑들(=나쁜 애욕들)에 들어온 신령사랑의 변화 이외의 다른 근원에서 그것을 취하지 않고, 그리고 악을 행하고, 위해(危害)를 주입시키는 고약한 온갖 탐욕이나 정욕에 들어온 신령사랑의 변화 이외의 다른 근원에서 그것을 취하지 않습니다.

[21] 이러한 내용은 이런 것들이 표징합니다. 모세의 글의 말씀입니다.

8장 1 - 13절

주께서 하늘, 곧 주께서 계신 곳으로부터, 소돔과 고모라에 유황과 불을, 소나기처럼 퍼 부으셨다(창세기 19 : 24).

그들이 다른 금지된 불(strange fire)로 향을 드렸기 때문에, 그 불은 아론의 아들들인 나답과 아비후를 삼켜버렸다(레위기 10 : 1-7).

여기서 "이상한 불(=금지된 불)로 드린 향"은 주님사랑 이외의 다른 사랑에서 비롯된 예배를 뜻합니다. 민수기서의 말씀입니다.

주께서 그들의 불평을 들으시고, 이스라엘 자손의 진영의 언저리(=맨 끝)를 살라 버리셨다(민수기 11 : 1-3).

출애굽기서의 이런 말씀도 동일한 것을 뜻합니다.

주께서 불기둥과 구름기둥에서 이집트의 진영을 내려다 보실 때, 홍해 바다에서 이집트 사람들이 멸망하였다(출애굽기 14 : 24-27).

그들의 여정에서 이스라엘 자손 앞에 빛나는, 그리고 밤에는 성막을 덮은, 이 불이 그것의 본질에서 신령사랑을 가리킨다는 것은 앞서의 단락에서 잘 볼 수 있습니다. 그럼에도 불구하고 그것에서의 여호와의 보살핌은 이집트 사람의 진영을 전적으로 무질서(無秩序)에 빠뜨렸고, 그들을 멸망시켰습니다.

[22] 묵시록서에서 보여진 것은, 그 불이 영계에서 악한 자를 사르기 위하여 천계에서 내려왔다는 것이고, 그리고 거기에서 요한이 그것을 보았다는 것입니다. 왜냐하면 그가 이렇게 말하였기 때문입니다.

하늘에서 불이 내려와서, 그들(=곡과 마곡과 그들의 무리)을 삼켜 버렸습니다(묵시록 20 : 9 ; 에스겔 38 : 22).

"삼켜 버린다"(=살라 버린다 · to consume)는 것은 지옥으로 흩어 버리고 내쫓는 것을 뜻합니다. 그래서 다시 이사야서에서는 이렇게 언급되었습니다.

이스라엘의 빛은 불이 되며
'이스라엘의 거룩하신 분'은
불꽃이 되셔서,
가시나무와 찔레나무를
하루에 태워서 사르실 것이다
(이사야 10 : 17)

여기서 "가시나무와 찔레나무"는 그 교회의 교리의 악들이나 거짓들을 뜻하고, 하늘에서 내려온 신령진리에 의한 이것들의 멸망은 "이스라엘의 빛은 불이 되고, 이스라엘의 거룩하신 분은 불꽃이 되신다"는 말씀이 뜻합니다.

504[E]. [23] 나쁜 뜻으로, 또는 악한 자에 관해서 "불"이 본래의 뜻으로는 자기사랑을 뜻하고, "불꽃"(flame)은 세상사랑을 뜻하기 때문에, 따라서 "불"은 모든 악을, 예를 들면, 증오 · 미움 · 복수나 그 밖의 다른 많은 것들을 뜻합니다. 왜냐하면 모든 악들은 이들 두 근원에서 나오기 때문입니다(《새 예루살렘의 교리》 75항 참조). 결과적으로 "불"은 영적인 생명(=삶)에 관한 사람의 파멸(破滅)을 뜻하고, 따라서 영벌(永罰)과 지옥을 뜻합니다. 이러한 내용은 아래의 장절들에서 아주 상세하게 볼

수 있습니다. 이사야서의 말씀입니다.

　　주께서 주의 백성을
　　얼마나 뜨겁게 사랑하시는지를
　　주의 대적에게 보여 주셔서,
　　그들로 부끄러움을 당하게 하여 주십시오.
　　주께서 예비하신 심판의 불로
　　그들을 없애 주십시오.
　　(이사야 26 : 11)

여기서 "백성들"이나 "대적들"이 뜻하는 악한 사람의 멸망은 "뜨거운 사랑"(=시기 · 미움 · hatred)과 "불"에 의하여 기술되었습니다.
[24] 같은 책의 말씀입니다.

　　네가 물 가운데로 건너갈 때에,
　　내가 너와 함께 하고,
　　네가 강을 건널 때에도
　　물이 너를 침몰시키지 못할 것이다.
　　네가 불 속을 걸어가도,
　　그을리지 않을 것이며,
　　불꽃이 너를 태우지 못할 것이다.
　　(이사야 43 : 2)

"물 가운데로 건넌다" · "강을 건넌다" · "물이 너를 침몰시키지 못한다"는 것은, 거짓들이나, 진리들에 거스르는 거짓들에게서 비롯된 추론들이 불법으로 침입하지 못하고, 오염, 부패 시키지 못하는 것을 뜻하고, 여기서 "물"(waters)은 거짓들을 뜻하고, "강"은 진리들에 거스르는 거짓들에게서 비롯된 추론들을 뜻합니다. "불 속을 걸어가도 그을리지 않고, 불꽃이 태우지 못할 것이다"는 말은, 악들이나, 그것들에게서 생겨난 탐욕이나 정욕이 전혀 해하지 못할 것이라는 것을 뜻합니다. 여기서 "불"은 악들을 뜻하고, "불꽃"은 그것에서 비롯된 탐욕들이나 정욕들을 뜻합니다.

[25] 같은 책의 말씀입니다.

>우리의 조상이 주님을 찬송하던 성전,
>우리의 거룩하고 영광스러운 성전이
>불에 탔고,
>우리에게 즐거움을 주던 곳들이
>모두 황폐해졌습니다.
>(이사야 64 : 11)

여기서 "거룩하고 영광스러운 성전"(=집)은 천적인 교회와 영적 교회를 뜻하는데, "거룩한 집"은 천적 교회를, "영광스러운 집"은 영적 교회를 뜻합니다. "우리의 조상들이 당신(=주님)을 찬송했다"는 말씀은 고대교회의 예배를 뜻하고, "찬송한다"(=찬양한다)는 것은 예배하는 것을 뜻하고, 그리고 "조상들"은 고대교회에 속한 자들을 뜻합니다. "불에 탔다"(=불로 태운다)는 것은 그 교회에 속한 모든 선이 선들을 사르고 멸망시키는 그것에 의하여 온갖 악들로 바뀌는 것을 뜻합니다. "우리에게 즐거움을 주던 곳들이 모두 황폐해졌다"(=우리가 즐거워하던 것들이 다 쓸모없게 되었다)는 말씀은 모든 진리들이 소멸되었다는 것을 뜻하고, "즐거워하던 것들"은 성경말씀에 있는 교회의 진리들을 뜻합니다.

[26] 같은 책의 말씀입니다.

> 기어이 너희는
> 잎이 시든 상수리나무처럼 될 것이며,
> 물이 없는 동산과 같이 메마를 것이다.
> 강한 자가 삼오라기와 같이 되고,
> 그가 한 일은 불티와 같이 될 것이다.
> 이 둘이 함께 불타도
> 꺼 줄 사람이 하나 없을 것이다.
> (이사야 1 : 30, 31)

여기서 "상수리나무"(oak)는 자연적인 사람을 뜻하고, "잎들"(leaves)은 지식들이나 거기에 있는 진리의 선험지들을 뜻하고, "동산"(garden)은 합리적인 사람을 뜻합니다. 그러므로 "너희는 잎이 시든 상수리나무처럼 될 것이고, 물이 없는 동산과 같이 메마를 것이다"는 말씀은 거기에 더 이상 어떤 참된 지식이나 합리적인 진리가 없을 것이라는 것을 뜻합니다. "강한 자"(=강한 사람)과 "그가 한 일"(=그의 일)은 자기 총명에서 부화(孵化)된 것을 뜻합니다. 자기 자신이나 자기 자신의 총명을 신뢰하는 자는 성경말씀에서 자주 "강한 사람"이라고 불리웠는데, 왜냐하면 그는 그가 강한 것을 낳는다고 여기는 자기 자신이나 자신의 일을 중시하기 때문입니다. 사람의 고유속성(man's own proprium)은 모든 악이나 거짓을 흡수하기 때문에, 그리고 그것에 의하여 모든 선과 진리를 파괴하기 때문에, 따라서 "강한 자가 삼오라기(tow)같이 되고, 그가 한 일은 불티(a spark)와 같이 될 것이고, 이 둘은 함께 타버릴 것이다"라고 언급되었습니다. 여기서 "불타버린다"는 것은 악에 속한 거짓들에 의하여 소멸하는 것을 뜻합니다.
[27] 에스겔서의 말씀입니다.

> 네 어머니는 네 포도원 안에 있는(=네 핏줄 안에 있는)
> 물가에 심은 포도나무와 같아서……,
> 그 포도나무가 분노 가운데 뽑혀서
> 땅바다에 던져지니,
> 그 열매가 동풍에 마르고,
> 그 튼튼한 가지들은 꺾이고 말라서,
> 불에 타버렸다.
> 이제는 그 나무가 광야에,
> 가물고 메마른 땅에 심겨 있다.
> 그 가운데 큰 가지에서 불이 솟아 나와
> 그 가지와 열매를 태워 버렸다.
> (에스겔 19 : 10, 12-14)

여기서 "포도나무와 같은 어머니"는 고대 교회를 뜻하는데, 그 교회는 삶의 선 안에 있고, 그리고 그것에서 비롯된 진리들 안에 있었습니다. "이제는 그 나무가 광야에, 가물고 메마른 땅에 심겨 있다"는 말씀은, 지금 그 교회는 선들이나 진리들의 결핍(缺乏)의 상태에 있다는 것을 뜻합니다. "가문 땅"은 거기에 선이 전혀 없는 교회를 뜻하고, "메마른 땅"은 거기에 진리가 전혀 없는 교회를 뜻합니다. "큰 가지에서 불이 솟아 나오고, 그 가지와 열매를 태워 버렸다"는 것은 거짓에 속한 악이 모든 진리와 선을 파괴하였다는 것을 뜻하는데, 여기서 "불"은 악을 뜻하고, "큰 가지들"은 악이 그것 안에 있는, 교리에 속한 거짓을 뜻하고, "그 가지와 열매를 태워 버렸다"(=삼켜 버렸다)는 것은 진리와 선을 파괴하는 것을 뜻하고, 그리고 여기서

8장 1 - 13절

거짓에 속한 악은 교리의 거짓이 비롯된 악을 가리킵니다.
[28] 스가랴서의 말씀입니다.

> 주께서 그들(=두로)을 쫓아내시며 바다에서 떨치던 그의 힘을 깨뜨리시고, 성읍을 불에 태워 멸하실 것이다(스가랴 9 : 4).

여기서 "두로"는 진리와 선의 지식들의 측면에서 교회를 뜻하고, 따라서 "두로"는 교회에 속한 진리와 선의 지식들을 뜻합니다. 거짓들이나 악들에 의한 그것의 파멸은 "주님께서 두로를 쫓아내시고, 두로의 권세를 바다에서 치시고(=바다에서 떨치던 그의 힘을 깨뜨리시고), 두로가 불로 삼켜진다"(=성읍을 불에 태워 멸하신다)는 말씀이 뜻합니다.
[29] 시편서의 말씀입니다.

> (대적들이)
> 주의 성소에 불을 지르고,
> 주의 이름을 모시는 곳을
> 땅에 뒤엎고 더럽혔습니다.
> 그들은 "씨도 남기지 말고
> 전부 없애 버리자" 하고 마음을 먹고,
> 이 땅에 있는, 하나님을 만나 뵙는 장소를
> 모두 불살라 버렸습니다.
> 우리에게는
> 어떤 징표도 더 이상 보이지 않고,
> 예언자도 더 이상 없으므로,
> 우리 가운데서 어느 누구도,
> 이 일이 얼마나 오래 갈지를
> 아는 사람이 없습니다.

(시편 74 : 7-9)

악한 사랑(=나쁜 애욕)들에게서 솟아난 탐욕들이나 정욕들이 교회의 진리들이나 선들을 파괴한다는 것은 "대적들이 주의 성소에 불을 지르고, 주의 이름을 모시는 곳을 땅에 뒤엎고 더럽혔다"는 말씀이 뜻합니다. 그들이 신령예배에 속한 모든 것들을 쌍그리 파괴한다는 것은 "그들이 이 땅에 있는, 하나님을 만나 뵙는 장소를 모두 불살라 버렸다"는 말씀이 뜻이 뜻하고, 그리고 더 이상 진리의 교리나 진리의 이해가 없을 것이다는 것은 "우리에게는 예언자도 더 이상 없고, 아는 사람이 없다"는 말씀이 뜻합니다.

[30] 신명기서의 말씀입니다.

> 너희는 그 일을 자세히 조사하고 잘 알아보아서 너희 안에서 그런 역겨운 일이 있었다(=다른 신들을 섬긴다)는 것이 사실로 드러나면, 너희는 그 성읍에 사는 주민을 칼로 쳐서 모두 죽이고, 그 성읍과 그 안에 있는 모든 것과 집짐승도 칼로 쳐서 주여라. 전리품은 모두 거리에 모아 놓고, 온 성읍과 그 전리품을 함께 불살라서, 주 너희의 하나님께 바쳐라. 그 성읍을 영원히 폐허로 남겨두고, 다시는 거기에 성읍을 건축하지 말아라(신명기 13 : 14-16).

이 장절은 영적인 뜻으로, 주님 이외에 다른 신들을 시인하는 예배의 근원인 교리는 반드시 파멸되어야 한다는 것을 뜻합니다. 그 이유는 이런 교회 안에는 나쁜 탐욕들이나, 정욕들에게서 비롯된 거짓들을 제외하면 아무것도 없기 때문입니다. 이러한 것이 영적인 뜻으로 이런 낱말들이 뜻하는 것인데, 그 이유는 성경말씀에서 "성읍"(a city)은 교리를 뜻하고, "다른 신들을 섬긴다"는 것은 주님 이외의 다른 신을 시인하고, 예배하는 것을 뜻하기 때문입니다. 여기서 "칼"(a sword)은 거짓에 의한 진리의 파괴를 뜻하고, "불"(fire)은 악에 의한 선의 파괴를 뜻합니다.

[31] 누가복음서의 말씀입니다.

"나는 세상에다가 불을 지르러 왔다. 불이 이미 붙었으면, 내가 바랄 것이 무엇이 더 있겠느냐?"(누가 12 : 49).

이 장절은 선과 악 사이의 전쟁 행위들(hostilities)이나 싸움들(combats)이나, 진리와 거짓 사이의 그런 것들을 뜻합니다. 왜냐하면 주님께서 이 세상에 강림하시기 전에는 교회에는 거짓들이나 악들을 제외하면 아무것도 없었기 때문이고, 결과적으로는 이것들 사이에, 그리고 진리들과 선들 사이에 전쟁이나 다툼 따위는 전혀 없었지만, 그러나 주님에 의하여 선들이나 진리들이 밝혀졌을 때, 그 때 그것이 존재하기 위한 전쟁은 가동하였고, 그리고 이들 사이에 싸움이나 다툼이 없다면 바로잡음(改革 · reformation)은 결코 있을 수 없었습니다. 그러나 이러한 뜻은 주님께서 "불이 이미 붙었으면, 바랄 것이 무엇이 더 있겠느냐?"는 말씀이 뜻하는 것입니다. 그리고 이러한 뜻은 아래에 이어지는 장절에서 잘 알 수 있겠습니다. 누가복음서의 말씀입니다.

너희는, 내가 세상에 평화를 주러 온 줄로 생각하느냐? 내가 너희에게 말한다. 그렇지 않다. 도리어, 분열을 일으키러 왔다. 이제부터 한 집안에서 다섯 식구가 서로 갈라져서, 셋이 둘에게 맞서고, 둘이 셋에게 맞설 것이다. 아버지가 아들에게, 아들이 아버지에게 맞서고, 어머니가 딸에게, 딸이 어머니에게 맞서고, 시어머니가 며느리에게, 며느리가 시어머니에게 맞서서, 서로 갈라질 것이다(누가 12 : 51-53).

여기서 "아버지가 아들과 맞서고, 아들이 아버지와 맞선다"는 것은 악이 진리에 맞서는 것을, 진리가 악에 맞서는 것을 뜻하고, 그리고 "어머니가 딸에 맞서고, 딸이 어머니에게 맞선다"는 것은 진리의 정동에 거스르는 거짓의 탐욕을 뜻하고, 그리고 거짓의 탐욕에 거스르는 진리의 정동을 뜻합니다. 그리고 "한 집안에"라는 말은 한 사람에게 있는 것을 뜻합니다.
[32] "아들들"(sons)이 성경말씀에서 교회에 속한 진리들을, 그리고 "딸들"(daughters)은 그것의 선을 뜻하기 때문에, 예레미야서에서 "아들들과 딸들을 불로 사른다"는 말씀이 뜻하는 것이 무엇인지 잘 알 수 있겠습니다. 예레미야서의 말씀입니다.

그들은 자기들의 아들과 딸들을 불태워 제물로 바치려고 '힌놈의 아들 골짜기'에 도벳이라는 산당을 쌓았는데, 그런 것은 내가 명하지 않았고, 상상조차도 하여 본 적이 없다(예레미야 7 : 31).

같은 책의 말씀입니다.

그 때에는 내가
암몬 백성이 사는 랍바에
전쟁의 함성이 들리게 하겠다.
그러면 랍바가 폐허 더미로 변하고,
그에 딸린 성읍들은 불에 타버리고…….
(예레미야 49 : 2)

에스겔서의 말씀입니다.

> 너희는 온갖 제물을 바치고, 너희 아들들을 불 가운데로 지나가게 하여 제물을 바침으로써, 너희가 오늘날까지 우상들을 섬김으로써, 너희 자신을 더럽히고 있다(에스겔 20 : 31).

"아들들과 딸들을 불로 태운다"는 것은 나쁜 탐욕들이나 악한 사랑들(=애욕들)에 의하여 교회의 진리들이나 선들을 파괴하는 것을 뜻합니다. 그들이 역겨운 이런 혐오스러운 짓을 범했든 범하지 않았든, 그럼에도 불구하고 그들은 거짓들에 의하여 확증된 것을 가리키는 추하고, 역겨운 정욕들이나 탐욕들에 의하여 교회의 진리나 선을 파괴하는 것을 뜻합니다.
[33] 이런 내용에서 볼 때 "우박과 불이 피에 섞여서 땅에 떨어졌다. 그래서 나무의 삼분의 일이 타버렸다"는 말씀의 뜻을 잘 알 수 있겠습니다. 다시 말하면 천계에서 비롯된 입류와, 그리고 그것으로 인한 최후심판 전의 첫 번째 변화를 잘 알 수 있겠습니다. 그러나 여기서 "나무"(tree)나 "푸른 풀"(green grass)은 아래에 언급될 내용을 뜻합니다. 동일한 것들이, 홍해 바다에의 수몰(水沒)을 가리키는 그들의 최후의 멸망 이전에 일어난 이집트에서의 재앙(災殃)들의 기술에서 언급되었습니다. 출애굽기서의 말씀입니다

> 이집트 온 땅에서 우박이, 사람이나 짐승이나 할 것 없이 들에 있는 모든 것들을 쳤다. 우박이 들의 모든 풀을 치고, 들의 모든 나무를 부러뜨렸다(출애굽기 9 : 18-35).

[34] 최후심판을 가리키는 "여호와의 날"에 앞서 일어난 동일

한 것들이 예언서들에 기술되었습니다. 요엘서의 말씀입니다.

> 주의 날이 다가오고 있다.
> 그 날은 캄캄하고 어두운 날,
> 먹구름과 어둠에 뒤덮이는 날이다.……
> 그들이 불처럼 초목을 삼키고 지나가면,
> 지나간 자리에서는
> 불꽃이 활활 타오른다.
> (요엘 2 : 1-3)

같은 책의 말씀입니다.

> 그 날에 내가 하늘과 땅에
> 징조를 나타내겠다.
> 피와 불과 연기 구름이 나타나고,
> 해가 어두워지고
> 달이 핏빛 같이 붉어질 것이다.
> 끔찍스럽고 크다큰 주의 날이 오기 전에,
> 그런 일이 먼저 일어날 것이다.
> (요엘 2 : 30, 31)

역시 같은 책의 말씀입니다.

> 주님, 제가 주께 부르짖습니다.
> 불볕에 광야의 풀이 모두 타 죽고,
> 들의 나무가
> 이글거리는 불꽃에 모두 타 버렸습니다.
> 시내에도 물이 마르고
> 광야의 초원이 다 말라서,

8장 1 - 13절

들짐승도 주께 부르짖습니다
(요엘 1 : 19, 20)

에스겔서의 말씀입니다.

> 사람아, 너는 얼굴을 남쪽으로 돌려라.…… 남쪽 네겝의 숲을 규탄하여 예언하여라.…… 내가 숲 속에 불을 지르겠다. 그 불은 숲 속에 있는 모든 푸른 나무와 모든 마른 나무를 태울 것이다. 활활 치솟는 그 불꽃이 꺼지지 않아서, 남쪽에서 북쪽까지 모든 사람의 얼굴이 그 불에 그을 것이다(에스겔 20 : 46, 47).

"남쪽의 숲"은 성경말씀에서 비롯된 진리의 빛 안에 있을 수 있는 교회를 뜻하지만, 그러나 지금 그것은 영적인 빛이 없는 오직 지식들 안에 있습니다. "그들이 삼켜버릴 나무들"(= 그 불이 태울 나무들)은 이런 부류의 지식들을 뜻합니다. 그리고 악한 탐욕들이 모든 영적인 생명(=삶)의 그런 부류의 지식들을 빼앗을 것이다는 것, 그리고 거기에는 더 이상 정결한 상태의 그 어떤 진리가 없을 것이고, 그리고 또한 불영명한 상태의 그것의 남은 것만 있을 것이다는 것들은 "남쪽에서 북쪽까지 모든 사람의 얼굴이 그 불에 그을 것이다"는 말씀이 뜻합니다. 양쪽의 뜻에서 - 좋은 뜻과 나쁜 뜻으로 - "불"의 뜻은 알 수 있는데, 성경말씀에서 "따뜻하게 한다" "불이 타오른다" "빛을 낸다" "끓인다" "태운다" "파멸시킨다" 등등의 낱말의 뜻이나, "따뜻함" "불꽃" "백열(白熱)" "태움(burning)" "대화재" "불피우는 곳"(place for fire) "숯들"(coals)이나 이와 비슷한 것들의 뜻도 잘 알 수 있습니다.

505.

그것들(=우박과 불)**이 땅에 떨어졌다.**
이 말씀은 악한 자들이 있는 보다 낮은 영역으로의 진전을 뜻합니다. 이러한 사실은 "땅에 떨어졌다"(=쏟아졌다)는 말의 뜻에서, 다시 말하면, 악한 자와 연합되어 있고, 그리고 선한 자 몇몇과 함께 있는, 낮은 영역을 향한 진리를 가리키는 "첫 번째 천사의 나팔 소리"에 의하여 이루어진, "피가 섞인 우박과 불"이 뜻하는 것에서 명확합니다. 이것이 낮은 영역을 향한 진전을 뜻하는데, 그 이유는 "나무의 삼분의 일이나 푸른 풀의 삼분의 일이 타버렸다"는 것이 뜻하는 변화들이나, 황폐들이나 폐허들이, 위에서 언급한 것과 같이, 악한 자들이 있는 낮은 영역을 향하여 점차적으로 이뤄졌기 때문입니다. 여기서 "땅"(earth)은 낮은 영역을 뜻하는데, 그것은, 요한이 영의 상태에 있을 때, 다시 말하면 그가 영계에 있을 때, 그것들은 요한이 본 것들이기 때문입니다. 왜냐하면, 그것의 시각이 열렸을 때, 사람의 영(man's spirit)은 영계에 있는 것들을 보기 때문입니다. 그리고 그 세계는 산들·언덕들·계곡들이 있고, 그리고 사람들이나 언덕들 위에는 천사적인 천계가 있기 때문입니다. 그러나 그 아래에 있는 계곡들(valleys)에는 아직까지 천계에 올리워지지 않은 자들이 있습니다. 그러므로 이런 자들에 관해서 말씀드리면, 악한 자들은 선한 자들과 뒤섞여 있습니다. 따라서 산들이나 언덕들 아래에 있는 이런 계곡들은 지금 여기서는 "땅"(earth or land)이 뜻하는데, 그러므로 "땅에 떨어졌다"(=땅에 쏟아졌다)는 말씀은 천계에서부터 낮은 영역에 향하는 것을 뜻합니다. 그러나 산들이나 언덕들이나 계곡들이 모두 함께 땅(the earth)이라고 하였을 경우, 여기서 "땅"은 거기에 있는 교회를 뜻합니다.

506. 그래서 나무의 삼분의 일이 타버렸다.

이 말씀은 진리와 선에 속한 지각들이나 지식들이 나쁜 사랑들(=애욕들)에게서 생겨난 온갖 탐욕들이나 정욕들에 의하여 파괴되었다는 것을 뜻합니다. 이러한 사실은, 이것에 관해서는 곧 설명하겠지만, 진리들에 관해서 서술할 때, 모든 것을 뜻하는 "삼분의 일"(a third part)의 뜻에서, 그리고 또한, 위에서 언급한 것과 같이(본서 109항 참조), 그의 마음에 속한 사람의 내면적인 것을 가리키는, 따라서 진리들이나 선들의 지각들이나 그것들의 지식들을 가리키는 "나무들"의 뜻에서(본서 420항 참조), 그리고 또한 위에서 언급한 것과 같이(본서 504[C-E]항 참조), 악한 사랑들(=애욕들)에서 생겨난 탐욕들이나 정욕들에 의하여 파괴되는 것을 가리키는 "타 버렸다"(to be burnt up)는 말의 뜻에서 명확합니다. 이런 탐욕들이나 정욕들은 "불"이 뜻한다는 것을 보여 주었기 때문에 그러므로 "타 버렸다"는 말은 이런 것들에 의하여 파괴되었다는 것을 뜻합니다.

[2] "삼분의 일"(the third part)이 전부를 뜻하고, 따라서 "나무들의 삼분의 일"은 진리들이나 선들의 모든 지각을 뜻합니다. 그리고 그것으로 인하여 그것들의 모든 지식을 뜻합니다. 그 이유는 숫자 "삼"(3)이 충분함(fulness)을 뜻하고, 그리고 전부(whole)나 모두(all)를 뜻하고, 그리고 진리들에 관해서 서술하기 때문입니다. 그러므로 "삼분의 일"은 이와 같은 동일한 뜻을 갖습니다. 왜냐하면 "삼분의 일"(a third)은 "삼"(3)이 지닌 것과 같은 뜻을 가지기 때문입니다. 더욱이 자기 자신에 의하여 곱하고(乘), 나누는 셈(除)을 한 숫자들은, 그것들이 그것에서 비롯된 근원되는 정수들(整數·the integral numbers)의 뜻과 동일한 뜻을 갖기 때문입니다(본서 430[A · B]항 참조). "삼

분의 일"이 모두나 전부를 뜻하고, 그리고 진리들에 관해서 서술한다는 것은 본서 384항을 참조하십시오. 아래의 장절에서도 "삼분의 일"은 동일한 뜻을 갖습니다. 우리의 본문장의 말씀입니다.

바다의 삼분의 일(묵시록 8 : 8).
피조물의 삼분의 일(묵시록 8 : 9).
강들의 삼분의 일을 덮친 불타는 별(묵시록 8 : 10).
쓴쑥이 된 물의 삼분의 일(묵시록 8 : 11).
타격을 입은 해의 삼분의 일, 달의 삼분의 일, 별들의 삼분의 일
(묵시록 8 : 12 ; 9 : 15, 18 ; 12 : 14).

[3] 이 장절은 진리와 선의 모든 지각이 어떻게, 그리고 그것으로 인하여 그것들의 지식들이 어떻게 자기사랑이나 세상사랑에 의하여, 그리고 그것에서 솟아난 탐욕들이나 쾌락들에 의하여, 제일 먼저 파괴되었는지를 기술하고 있습니다. 영적인 진리나 선에 속한 지각이나 지식은 이런 사랑들 – 자기사랑과 세상사랑 – 에 의하여, 그리고 그것에서 비롯된 탐욕들이나 정욕들에 의하여 파괴됩니다. 그 이유는 이런 사랑들은 사람이 그것에 태어나는 관능적인 사랑들이고, 그저 단순한 자연적인 사랑들이기 때문입니다. 그리고 영적인 사랑들에 의하여 그런 것들이 정복(征服)되고, 통치되지 않는다면, 그것은 곧 주님으로 말미암아 천계에서 쫓겨나는 것인데, 그것들은 천계나 교회에 속한 진리들이나 선들의 지각이나, 그것에서 비롯된 그것들의 모든 지식들을 제압(制壓), 소멸(掃滅)시키기 때문입니다. 왜냐하면 이런 사랑들(=애욕들)은 영적인 사랑에 정반대되고, 상호용납되지 않는 자기 자신만을 목적하기 때문이고, 이상에서

볼 때, 밝히 알 수 있는 것은 교회가 점차적으로 타락할 때 교회는 처음에는 내적이고 영적인 상태에서부터 자연적인 상태로 가게 되고, 그리고 그 때의 자연적인 상태로 모든 것들 보다 더 자기사랑이나 세상사랑으로 이루어진다는 것이고, 그것으로 말미암아 그 때 교회는 천계나 교회에 속한 것들에 관해서 짙은 흑암에 있게 된다는 것입니다. 더욱이 빛은 이 세상에 속한 것들에 관해서 더 많은 것을 취하게 된다는 것입니다.
[4] 영적인 진리들이나 선들이 멸망하였을 때, 그것들의 지식도 멸망합니다. 왜냐하면 비록 사람이 그것들을 알고, 그리고 성경말씀으로 말미암아, 또는 교리로 말미암아 그것들을 말한다고 해도, 여전히 사람은, 그가 그것들을 지각하지 못할 때, 그것들을 알지 못하기 때문입니다. 한 사물의 지각은 그것의 지식을 이룹니다. 지각이 없는 지식은 살아 있는 것이 아니고, 죽은 것입니다. 그리고 그런 지식은 이런 낱말들의 단순한 뜻의 지식이지, 그 사물 자체의 지식은 아닙니다. 이런 부류의 것들이 성경말씀에서 비롯된 진리나 선의 지식이고, 그리고 자기사랑이나 세상사랑이 지배적인 사람이 가지고 있는 교회의 교리에서 비롯된 것입니다. 그러나 그것들에 관해서 능숙하게, 그리고 기교있게 말하고 설교하는 것을 연마(研磨)한 자는, 마치 단순한 조개껍질들 같아서, 그것은 평범한 대중들 앞에서는 안에 살을 지닌 것처럼 보이지만, 그러나 그것들은 속이 빈 쭉정이입니다.

507. 그래서 푸른 풀이 타버렸다.
이 장절은 "참된 지식들"(=과학지들)이 동일한 사랑들(=애욕들)의 탐욕들이나 정욕들에 의하여 멸망되었다는 것을 뜻합니다. 이러한 사실은, 이것에 관해서 곧 언급하겠지만, 지식(=과학지)

을 가리키는 "풀"(grass)에서, 그리고 "푸른 풀"이 동물들의 먹거리로서 쓰여지기 때문에, 진리나, 진리로 말미암아 살아 있는 것을 가리키는 "푸르다"(green)는 낱말의 뜻에서, 그러므로 참된 지식은 사람을 위한 영적인 영양분에 이바지하는 것을 가리키는 "푸르다"는 낱말의 뜻에서 잘 알 수 있습니다. 밭이나 동산이나 들에서 생산되는 것은 무엇이나, 그리고 사람이나 짐승의 영양분을 위해 종사하는 것은 무엇이나, 영이나 마음의 영양분을 위해 종사하는 이런 것들과의 대응을 가지고 있고, 그리고 이런 영양분을 영적인 영양분이라고 부르기 때문입니다. 이와 비슷한 것들이 영계에서 자연적인 것들과 영적인 것들의 대응으로 말미암아 나타납니다. 그리고 문자로 있는 성언(聖言·말씀)은 자연적인 것이고, 그것은 대응에 의하여 기술된 것이기 때문에, 여기에는 "나무의 삼분의 일이 타버리고, 푸른 풀의 삼분의 일이 타버렸다"고 언급되었는데, 이 말씀은 영적인 뜻으로 진리나 선에 속한 모든 지각이나 지식이, 마치 참된 지식(=과학지)이 파괴되는 것과 같이, 관능적이고, 현세적이고, 자연적인 사랑들(=애욕들)에 의하여 파괴되었다는 것을 뜻합니다.

[2] 참된 지식(=과학지)은, 그것에 의하여 확증된 영적인 진리인 모든 지식을 뜻하고, 그리고 그것은 영적인 선에서 생명을 취합니다. 왜냐하면 지식들(=과학지들)에 의하여 사람은 현명하게도 되고, 또는 어리석게도 되기 때문입니다. 사람은, 영적인 진리들이나 선들을 가리키는, 교회에 속한 진리들이나 선들을 확증하기 위하여 그 지식들을 사용할 때 현명하게 됩니다. 그리고 사람이 교회에 속한 진리들이나 선들을 무효화(無效化)하고, 반박(反駁)하기 위하여 그 지식들을 사용할 때 그 지식들에 의하여 어리석게 됩니다. 그것들이 교회에 속한 진리들이나 선

들을 확증하기 위하여 사용될 때 그것들은 참된 지식들이라 불리우는데, 그것은 또한 살아 있는 지식들(living knowledges)이라고 합니다. 그러나 그것들이 교회에 속한 진리들이나 선들을 무효화하고, 반박하기 위하여 그 지식들을 사용할 때, 그것들은 거짓 지식들(false knowledges)이라고 하고, 그리고 죽은 지식들(dead knowledges)이라고 합니다. 지식들(=과학지들)은 오직 선용에 대한 수단들입니다. 사람이 그것들에 의하여 자기 자신을 위해 총명이나 지혜를 터득할 때, 그것들은 살아 있는 지식들을 가리킵니다. 모든 총명이나 지혜는 천계에서 비롯된 진리들로 말미암아 존재합니다. 그것이 천계에서 비롯되기 때문에, 다시 말하면 주님으로부터 천계를 통하여 존재하기 때문에, 이런 총명이나 지혜는 살아 있습니다. 그 이유는 그것이 사람의 영적인 진정한 생명이기 때문입니다. 그러나 거짓들로부터는 결코 총명이나 지혜가 존재할 수 없습니다. 그리고 만약에 그것이 그 어떤 것에 존재한다고 생각한다면, 그것은 죽은 것입니다. 그 이유는 그것이 지옥에서 온 것이기 때문입니다.

[3] 이러한 내용이 언급, 설명된 것은, "푸른 풀"(green grass)이 살아 있고, 참된 지식(=과학지)를 뜻한다는 것을 주지(周知)시키기 위한 것입니다. 천계에서 온 진리와 선이 사람에게 있는 선험지들이나 지식들에게서 수용그릇을 전혀 찾지 못하였을 때, 그러나 지옥에서 비롯된 악들이나 거짓들이 그것들에 영접, 수용되었을 때, 그 때 지식들(=과학지들)은 타버린 풀에 대응합니다. 그것은 사람 자신에게서도 마찬가지 있습니다. 왜냐하면 사람은 마치 선험지나 지식들이 그 사람 안에서 살아 있는 것과 같은 그런 부류의 존재이기 때문입니다. 왜냐하면

살아 있는 지식들(=과학지들)로부터 사람은 총명을 취하지만, 그러나 살아 있지 않는 지식들로부터는 그는 결코 총명을 취하지 못하기 때문입니다. 그리고 만약에 그것들이 그것들에 의하여 결과적으로 거짓들의 확증이 죽은 것이라면 거기에는 광기(狂氣)나 어리석음(folly)만 있기 때문입니다.
[4] 대응으로 말미암아 이런 부류의 사람은 성경말씀에서 "풀"(grass)에 비유되었고, 그리고 그런 사람들은 아래의 장절들에서 "풀"이라고 하였습니다. 이사야서의 말씀입니다.

> 민족들은 초목과 같고,
> 자라기도 전에 말라 버리는 풀포기나
> 지붕 위의 잡초와 같았다.
> (이사야 37 : 27 ; 열왕기 하 19 : 26)

시편서의 말씀입니다.

> 그들은 풀처럼 빨리 시들고,
> 푸성귀처럼 사그라지고 만다.
> (시편 37 : 2)

같은 책의 말씀입니다.

> 인생에게는, 그 날이 풀과 같고,
> 피고 지는 들꽃 같아,
> 바람 한 번 지나가면 곧 시들어,
> 그 있던 자리조차 알 수 없다.
> (시편 103 : 15, 16)

같은 책의 말씀입니다.

> 시온을 미워하는 사람은 그 어느 누구나,……
> 지붕 위에 풀같이 되어,
> 자라기도 전에 말라 버리고 만다.
> (시편 129 : 6)

이사야서의 말씀입니다.

> "주의 영광이 나타날 것이니,
> 모든 사람이 그것을 함께 볼 것이다.
> 이것은 주께서 친히 약속한 것이다."
> 한 소리가 외친다.
> "너는 외쳐라."
> 그래서 내가
> "무엇이라고 외쳐야 합니까?" 하고 물었다.
> "모든 육체는 풀이요,
> 그의 모든 아름다움은
> 들의 꽃과 같을 뿐이다.
> 주께서 그 위에 입김을 부시면,
> 풀은 마르고 꽃은 시든다.
> 그렇다.
> 이 백성은 풀에 지나지 않는다.
> 풀은 마르고 꽃은 시드나,
> 우리 하나님의 말씀은 영원히 서 있다."
> (이사야 40 : 5-8)

이 장절은 주님의 강림에 관해서, 그리고 그 때 주님에게서 비롯되는 신령진리의 계시에 관해서 언급하고 있는데, 그런 내용은 "주의 영광이 나타날 것이고, 모든 사람이 그것을 볼 것이다"는 말씀이 뜻합니다. 그 때 사람들에게는 진정한 지식(=과학지)도 전혀 없고, 그리고 영적인 진리도 전혀 없다는 것이 "모든 육체는 풀이요, 그의 모든 아름다움(=거룩함)은 들의 꽃과 같을 뿐이다. 풀은 마르고 꽃은 시든다"는 말씀이 뜻합니다. 여기서 풀은 참된 지식을 뜻하고, "들의 꽃"은 신령진리를 뜻합니다. 사람은, "모든 육체는 풀이다" "이 백성은 풀에 지나지 않는다, 풀은 마르다"는 말씀이 뜻하는, 그런 부류의 존재이다는 것인데, 여기서 "모든 육체"(all flesh)는 모든 사람을 뜻하고, 그리고 "백성"(people)은 진리들 안에 있는 자들, 여기서는 거짓들 안에 있는 자들을 뜻합니다.

[5] 같은 책의 말씀입니다.

> 너희를 위로하는 이는 나,
> 바로 내가 아니냐?
> 그런데 죽을 인간을 두려워하며,
> 한갓 풀에 지나지 않는
> 사람의 아들을 두려워하는,
> 너는 누구냐?
> (이사야 51 : 12)

이 장절은, 모든 것들이 주님에게서 비롯된 것이지, 결코 자기지혜(self-wisdom)이나 자기총명(self-intelligence)에서 비롯된 것은 전무(全無)하다는 것을 뜻합니다. 여기서 "사람"은 지혜의 측면에서 사람을 뜻하고, "사람의 아들"(the son of man)은 총명의 측면에서 사람을 뜻합니다. 이 후자가 단순한 지식(=과학지)을 가리킨다는 것은 "풀같이 될 사람의 아들"이 뜻합니다.

8장 1 - 13절

[6] 같은 책의 말씀입니다.

> 내가 메마른 땅에 물을 주고
> 마른 땅에 시내가 흐르게 하듯이,
> 네 자손에게 내 영을 부어 주고,
> 네 족속에게 나의 복을 내리겠다.
> 그들은 마치 시냇물 가의 버들처럼,
> 풀처럼 무성하게 자랄 것이다.
> (이사야 44 : 3, 4)

여기서 "내 영"(=여호와의 영)은 신령진리를 뜻하고, "복"(=축복)은 그것의 증식이나 번성을 뜻하고, 참된 지식들(=과학지들)을 통하여 그것에서 비롯된 총명은 "풀처럼 무성하게 자란다"(=풀 가운데서 솟아난다)는 말씀이 뜻합니다.

[7] 시편서의 말씀입니다.

> 주님은,
> 들짐승들이 뜯을 풀을 자라게 하시고,
> 사람들이 밭갈이로 채소를 얻게 하시고,
> 땅에서 먹을 거리를 얻게 하셨습니다.
> (시편 104 : 14)

같은 책의 말씀입니다.

> 주님은 하늘을 구름으로 덮으시고,
> 땅에 내릴 비를 준비하시어,
> 산에 풀이 돋게 하시며,
> 들짐승에게,

우는 까마귀 새끼에게 먹이를 주신다.
(시편 147 : 8, 9)

신명기서의 말씀입니다.

나의 교훈은 내리는 비요,
풀밭을 적시는 소나기다.
나의 말은 맺히는 이슬이요,
채소 위에 내리는 가랑비다.
(신명기 32 : 2)

이 장절에서 "풀"(=풀밭)은 참된 지식(=과학지)을 뜻하고, "밭의 채소"는 영적인 진리를 뜻합니다. 왜냐하면 "밭의 채소"는 제일 처음에 밭에서 솟아나는 것, 다시 말하면 그것이 일구어질 때 밭에서 솟아나는 것을 뜻하고, 그러므로 "사람이 섬김을 위한 채소"라고 불리웠기 때문입니다. 그것은 짐승에게 먹이를 준다"고 하였는데, 여기서 짐승은 성경말씀에서 자연적인 사람의 정동을 뜻하고, 그리고 이것에게 먹거리나 영양분으로 주는 참된 지식을 가리킵니다.
[8] 욥기서의 말씀입니다.

베헤못을 보아라.
내가 너를 만든 것처럼,
그것도 내가 만들었다.
그것이 소처럼 풀을 뜯는다(=내가 너와 함께 만든 베헤못을 보아라.
그가 소처럼 풀을 먹는다)(욥기 40 : 15).

여기서 베헤못(=하마나 코끼리 같은 짐승)은 성경말씀에 있는

"짐승"과 동일한 뜻을 가지고 있습니다. 다시 말하면 사람에게 속한 자연적인 정동을 뜻합니다. 그러므로 "내가 너와 함께 만든 베헤못을 보아라"라고 언급되었습니다. 그의 영적인 목초(木草 · his spiritual pasture)는 참된 지식을 가리킵니다. 이러한 내용은 "그가 소처럼 풀을 먹는다"라는 말씀이 뜻합니다.

[9] "푸르다"(green)가 살아 있는 것을 뜻한다는 것은 더 상세한 설명이 없이도 잘 알 수 있습니다. 왜냐하면 그것은 성장하고 있는 푸성귀들은, 말하자면, 살아 있는 한, 그것은 푸르기 때문입니다. 그러나 그것이 더 이상 성장하지 않는다면, 즉 말하자면 그것은 죽은 것이기 때문이고, 그리고 그것의 녹색(greenness)은 소멸하기 때문입니다. 그러므로 "푸르름"(=녹색 · green)이나 "푸르다"는 것은 산 것이나 살아 있다는 것을 뜻합니다. 이러한 내용은 이런 장절들에서 잘 알 수 있습니다. 예를 들면 예레미야 11 : 16 ; 17 : 8 ; 에스겔 17 : 24 ; 20 : 47 ; 호세아 14 : 8 ; 시편 37 : 35 ; 52 : 8 ; 92 : 10이나 그밖의 것들이 있습니다.

508. 8, 9절. **둘째 천사가 나팔을 부니, 불타는 큰 산과 같은 것이 바다에 던져졌습니다. 그래서 바다의 삼분의 일이 피가 되고, 바다에 사는, 생명이 있는 피조물들의 삼분의 일이 죽고, 배들의 삼분의 일이 부서졌습니다.**

[8절] :
"둘째 천사가 나팔을 불었다"는 말씀은 천계에서 나온 입류를 뜻하고, 그리고 악한 자에게 있는 둘째 변화를 뜻합니다(본서 509항 참조). "불타는 큰 산과 같은 것"이라는 말씀은 자기사랑(自己愛)과 그것에서 비롯된 자기총명의 사랑(the love of self-intelligence)을 뜻합니다(본서 510항 참조). "바다에 던져졌다"는

것은 자연적인 사랑에 빠졌다는 것을 뜻합니다(본서 511항 참
조). "바다의 삼분의 일이 피가 되었다"는 말씀은 결과적으로
거기에 있는 모든 것이 악에 속한 거짓이 되었다는 것을 뜻합
니다(본서 512항 참조).
[9절] :
"바다에 사는, 생명이 있는 피조물들의 삼분의 일이 죽었다"는
말씀은 결과적으로는 자연적인 사람 안에 있는 모든 살아 있
는 지식(=과학지)이 소멸하였다는 것을 뜻합니다(본서 513항 참
조). "배들의 삼분의 일이 부서졌다"는 말씀은 성경말씀에서
비롯된 진리나 선에 속한 모든 지식이나, 성경말씀에서 비롯된
교리에서 비롯된 진리나 선에 속한 모든 지식이 멸망, 소멸하
였다는 것을 뜻합니다(본서 514항 참조).

509. 8절. **둘째 천사가 나팔을 불었다.**
이 말씀은 천계에서 나온 입류를 뜻하고, 그리고 결과적으로는
악한 자에게 있는 두 번째 변화를 뜻합니다. 이러한 내용은 앞
에서 언급, 입증된 것에서 잘 알 수 있습니다(본서 502항 참조).

510. 불타는 큰 산과 같은 것(이 바다에 던져졌다).
이 말씀은 자기사랑이나 그것에 비롯된 자기총명의 사랑을 뜻
합니다. 이러한 내용은 자기사랑이나, 그것에서 비롯된 자기총
명의 사랑을 가리키는 "불타는 큰 산"의 뜻에서 명백합니다.
이 사랑은 이런 부류의 산이 뜻하는데, 그것은 성경말씀에서
"산"(山 · mountain)은 양쪽의 뜻에서 사랑을 뜻하기 때문입니
다. 다시 말하면 천계적인 사랑(heavenly love)과 지옥적인 사
랑(infernal love)을 뜻하기 때문입니다(본서 405항 참조).
"불"(fire)도 역시 마찬가지입니다(본서 504[A-E]항 참조). 여기
서는 선한 사람에게서 분리되고, 그리고 지옥에 던져진 악한

사람을 다루고 있는데, 그런 사람에게서 모든 진리는, 그 사랑에 의하여 거짓으로 바뀝니다. "바다에 그 산이 던져졌다"는 것에서 일어날 이 결과는 아래에 이어지는 것에 의하여 기술되었습니다. 왜냐하면 "그 산이 바다에 던져졌고, 그래서 바다의 삼분의 일이 피가 되었다"는 말씀은 자연적인 사람에게 있는 모든 것이 악에 속한 거짓이 되었다는 것을 뜻하기 때문입니다. 이렇게 볼 때 밝히 알 수 있는 것은 "불타는 큰 산"은 자기사랑과 그것에서 비롯된 자기총명에 속한 사랑을 뜻한다는 것입니다. 모든 자기총명(all self-intelligence)은 자기사랑(=자아에 속한 사랑)에서 비롯됩니다.
[2] "산"이 좋은 뜻이나 나쁜 뜻으로, 사랑을 뜻하는데, 그것은 천적인 사랑 안에 있는 삼층천의 천사들은 영계에서 산에서 살기 때문입니다. 따라서 "산"이 언급되었을 경우, 천계를 뜻하고, 그리고 인물들(persons)이나 장소들(places)에서 추상된 것인, 천사적인 생각에 속한 개념에 일치하는 것을 뜻하는데, 이런 개념들이 천계가 뜻하는 것을 구성합니다. 다시 말하면 천적인 사랑을 뜻합니다. 그러나 반대적인 뜻으로, "산"은 자기사랑(=자아에 속한 사랑·自我愛)을 뜻하는데, 그것은 자기사랑에 빠져 있는 자들은 산에 오르기를 열망하는 변함없는 욕구나 욕망 따위를 가지고 있기 때문이고, 그리고 자기 자신을 삼층천에 있는 존재들과 동일하다는 것으로 여기기 때문입니다. 그들이 자신들의 환상(幻想)이나 망상(妄想) 따위에서 살기 때문에, 그들이 지옥으로 쫓겨났을 때 그들의 애씀이나 노력의 주제는 바로 이런 것이기 때문입니다. 이러한 내용이 나쁜 뜻으로 "산"이 자기사랑을 뜻하는 이유입니다. 한마디로 자기사랑에 빠져 있는 자들은 높은 것들에게서 뒤이어지는 것에서도

변함이 없습니다. 따라서 죽음 뒤에도 역시 그러합니다. 그 사랑에 속한 모든 상태들이 대응적인 것들로 바뀌었을 때 그들의 환상이나 망상에서 그들은 아주 높이 올라가 있어서, 그들은 자신들이 그런 환상이나 망상에 있는 한 자신들은 아주 높은 산들 위에 있다고 믿고 있지만, 그럼에도 불구하고 육신적으로 그들은 지옥에 있을 뿐입니다. 이러한 내용이 바빌론에 속해 있고, 그리고 천지(天地)의 모든 것들을 지배하기를 열망하는 자기사랑에 빠져 있는 자들이 "산들"이라고 불리운 이유이고, 그리고 또한 "산 위에 좌정한다" "구름보다 더 높이 오른다"고 언급된 이유입니다. 예레미야서의 말씀입니다.

> 온 세상을 파괴한 멸망의 산아,
> 보아라, 이제 내가 너를 치겠다.……
> 내가 너에게 손을 뻗쳐서
> 너를 바위 꼭대기에서 굴려 내리고,
> 너를 불탄 산으로 만들어 버리겠다.
> (예레미야 51 : 25)

이사야서의 말씀입니다.

> 네가 평소에 늘 장담하더니
> '내가 가장 높은 하늘로 올라가겠다.
> 하나님의 별들보다 더 높은 곳에
> 나의 보좌를 두고,
> 저 멀리 북쪽 끝에 있는 산 위에,
> 신들이 모여 있는 그 산 위에
> 자리잡고 앉겠다.
> 내가 저 구름 위에 올라가서,

가장 높으신 분과 같아지겠다' 하더니,
그렇게 말하던 네가 스올로,
땅 밑 구덩이에서도
맨 밑바닥으로 떨어졌구나.
(이사야 14 : 13-15)

이 장절은 바빌론에 관해서 언급하고 있습니다.
511. 바다에 던져졌습니다.
이 장절은 자연적인 사람에게로 떨어진 것을 뜻합니다. 이러한 내용은 일반적으로는 자연적인 사람 안에 있는 지식(=과학지)을 가리키는, 결과적으로는 거기에 있는 그것의 지식의 측면에서 자연적인 사람을 가리키는, "바다"(the sea)의 뜻에서 명확합니다(본서 270 · 342[B]항 참조). 이것이 "바다"의 뜻인데, 그 이유는 "물"(water)이 진리를 뜻하고, 그리고 자연적인 사람 안에 있는 진리가 지식(=과학지)이라고 불리우지만, 그러나 진리 자체는 본질적으로 영적인 것이고, 그것은 영적인 사람 안에서는 진리의 정동과 하나를 이루기 때문입니다. 왜냐하면 그것이 거기에 있는 정동의 형체이기 때문입니다. 결과적으로 그것의 형체로서 이 정동이 그것으로 말미암아 자연적인 사람 안에 있는 지식들 안에 있는 한, 그 지식들은 그들 자신들 안에 진리들을 담고 있고, 그것들을 살펴보면, 진리들은 아니지만, 그러나 그것들은 진리를 담고 있는 그릇들입니다. 그러므로 성경말씀에서 "그릇들"(vessels)은 지식들을 뜻합니다.
[2] "바다"가 자연적인 사람을 뜻한다는 것은 위에서 인용된 성경말씀의 여러 장절들에게서 잘 볼 수 있습니다(본서 275 · 342[B · C]항 참조). 그 장절들은, "바다"가 그것의 물과의 관계에서 일반적으로 지식(=과학지)를 뜻한다는 것을 명료하게

하지만, 다른 한편 "바다"는 그것의 파도들(waves)과의 관계에서, 지식들에 의하여 지속(持續)되는, 논쟁(論爭)이나 추론(推論)을 뜻합니다. 그리고 지식들이나 추론이 자연적인 사람 안에 있기 때문에, 그러므로 "바다"는 자연적인 사람 자체를 뜻합니다. 그러나 자연적인 사람의 상태는 전적으로 그 사람의 사랑(man's love)의 정동과 일치합니다. 영적인 정동, 다시 말하면 선과 진리의 목적을 위한 선과 진리의 정동이 사람 안에서 지배적일 때, 그리고 이 정동이 영적인 사람을 통해서 자연적인 사람에게 입류할 때, 그 때 자연적인 사람은 영적 자연적인 사람(a spiritual-natural man)입니다. 왜냐하면 그 사람은 영적인 사람에게 종속되어 있는 아래 계급이기 때문이고, 그리고 그들이 하나(a one)처럼 행동할 때 양자는 천계에 있기 때문입니다. 그러나 단순한 자연적인 정동이 사람 안에서 지배적으로 존재하는 한, 자연적인 사람 안에는 진리는 전혀 존재하지 않고, 다만 거기에 있는 모든 것은 참된 것이 아닌 지식(=과학지)일 뿐입니다. 그런데 이 지식은 죽은 지식(dead knowledge)이고, 거짓 지식(false knowledge)입니다. 이런 이유 때문에 그것 안에 있는 지식들은 그 때 철저히 자연적인 정동들과 결합하고, 그리고 그것의 모든 것은 자기사랑이나 세상사랑에서 솟아나지만, 이에 반해서 그것 자체로는 영적이기 때문에 진리들 자체들은, 위에서 언급한 것과 같이, 오직 영적인 정동들과 자신들을 결합시킵니다. 진리들이 철저한 자연적인 정동들과 결합하였을 때 그것들은 더 이상 거짓들 이외의 진리들이 아닙니다. 왜냐하면 철저한 자연적인 정동들은 진리들을 위화(僞化)하기 때문입니다. 철저한 자연적인 정동들과의 진리의 결합들은 온갖 종류의 매춘(=우상 · whoredoms)들이나 간통(姦通)들에 대응하고, 그리고 성경말씀에서 영적인 뜻으로 온갖 종류의 매춘들이나 간통들이 뜻합니다. 성경말씀에는 이런 것들에 대응하는 자기사랑이나 세상사랑과 성경말씀의 진리들의 결합들이 있습니다.

[3] "바다"가 그것 안에 있는 것들과 더불어 자연적인 사람을 뜻한다는 것은 대응에서 비롯된 것입니다. 왜냐하면 영계에서 바다들은 다양한 장소들에서, 특히 영적인 사회들이 있는 가장 극외적인 경계지역들, 즉 천계의 끝단들 주위에서 보이기 때문입니다. 영계에는 바다들이 있는데, 그 이유는 천계의 경계들이나 그것들 너머에는 철저하게 자연적인 사람들이었던 그들이 거기에서 살기 때문이고, 그리고 이들은, 그들의 자신들의 주거지들을 가지고 있는 곳에 더 깊은 곳들에서 보이기 때문입니다. 그러나 거기에 있는 자연적인 사람들은 악한 사람은 아니지만, 그러나 악한 자연적인 사람들은 지옥에 있습니다. 거기에서 보이는 바다들은, 그 바다들 안에 있는 자들의 성품이 무엇인지를 명확하게 합니다. 특히, 예를 들면 어둠이나 밝음에 기운 것과 같이, 물의 색깔에서 명료하게 드러납니다. 만약에 어둠 쪽에 기울었다면 거기에 있는 영들은 감관적인 영들이고, 가장 낮은 자연인 존재입니다. 그리고 만약에 밝음 쪽에 기울었다면 거기에 있는 영들은 내면적 자연적인 존재입니다. 그러나 지옥을 덮은 바다의 물은 짙고(dense), 검고(black), 때로는 붉그스름(ruddy)합니다. 그리고 거기에 있는 지옥적인 무리들은 뱀들처럼 보이고, 바다에 있는 괴물들(monsters)처럼 보입니다.

512. 그래서 바다의 삼분의 일이 피가 되었다.
이 장절은 결과적으로 거기에 있는 모든 것이 악에 속한 거짓이 되었다는 것을 뜻합니다. 이러한 내용은 전부나 모두를 가리키는 "삼분의 일"의 뜻에서(본서 506항 참조), 그리고 자연적인 사람을 가리키는 "바다"의 뜻에서(본서 511항 참조), 잘 알 수 있습니다. 그러므로 "바다의 삼분의 일"은 완전한 자연적인 사람을 뜻하고, 그리고 그것 안에 있는 모든 것을 뜻합니다. 그리고 또한 악에 속한 거짓을 가리키는 "피"의 뜻에서(본서 329[F · G]항 참조), 잘 알 수 있습니다. 이렇게 볼 때 우리의 본문절의 영적인 뜻은 잘 알 수 있겠습니다. 다시 말하면 "불타는 큰 산과 같은 것이 바다에 던져졌다, 그래서 바다의 삼분의 일이 피가 되었다"는 것은, 자기사랑이 자연적인 사람에 들어오고, 그것을 점유하였을 때, 그것은 모든 지식(=과학지)을 악에 속한 거짓으로 바꾼다는 것을 뜻합니다.

[2] 자기사랑(自我愛 · the love of self)은 매우 철저한 관능적인 사랑을 가리키는데, 그 사랑은 육체 안에 있는 내적인 것들에 의하여 생긴 자극적인 감흥(感興)이나 케케묵은 것의 들끓는 것이나, 그것에서 솟아오르는 것에서 생기는 따위를 뜻하는데, 결과적으로는 마음의 지각적인 기능으로, 그것은 순수한 대기(大氣)를 요구하며, 그리고 그것은 우둔한 것(dull)이 되고, 조잡한 것(gross)이 될 뿐만 아니라 종국에는 소멸합니다. 이러한 것이 자기사랑의 근원이라는 것은 사람의 배설물인 똥의 대응에서 잘 볼 수 있습니다. 왜냐하면 이 사랑에 의하여 점차적으로 부식(腐蝕)된 자들은, 그들이 저 세상에 들어가게 되면, 똥보다도 더 불결한 것들을 애지중지, 사랑하고, 그리고 그것들의 악취(惡臭)는 그들에게서 더 없이 상쾌한 것이고, 그리고 그것은 그것에서 비롯된 악취가 매우 유쾌하게 그들의 후각을 감동시킨다는 것을 입증하고 있습니다. 이러한 일은 모든 방향

에서 내면적인 표피들(interior cuticles)에 의하여 확대됩니다. 단순히 이런 것들에서 볼 때, 자기사랑이 다른 사랑들에 비하여 매우 조악(粗惡)하고, 불결한 관능적인 것인지를 잘 알 수 있겠습니다. 결과적으로 자기사랑은, 천계나 교회의 진리나 선의 지각을 가리키는, 영적인 지각을 깡그리 제거한다는 것을 잘 알 수 있겠습니다. 더욱이 그것은 영적인 마음을 차단(遮斷)하고, 그것의 자리를 완전히 자연적인 사람이나 감관적인 사람 안에 고정(固定)시키고, 그리고 그것은 육신적인 것과 가장 밀접하게 내통하고, 천계적인 것과는 전혀 교류가 없습니다. 이렇게 볼 때 다시 얻는 결론은, 자기사랑이 지배적인 것이 될 때 사람은 감관적인 존재가 되고, 가장 짙은 흑암적인 상태 안에 있는 것을 제외하면, 천계나 교회에 속한 것들을 전혀 보지 못한다는 것입니다. 뿐만 아니라 그들은 언제나 오직 자신들이 스스로 생각할 수 있는 것들까지도 배척하고, 부인합니다. 이렇게 볼 때 결과적으로는 "불타는 큰 산이 바다에 던져졌을 때 바다의 삼분의 일이 피가 되었다"는 말씀의 뜻을 지금은 잘 알 수 있겠습니다.

513. 9절. **바다에 사는, 생명이 있는 피조물들의 삼분의 일이 죽었다.**
결과적으로 이 장절은 자연적인 사람 안에 있는 모든 살아 있는 지식(=과학지)이 소멸되었다는 것을 뜻합니다. 이러한 내용은, 영적으로 멸망이나 소멸하는 것을 가리키는, 다시 말하면 천계에 속한 생명에 대한 소멸이나 멸망을 가리키는 "죽는다" (죽음·dying)는 낱말의 뜻에서, 그리고 전부를 가리키는 "삼분의 일"의 뜻에서(본서 506항 참조), 그리고 또한 이것에 관해서는 곧 언급하겠지만, 지식들(=과학지들)을 가리키는 "바다의 살아 있는 피조물들" 즉 물고기의 뜻에서, 그리고 살아 있는 존재를 가리키는 "생명이 있다"(=영혼을 가지고 있다)는 말의 뜻에서, 결과적으로는 "생명을 가진 바다에 있는, 피조물들의 삼분의 일이 죽었다"는 말씀은 결과적으로는 모든 살아 있는 지식이 소멸되었다는 것을 뜻합니다. 여기서 살아 있는 지식은 영적인 정동에서 비롯된 지식을 뜻합니다. 왜냐하면 그 정동은 진리들에게 생명을 주기 때문이고, 그리고 따라서 지식들에게 생명을 주기 때문입니다. 왜냐하면 지식들은 영적인 진리들을 담는 수용그릇들이기 때문입니다(본서 506 · 507 · 511항 참조).
[2] "바다에 사는 피조물들"(=물고기들)은 지식들을 뜻하는데, 그 이유는 "바다"가 자연적인 사람(the natural man)을 뜻하고, 그리고 따라서 "바다에 있는 물고기들"은 자연적인 사람 안에 있는 지식들 자체들을 뜻하기 때문입니다. "물고기들"의 이런 뜻은 역시 대응에서 비롯된 것입니다. 왜냐하면 영적인 진리들 안에 있지 않고, 다만 지식들을 가리키는, 자연적인 진리들 안에 있는 영들은 영계에서 바다에서 보이기 때문입니다. 그리고 그 위에 있는 자들이 그들을 볼 때에는 마치 물고기들처럼 보이기 때문입니다. 왜냐하면 이런 부류의 존재에게 있는 지식들에게서 솟아나는 생각들은 그런 외현(=모습)을 드러내기 때문입니다. 왜냐하면 천사들이나 영들의 생각들의 모든 개념들은 그것들의 다양한 표면들의 표징들로 바뀌기 때문입니다. 그리고 그것들이 식물계(植物界)에 속한 것들로 바뀔 때 그것들은 다양한 종류의 나무들이나 관목(灌木)들로 바뀌고, 그리고 동물계(動物界)에 속한 것들로 바뀔 때에는 그것들은 다양한 종류의 땅의 동물들이나 나르는 것들로 바뀝니다. 천계의 천사들의 개념들이 땅의 동물들로 바뀔 때에는 그것들은 어린 양들 · 양들

· 염소들 · 수소들 · 말들 · 노새들이나 그 밖의 다른 동물들로 바뀝니다. 그러나 나르는 것들로 바뀔 때에는 그것들은 산비둘기들 · 비둘기들이나 다양한 종류의 예쁜 새들로 바뀝니다. 그러나 자연적인 사람이, 그리고 단순한 지식들로 말미암아 생각하는 자들의 생각들의 개념들은 다종의 물고기 모습들로 바뀝니다. 결과적으로 바다에 있는 다종다양한 물고기들로 보입니다. 이러한 내용은 나로 하여금 알게 하기 위하여 자주 허용된 것입니다. 이렇게 볼 때 성경말씀에서 "물고기들"(fishes)은, 아래의 장절들에서와 같이, 지식들을 뜻합니다. 이사야서의 말씀입니다.

> 내가 꾸짖어서 바다를 말리며,
> 강을 광야로 바꾼다.
> 그러면,
> 물고기들이 물이 없어서 죽을 것이며,
> 썩은 물고기들이 악취를 낼 것이다.
> (이사야 50 : 2)

"여호와의 꾸짖음"은 교회의 파멸이나 황폐를 뜻하는데, 그런 일은 거기에 진리나 선의 지식이 전혀 없을 때 일어납니다. 다시 말하면 살아 있는 지식(living knowledge)이 전혀 없을 때 일어납니다. 왜냐하면 거기에 전혀 지각(知覺 · perception)이 없기 때문입니다. "바다를 말린다"는 것은 자연적인 사람들의 "참된 지식들(=과학지들)"을 빼앗는 것을 뜻하고, 따라서 영적인 생명(=삶)에서부터 자연적인 생명(=삶)을 빼앗는 것을 뜻합니다. "강을 광야로 바꾼다"는 것은 합리적인 사람 안에 있는 비슷한 빼앗음(剝奪)을 뜻하는데, 그것으로 말미암아 거기에는 전혀 총명이 없게 됩니다. "물고기들이 물이 없어서 죽어 썩을 것이다"는 말씀은 거기에 더 이상 살아 있는 지식(=과학지)이 없다는 것을 뜻합니다. 왜냐하면 거기에 진리가 전혀 없기 때문입니다. 여기서 "물고기"는 지식을 뜻하고, "물"은 진리를 뜻하고, "썩는다"(to rot)는 것은 영적인 생명의 측면에서 소멸(=멸망)하는 것을 뜻합니다.

[4] 여기서도 바다에 관하여 동일한 것이 언급되었습니다. 즉, "그것의 삼분의 일이 피가 되고, 그것으로 인하여 그것 안에 있는 생물들의 삼분의 일이 죽었다"는 것은 이집트에 관해서 언급하고 있고, 그리고 이집트의 강이나, 그것의 모든 물이 피가 되었다는 것, 결과적으로 물고기가 죽었다는 것을 언급하고 있는데, 모세의 출애굽기서의 말씀입니다.

> 그래서 주께서 임금님에게 말씀하셨습니다. "보십시오, 내가 쥐고 있는 이 지팡이로 강물을 치면, 이 강물이 피로 변할 것입니다. 강에 있는 물고기는 죽고, 강물에서는 냄새가 나서, 이집트 사람이 그 강물을 마시지 못할 것입니다."…… 모세가, 바로와 그의 신하들 앞에서 지팡이를 들어 강물을 치니, 강의 모든 물이 피로 변하였다. 그러자 강에 있는 물고기가 죽고, 강물에서 악취가 나서, 이집트 사람들이 그 강물을 마실 수 없게 되었다(출애굽기 7 : 17-25).

이것에 관한 시편서의 말씀입니다.

> 그가 물을 모두 피로 변하게 하셔서
> 물고기를 죽게 하셨다.
> (시편 105 : 29)

이 일도 역시 이집트에서 행해진 것입니다. 왜냐하면 "이집트"는 그것의 지식의 측면에서 자연적인 사람을 뜻하기 때문이고, 또한 자연적인 사람에게 속해 있는 지식을 뜻하기 때문입니다. 여기서 "이집트의 강"은 그 지식들에 의하여 터득된 총명을 뜻하고, "피로 변한 강"은 절저한 거짓들에게서 비롯된 총명을 뜻합니다. "물고기의 죽음"은 거짓들에 의하여 참된 지식들이 파괴된 것을 뜻합니다. 왜냐하면 지식들은 진리들에 의하여 살지만, 그러나 지식들은 거짓들에 의하여 파괴, 소멸되기 때문입니다. 이런 이유 때문에 모든 영적인 진리는 살아 있고, 그리고 그것으로 말미암아 모든 생명도 존재합니다. 말하자면 지식들 가운데 있는 영혼(=생명)은 살아 있습니다. 그러므로 영적인 진리가 없는 지식은 죽은 것입니다.

[5] 에스겔서의 말씀입니다.

"나 주 하나님이 말한다
이집트 왕 바로야,
내가 너를 치겠다.
나일 강 가운데 누운 거대한 악어야,
네가 나일 강을 네 것이라고 하고
네가 만든 것이라고 한다마는,
내가 갈고리로 네 아가미를 꿰고,
네 강의 물고기들이
네 비늘에 달라붙게 해서,
네 비늘 속에 달라붙은
강의 모든 물고기와 함께 너를
강 한복판에서 끌어내서,
너와 물고기를 다 함께
멀리 사막에다 던져 버릴 것이니,

너는 허허벌판에 나둥그러질 것이다.
(에스겔 29 : 3-5)

여기서 "바로"는 "이집트"와 똑같은 뜻을 갖습니다. 왜냐하면 그 임금이나 그 백성은 동일한 뜻을 가지기 때문입니다. 말하자면 자연적인 사람이나 그것 안에 있는 지식을 뜻하기 때문입니다. 그러므로 그는 "거대한 악어"(a great whale)라고 불리웠고, 여기서 "고래"(=바다의 괴물)는 일반적으로 지식을 뜻하기 때문에, 그러므로 "그는 강 한복판에서 끌어내질 것이다"고 언급되었고, 그리고 그 때 "물고기는 네 비늘 속에 달라붙을 것이다"고 하였는데, 그것은 모든 총명이 멸망될 것이다는 것을 뜻하고, 그리고 그렇게 될 지식(=과학지)은 생명이 없는 감관적인 사람 안에 있을 것이다는 것을 뜻합니다. 가장 낮은 자연적인 것을 가리키는, 그리고 이 세상에 가장 가까이에 있는, 감관적인 사람 안에는 온갖 오류들이 있고, 그리고 그것에서 비롯된 거짓들이 있습니다. 이러한 내용이 바로 큰 물고기(=고래)의 "비늘에 달라붙은 물고기"가 뜻합니다. 자연적인 사람이나 그것 안에 있는 지식이 총명에서 비롯된 생명이 없다는 것이 "내가 너를 사막에다 던져 버릴 것이고, 네 강들의 모든 물고기를 던져 버릴 것이다"는 말씀이 뜻합니다. 이러한 일은 자연적인 사람이 모든 총명을 자신의 것에 공을 돌리기 때문에 일어난다는 것은 "너는 말하기를 '나의 강은 내 자신의 것이요, 내가 그것을 나를 위해 만들었다'" 한다는 말씀이 뜻하는데, 여기서 "강"은 총명을 뜻합니다.

[6] 민수기서의 말씀입니다.

(이스라엘 자손이 광야에서 불평하셨다). "누가 우리에게 고기를 먹여

줄까? 이집트에서 생선을 공짜로 먹던 것이 기억에 생생한데, 그 밖에도 오이와 수박과 부추와 파와 마늘이 눈에 선한데, 이제 우리 눈에 보이는 것이라고는 이 만나 밖에 없으니, 입맛마저 떨어졌다."……
주께서 바람을 일으키셨다. 주께서 바다 쪽에서 메추라기를 몰아, 진을 빙 둘러 이쪽으로, 하룻길 될 만한 지역에 떨어뜨리시어, 땅 위로 두 자쯤 쌓이게 하셨다.…… 고기가 아직 그들의 입 사이에서 씹히기도 전에, 주께서 백성에게 크게 진노하셨다. 주께서는 백성을 극심한 재앙으로 치셨다. 바로 그 곳을, 사람들은 기브롯 핫다아와(=탐욕의 무덤)라 불렀다. 탐욕에 사로잡힌 백성을 거기에 묻었기 때문이다(민수기 11 : 5, 6, 31, 33, 34).

이 장절은 이스라엘 자손들이 영적인 것을 매우 싫어하고, 자연적인 것들을 몹시 갈망한다는 것을 뜻합니다. 사실 그것들은 외적인 것들에 의한 영적인 교회를 표징하는 지극히 자연적일 뿐 영적인 것들은 아니었습니다. 그들이 영적인 것들을 매우 싫어하였다는 것은 "이제는 우리의 혼이 말라 버리고, 우리의 눈 앞에는 만나밖에 아무것도 없구나"(=이제 우리 눈에 보이는 것이라고는 이 만나밖에 없으니, 입맛마저 떨어졌다)는 말씀이 뜻합니다. 여기서 "만나"(manna)는, 지식(=과학지) · 총명 · 지혜를 가리키는 영적인 먹거리를 뜻합니다. 그들이 자연적인 것들을 열망한다는 것은 "그들이 이집트에서의 생선을 먹고, 오이와 수박과 부추와 파와 마늘을 먹으려는 그들의 열망"이 뜻하는데, 이런 모든 것들은 가장 자연적인 것에 속한 그런 부류의 것들을 뜻합니다. 다시 말하면 감관적 관능적인 사람(the sensual-corporeal man)에게 속한 것들을 뜻합니다. 그리고 그들은 영적인 것들을 배척하고, 그것들 대신에 지극히 자연적인 것들을 탐내고, 갈망하기 때문에, "주께서는 백성을 극심한 재

앞으로 치셨다. 그리고 바로 그 곳을 탐욕의 무덤(=기브롯 핫다아와)이라고 불렀다"고 언급되었습니다.
[7] 에스겔서의 말씀입니다.

> 그가 나에게 일러주었다. "이 물은 동쪽 지역으로 흘러 나가서, 아라바(=요단 계곡)로 내려갔다가, 바다(=사해)로 들어갈 것이다. 이 물이 바다로 흘러들어가면, 죽은 물이 살아날 것이다. 이 강물이 흘러가는 모든 곳에서는, 온갖 생물이 번성하며 살게 될 것이다. 이 물이 사해로 흘러들어가면, 그 물도 깨끗하게 고쳐질 것이므로, 그 곳에도 아주 많은 물고기가 살게 될 것이다. 강물이 흘러가는 곳이면 어디에서나, 모든 것이 살 것이다. 그 때에는 어부들이 고기를 잡느라고 강가에 늘 늘어설 것이다. 어부들이 엔게디에서부터 에네글라임에 이르기까지, 어디에서나 그물을 칠 것이다. 물고기의 종류도 지중해(=큰 바다)에 사는 물고기의 종류와 똑같이 아주 많아질 것이다. 그러나 사해의 진펄과 개펄은 깨끗하게 고쳐지지 않고, 계속 소금에 절어 있을 것이다(에스겔 47 : 8 - 11).

이 장절은 "하나님의 집"(the house of God)에 관해서 다루고 있는데, 그 집은 천계와 교회를 뜻합니다. "하나님의 집에서 나와 동쪽 지역으로 흐르는 물"은 바로잡고(reforming), 거듭나는(regenerating) 신령진리를 뜻합니다. 그리고 그 물이 흘러들어가는 "계곡"(=사막 · 들 · plain)이나 "바다"(sea)는 천계나 교회의 극외적인 것들을 뜻하는데, 그것들은 교회의 사람들에게 있는 자연적인 사람이나 감관적인 사람에 속한 것들을 가리킵니다. 여기서 "계곡"(=평야 · plain)은 그것의 내면적인 것들을 뜻하고, "바다"는 그것의 외면적인 것들을 뜻합니다. 그리고 성경말씀에서 비롯된 선험지들(cognitions)이나, 지식들(=

과학지)을 형성하는 앎들이 이 신령진리를 통해서 영적인 생명을 영접, 수용한다는 것은 "바다의 물이 그것에 의하여 깨끗하게 고쳐질 것이다" 그리고 "강물이 이르는 곳마다 살 것이다" "아주 많은 물고기가 살게 될 것이다"는 말씀들이 뜻합니다. 결과적으로 거기에는 모든 종류의 참되고, 살아 있는 지식들이 있다는 것은 "물고기의 종류도 지중해(=큰 바다)에 사는 물고기의 종류와 똑같이 아주 많아질 것이다"는 말씀이 뜻합니다. "엔게디에서부터 에네글라임에 이르기까지의 어부들"은 개혁(改革)된 자들을 뜻하고, 그것으로 말미암아 총명스럽게 된 자들을 뜻합니다. 그들이 악에 속한 거짓들 안에 있기 때문에 개혁될 수 없었던 자들은 "그러나 사해의 진펄과 개펄은 깨끗하게 고쳐지지 않고, 계속 소금에 절어 있을 것이다"는 말씀이 뜻합니다. 어느 누구나, 하나님의 집에서 나온 물이 고기들을 증식시킨다는 것을 뜻하지 않는다는 것을 잘 알고 있습니다. 그러나 "물고기들"이 개혁될 수 있는 사람 안에 있는 그런 것들을 뜻한다는 것도 잘 알고 있습니다. 그 이유로 "하나님의 집"이 천계나 교회를 뜻하기 때문이고, 그리고 "거기에서 흘러나오는 물"은 개혁하는 신령진리를 뜻하기 때문입니다.

513[B]. [8] 여기나 저기나 성경말씀에서 "땅의 짐승" "공중의 새" "바다의 물고기"가 언급된 것에서, "땅의 짐승" 또는 "들의 짐승"이 사람의 자의적(=임의적)인 기능(man's voluntary faculty)을 뜻한다는 것, "공중의 새"가 사람의 이지적(=총명적)인 기능(man's intellectual faculty)을 뜻한다는 것, "바다의 물고기"가 사람의 아는 기능(man's knowing faculty)을 뜻한다는 것을 알지 못하는 사람은 아래의 장절의 뜻을 전혀 알 수 없겠습니다. 호세아서의 말씀입니다.

주께서 이 땅의 주민들과 변론하신다.
"이 땅에는
진실도 없고, 사랑도 없고,
하나님을 아는 지식도 없다.……
그렇기 때문에 땅은 탄식하고,
주민은 쇠약해질 것이다.
들짐승과 하늘을 나는 새들도 다 야위고,
바다 속의 물고기들도 씨가 마를 것이다."
(호세아 4 : 1, 3)

스바냐서의 말씀입니다.

사람도 짐승도 쓸어 없애고,
공중의 새도 바다의 고기도 쓸어 없애겠다.
남을 넘어뜨리는 자들과
악한 자들을 거꾸러뜨리며,
땅에서 사람의 씨를 말리겠다.
(스바냐 1 : 3)

에스겔서의 말씀입니다.

"곡이 이스라엘 땅을 쳐들어오는 그 날에는, 내가 분노와 격분과 울화를 참지 못할 것이다. 불 같이 격노하면서, 그 때에 내가 선언하여 이스라엘 땅에 큰 지진이 일어나게 할 것이다. 바다의 물고기와 공중의 새와 들의 짐승과, 땅에 기어다니는 벌레와, 땅 위에 있는 모든 사람이 내 앞에서 떨 것이며, 산이 무너지고, 절벽이 무너지고, 모든 성벽이 허물어질 것이다(에스겔 38 : 18-20).

욥기서의 말씀입니다.

> 이제 짐승들에게 물어 보아라.
> 그들이 가르쳐 줄 것이다.
> 공중의 새들에게 물어 보아라.
> 그것들이 일러줄 것이다.
> 땅에게 물어 보아라.
> 땅이 가르쳐 줄 것이다.
> 바다의 고기들도 일러줄 것이다.
> 주께서 손수 이렇게 하신 것을,
> 이것들 가운데서 그 무엇이 모르겠느냐?
> (욥기 12 : 7-9)

이 장절들에게서 "들의 짐승"(the beast of the field)은 사람의 자발적인 기능(=능력 · man's voluntary faculty)을 뜻하고, "공중의 새"는 사람의 총명적인 기능을 뜻하고, "바다의 물고기"는 사람의 아는 기능을 뜻합니다. 그렇지 않다면 "짐승들이 너를 가르쳐 줄 것이다, 공중의 새들이 일러줄 것이다, 바다의 고기들도 일러줄 것이다, 주께서 손수 이렇게 하신 것을, 이것들 가운데서 그 무엇이 모르겠느냐?"고 언급되었겠습니까? "누구가 이런 것들이 뜻하는 것을 모르겠습니까?"라고 언급되었겠습니까?

[9] 시편서의 말씀입니다.

> 주께서 손수 지으신 만물을
> 사람이 다스리게 하시고,
> 모든 것을 사람의 발 아래에 두셨습니다.
> 크고 작은 온갖 집짐승과 들짐승까지도,

하늘에서 나는 새들과
바다에서 노니는 물고기와
물길 따라 움직이는 모든 것을,
사람이 다스리게 하셨습니다.
(시편 8 : 6-8)

이 장절은 주님과 그분의 통치에 관해서 언급하고 있습니다. 주님께서 천계에 있는 천사들이나, 땅에 있는 사람들을 다스리는 통치권을 가지셨다는 것은 성경말씀에서 잘 알 수 있습니다. 왜냐하면 주님께서는 "자신에게 하늘과 땅의 모든 권세가 주어졌다"(=하늘과 땅의 모든 권세를 받았다)고 말씀하셨기 때문입니다(마태 28 : 18). 그러나 그분에게 짐승들·새들·물고기들을 다스리는 권세가 주어졌다는 것은, 성경말씀에 언급된 매우 중요한 사안이 아니라는 것이기 때문입니다. 성경말씀의 모든 것이나 개별적인 것은 천계나 교회와 관계를 가지고 있기 때문입니다. 그러므로 여기에 언급된 "양과 소, 들의 짐승들, 공중의 새들, 바다의 물고기" 등등은 천사들에게 있는 천계에 속한 것들이나 사람에게 있는 교회에 속한 것들을 뜻합니다. "양들과 소들"은 일반적으로 영적인 것들이나 자연적인 것들을 뜻하는데, "양들"(the flock)은 영적인 것들을, "소들"은 사람에게 있는 자연적인 것들을 뜻하고, 또한 사람에게 있는 영적인 마음에 속한 것이나, 자연적인 마음에 속한 것을 뜻합니다. "들의 짐승들"(the beasts of the fields)은 자발적인 것(=임의적인 것)을 뜻하고, 그리고 그것은 정동들에 속한 것을 뜻합니다. "공중의 새"(the fowl of heaven)은 생각들에 속한 총명적인 것들을 뜻하고, "바다의 물고기들"(the fishes of the sea)은 자연적인 사람에 속한 지식들(=과학지들)을 뜻합니다.

[10] 이와 같은 동일한 것들이 창세기서의 첫 장의 말씀들이 뜻합니다.

하나님이 말씀하시기를 "우리가 우리의 형상을 따라서, 우리의 모양대로 사람을 만들자. 그리고 그가, 바다의 고기와 공중의 새와 땅 위에 사는 온갖 들짐승과 땅 위를 기어다니는 모든 길짐승을 다스리게 하자" 하시고,…… 하나님이 그들에게 복을 베푸시었다(창세기 1 : 26, 28).

이 장은 속뜻으로 태고교회(太古敎會 · the Most Ancient Church)의 설시를 다루고 있고, 따라서 새로운 창조(the new creation), 즉 그 교회의 사람들의 중생을 다루고 있습니다. 의지에 속한 그들의 정동의 모든 것들을 깨닫게 하기 위하여, 그리고 이해에 속한 그들의 생각의 모든 것들을 알게 하기 위하여, 그들에게 그것이 주어졌다는 것, 그리고 악에 속한 탐욕이나 거짓들에 방황하지 않고, 그것들을 다스리기 위하여 그들에게 주어졌다는 것 "그가 바다의 고기와 공중의 새와 땅 위를 기어다니는 모든 길짐승을 다스리게 하자"는 말씀이 뜻합니다. 그리고 주님께서 사람을 다스리는 통치권을 가지고 있을 때 사람은 이런 것들을 다스리는 통치권을 가지고 있습니다. 왜냐하면 사람 스스로는 자기 자신 안에 있는 어떤 것도 다스리는 통치권을 가지고 있지 않기 때문입니다. "바다의 물고기나, 공중의 새나, 들의 짐승"은 그것들이 대응하는 사람의 내면적인 것들의 대응들은 영계에서 보다 명료하게 보이기 위한 것들 뜻합니다. 왜냐하면 거기에서는 온갖 종류의 짐승들이나, 새들이나, 바다에서 물고기들이 보이는데, 그럼에도 불구하고 그것들은 정동들에게서 비롯된 생각의 개념들 이외의 아무것도 아니기 때문이고, 그리고 이런 것들은, 그것들이 대응들을 가리키기 때문에 그런 형체들 하에 드러나기 때문입니다.
513[C]. [11] "물고기들"이 현명하게 되기 위한 수단으로서 영적인 사람을 섬기는 자연적인 사람에게 속한 지식들이나 아는 것들(=선험지들 · cognitions)을 뜻하기 때문에, 그러므로 성경말씀에서 "물고기들"은 단순하게 지식들 안에 있는 자들을 뜻하고, 또한 자기 자신들을 위하여 지식들을 터득하는 자들을 뜻하고, 그리고 또한 다른 자들을 가르치고, 그리고 지식들에 의하여 그들을 개혁시키는 자들을 뜻합니다. 이런 자들의 일들이 아래의 장절에서 "낚시를 던지고, 그물을 치는 사람들"이 뜻합니다. 이사야서의 말씀입니다.

> 나일 강에서 고기를 잡는 어부들이
> 슬퍼하며 통곡하고,
> 나일 강에 낚시를 던지는 모든 낚시꾼과
> 강에 그물을 치는 사람들이
> 잡히는 것이 없어서 고달파 할 것이다
> (이사야 19 : 8)

"낚시를 던지는 낚시꾼과 그물을 치는 어부들"은 본래는 자기 자신을 위하여 터득하기를 열망하는 자들을 뜻하지만, 여기서는 진리의 지식들이 없기 때문에 이 일을 할 수 없는 자들을 뜻합니다.
[12] 예레미야서의 말씀입니다.

> 나는 그들의 조상에게 주었던 고향 땅에, 그들을 다시 데려다 놓을 것이다.

"내가 어부를 보내서,
이 백성을 고기 잡듯 잡아 내겠다.……
그런 다음에, 많은 사냥꾼을 보내서,
모든 산과 모든 언덕과 바위 틈을
샅샅이 뒤져서,
그들을 사냥하듯 잡아내겠다."
(예레미야 16 : 15, 16)

"그들을 고기 잡듯 잡을 어부를 보낸다"는 것이나, "그들을 사냥할 사냥꾼을 보내다"는 것은, 위에서 볼 수 있는 것과 같이 (본서 405[C]항 참조), 자연적인 선이나, 영적인 선 안에 있는 자들을 모두 불러 모으고, 교회를 세우는 것을 뜻합니다.
[13] 하박국서의 말씀입니다.

주께서 백성들을 바다의 고기처럼 만드시고
다스리는 자가 없는
바다 피조물처럼 만드시니,
악한 대적(=바빌로니아 사람)이
낚시로 백성을 모두 낚아 올리며,
그물로 백성을 사로잡아 올리며,
쟁이로 끌어 모으고는,
좋아서 날뜁니다.……
그가 그물을 떨고 나서,
곧 이어 무자비하게 뭇 백성을 죽이는데,
그가 이렇게 해도 되는 것입니까?
(하박국 1 : 14, 15, 17)

이 장절은 교회를 황폐하게 하고, 파괴하는 갈대아 민족에 관해서 언급하고 있는데, 갈대아 민족은 진리의 섞음질(冒瀆)이나 교회의 황폐를 뜻합니다. "사람들을 바다의 고기처럼 만들고, 다스리는 자가 없는 바다의 피조물(=기어다니는 것들)처럼 만든다"는 것도, 그의 지식들(=과학지들)이 영적인 진리가 전혀 없는, 그리고 그의 기쁨에는 영적인 선이 전혀 없는 사람을 매우 자연적인 사람을 만드는 것을 뜻합니다. 왜냐하면 자연적인 사람 안에는, 그것들에 의하여 생각이 생기는 지식들이 있고, 그리고 그것들에 의하여 떠오르는 기쁨들이 있기 때문입니다. 만약에 영적인 것이 이런 것들을 지배하지 못한다면, 생각들이나 기쁨들 양자는 이리저리 헤매고 다닐 것이고, 따라서 사람은 반드시 인도하고, 다스릴 총명의 결핍(缺乏)의 상태가 될 것입니다. 그 때 모든 거짓이나 모든 악은 그들을 자신들 쪽으로 이끄는 힘을 지닐 것이다는 것은 "그가 낚시로 백성을 모두 낚아 올리며, 그물로 백성을 사로잡아 올린 다음에, 곧 이어 무자비하게 뭇 백성을 죽인다"는 말씀이 뜻합니다. 여기서 "낚아 올린다"(=끌어 올린다)는 것은 진리나 선에서 떠나는 것을 뜻하고, "그의 그물에 그것들을 넣는다"는 것은 거짓이나 악에 넣는 것을 뜻하고, "죽인다"는 것은 파괴하는 것을 뜻합니다.
[14] 아모스서의 말씀입니다.

두고 보아라. 너희에게 때가 온다.
사람들이 너희를 갈고리로 꿰어 끌고 갈 날,
너희 남은 사람들까지도
낚시로 꿰어 잡아갈 때가 온다.
(아모스 4 : 2)

이 말씀은, 거짓들이나 오류들에게서 비롯된 예리한 추론들에 의하여 진리들에게서부터 딴 길로 끌어내는 것이나, 멀리 떼어

놓는 것을 뜻합니다. 이러한 내용은, 그들이 성경말씀(聖言)이
나 예언자들을 가지고 있기 때문에, 많은 지식들을 가지고 있
는 자들에 관해서 언급하고 있습니다. 여기서 이런 부류들은
"사마리아 언덕에 사는 바산의 암소들"(아모스 4 : 1)이 뜻합니다.
[15] 이상에서 볼 때 신약 성경에 아주 자주 언급, 등장하는 "어부
들" "물고기들" "그물들"의 뜻을 아래의 장절에서와 같이 잘 알 수
있겠습니다.

> 예수께서 갈릴리 바닷가를 걸어가시다가, 두 형제, 곧 베드로라는 시몬
> 과 그 동생 안드레가 그물을 던지고 있는 것을 보셨다. 그들은 어부였
> 다. 예수께서 그들에게 "나를 따라 오너라. 내가 너희를 사람을 낚는
> 어부로 삼겠다" 하고 말씀하셨다(마태 4 : 18, 19 ; 마가 1 : 16, 17).

누가복음서의 말씀입니다.

> 예수께서 그 배 가운데 하나인 시몬의 배에 올라서, 그에게 배를 뭍에
> 서 조금 떼어 놓으라고 하신 다음에, 배에 앉으시어 무리를 가르치셨
> 다. 예수께서 말씀을 마치시고, 시몬에게 말씀하셨다. "너는 깊은 데로
> 나가거라. 너희는 그물을 내려, 고기를 잡아라." …… 그대로 하니, 많은
> 고기 떼가 걸려들어서, 그물이 찢어질 지경이 되었다. …… 그들이 와
> 서, 고기를 두 배에 가득히 채우니, 배가 가라앉을 지경이 되었다. ……
> 베드로와 그와 함께 있는 모든 사람들은, 자기들이 잡은 고기가 엄청나
> 게 많은 것에 놀랐다. …… 예수께서 시몬에게 말씀하셨다. "두려워하지
> 말아라. 이제부터 너는 사람을 낚을 것이다"(누가 5 : 3-10).

이 장절에서도 역시 성경말씀의 다른 장절에서와 같이, 영적인 뜻이
있습니다. 이들을 어부로 뽑은 주님의 선택이나, "그들이 사람들을
낚는 어부들이 될 것이다"는 주님의 말씀은 그들이 교회에 모일 것

이다는 것을 뜻합니다. "그들이 던진 그물들"이나 "그물 안에 많은 고기가 잡혀서 그물이 찢어지게 되고, 따라서 그 배가 가라앉을 지경이 되었다"는 말씀은 그들을 통한 교회의 개혁(改革 · the reformation of the church)를 뜻합니다. 왜냐하면 여기서 "물고기들"은, 그것들에 의하여 이루어진 진리나 선의 지식들을 뜻하기 때문이고, 마찬가지로 개혁하게 될 사람들의 군중도 그것들을 뜻하기 때문입니다.

[16] 주님께서 부활하신 뒤 제자들에 의한 물고기들의 어획(漁獲)도 동일한 뜻을 가지고 있습니다. 요한복음서에는 이렇게 기술되었습니다.

> 예수께서 고기를 잡는 제자들에게 자기를 나타내셨다.…… 예수께서 그들에게 "그물을 배 오른쪽에 던졌라"고 말씀하셨다. 제자들이 그물을 던지니, 고기가 너무 많이 걸려서, 그물을 끌어올릴 수가 없었다.…… 그들이 땅에 올라와서 보니, 숯불을 피워 놓았는데, 그 위에 생선이 놓여 있고, 빵도 있었다.…… 예수께서 가까이 와서, 빵을 들어서 그들에게 주시고, 또 생선도 주셨다(요한 21 : 2-13).

제자들이 고기를 잡고 있을 때 주님께서는 자신을 드러내셨습니다. 그 이유는 "고기를 잡는다"는 것이 진리나 선의 지식들을 가르치는 것을, 따라서 개혁하는 것을 뜻하기 때문입니다. 그들에게 하신 "배 오른쪽에 그물을 던져라" 라는 주님의 명령은 모든 것들은 반드시 사랑에 속한 선이나 인애로 말미암아야 한다는 것을 뜻하고, 그리고 "오른쪽"은 모든 것들이 그것에서 비롯된 근원인 그 선을 뜻합니다. 왜냐하면 지식들이 선에서 유래되고, 획득되는 것에 비례하여 그것들은 살아 있고, 증식되기 때문입니다. 그들은 "우리가 밤새도록 애를 썼으나, 아무것도 잡지 못하였다"(누가 5 : 5)고 말하였는데, 이 말은 그 어떤 것도 자아, 즉 사람의 고유속성(*proprium*)에서 오는 것은 아무것도 없고, 다만 모든 것들은 주님에게서 비롯된다는 것을 뜻합니다. 왜냐하면 여기서 "빵"은 주님을 뜻하고, 그리고 그분에게서 비롯된 사랑의 선을 뜻하기 때문이고, 그리고 "불 위에 놓인 물고기"는 선에서 비롯된 진리의 지식을 뜻하기 때문이고, 그리고 "물고기"는 진리의 지식을 뜻하고, "불"은 선을 뜻하기 때문입니다. 그 때 거기에 영적인 사람들은 없었습니다. 그 이유는 교회가 전적으로 황폐하게 되었기 때문입니다. 그러나 거기의 모두는 자연적이었습니다. 그리고 그들의 바로잡음(改革)이 이 고기잡음이 표징하고, 그리고 또한 불 위에 있는 물고기가 표징합니다. 제자들에게 먹으라고 준 불 위에 놓인 물고기나 빵이 보다 높은 어떤 것의 표의가 아니라고 믿는 사람은 아주 큰 과오를 범하고 있습니다. 왜냐하면 주님께서 행하신 지극히 작은 것들이나, 그분께서 말씀하신 지극히 작은 것들도 신령 천적인 것들에 속한 표의적인 것이고, 그리고 그러한 것은 영적인 뜻을 통해서 오직 명확하기 때문입니다. "숯불"(fire of coals)이나 "불"(fire)이 사랑의 선을 뜻한다는 것, 그리고 "빵"이 그 선과의 관계에서 주님을 뜻한다는 것 등등을 앞에서 입증하였습니다. 그리고 "물고기"가 진리의 지식이나, 자연적인 사람의 아는 능력(=기능 · the knowing faculty)을 뜻한다는 것은 이 단락에서 언급, 입증된 것에서 명백합니다.

513[D]. [17] 마태복음서에서 주님께서 하신 말씀입니다.

> 하늘 나라는 바다에 그물을 던져서, 온갖 고기를 잡아 올리는 것과 같다. 그물이 가득 차면, 해변에 끌어올려 놓고 앉아서, 좋은 것들은 그릇에 담고, 나쁜 것들은 내버린다. 세상 끝 날에도 이렇게 할 것이다(마태 13 : 47-49).

선한 사람과 악한 사람의 분리(分離)가 여기서 "온갖 종류의 물고기를 잡아 올리는 바다에 던진 그물에 비유" 되었습니다. 이런 이유 때문에 "물고기들"은 지식들이나 선험지들의 측면에서 자연적인 사람들을 뜻하고, 그리고 "세상 끝 날", 즉 최후심판의 때에 이런 부류의 사람들은 서로 분리됩니다. 왜냐하면 거기에는 자연적인 선한 사람이과 자연적인 나쁜 사람들이 있기 때문입니다. 영계에서 이들의 분리는 바다에 던진 그물의 겉모습(外現), 즉 고기를 모아서 잡는 저인망(底引網 · dragnet)의 모습을 가지고 있기 때문입니다. 그리고 이 모습은 대응에서 비롯된 것입니다. 이러한 내용이 주님의 나라를 "바다에 던져서 온갖 고기를 잡아 올리는 그물"에 비유하신 이유입니다. 악한 자에게서 선한 자의 분리가 이런 겉모습(外現)을 뜻한다는 것은 나로 하여금 밝히 알게 하기 위하여 허락된 것입니다.

[18] "물고기"(fish)가 자연적인 사람들을 뜻한다는 것은 주님의 이런 기적에서 잘 알 수 있습니다. 마태복음서의 말씀입니다.

> 성전세를 거두어들이는 사람들이 다가왔다.…… 예수께서 말씀을 꺼내셨다. "시몬아, 네 생각은 어떠냐? 세상 임금들이 관세나 주민세를 누구한테서 받아들이느냐? 자기 자녀한테서냐, 아니면 남들한테서냐?" 베드로가 "남들한테서입니다" 하고 대답하니, 예수께서 다시 그에게 말씀하셨다. "그러면 자녀들은 면제받는다. 그러나 우리가 그들을 걸려 넘어지지 않게 해야 하니, 네가 바다로 가서 낚시를 던져, 맨 먼저 올라오는 고기를 잡아 그 입을 벌려 보아라. 그러면 은돈 한 닢이 그 속에 있을 것이다. 그것을 가져다가 나와 네 몫으로 그들에게 내어라"(마태 17 : 24-27).

여기서 "관세나 주민세를 지불한다"는 것은 종속되는 것이나, 섬기는 것을 뜻하는데, 그러므로 세금(=조공 · tribute)은 이스라엘 자손이 아닌, 이방 사람들에게 부과(賦課)됩니다. 이러한 사실은 성경말씀의 역사서들에게서 명확합니다. 교회가 그들에게 있었던 "이스라엘 자손들"은 영적인 존재를 뜻하고, 여기서 "남들"(=이방 사람들)은 자연적인 존재를 뜻합니다. 그리고 자연적인 존재는 영적인 존재에 예속(隸屬)되어 있고, 그리고 그것을 섬기는 존재입니다. 왜냐하면 영적인 사람은 주인이고, 자연적인 사람은 종(=하인)이기 때문에, 그러므로 조공(朝貢 · 세금 · tribute)을 바치는 자들을 뜻하기 때문에, 그러므로 그것은, 주님이나 베드로가 성전세를 내지 않아도 된다는 것을 가리키지만, 그러나 자연적인 사람을 가리키는 "물고기"는 조공을 제공하고 있습니다.

[19] 주님의 신령인간의 영광화나 자연적인 것이나 감관적인 것이라고 부르는 심지어 그것의 궁극적인 것에 이르기까지의 주님의 영광화는 아래의 장절이 뜻합니다. 누가복음서의 말씀입니다.

> 예수께서 제자들에게 말씀하셨다. "어찌하여 마음에 의심을 품느냐? 내 손과 내 발을 보아라. 바로 나다. 나를 만져 보아라. 유령은 살과 뼈가 없지만, 너희가 보다시피, 나는 살과 뼈가 있지 않느냐?" 이렇게 말씀하시고, 손과 발을 그들에게 보이셨다.…… 예수께서 "여기에 먹을 것이 좀 있느냐?" 하고 그들에게 말씀하셨다. 그래서 그들이 그에게 구운 물고기 한 토막을 드리니 예수께서 받아서 그들 앞에서 잡수셨다(누가 24 : 38-43).

주님께서 자연적인 것이나 감관적인 것이라고 하는 그것의 궁극적인 것에 이르기까지 그분의 인성(人性)을 영화하셨다는 것, 그리고 주님께서 손과 발을 보이시는 것에 의하여, 그리고 그것들을 만지는 제자들에 의하여, 그리고 "유령은 살과 뼈가 없지만 나는 살과 뼈가 있다"고 하신 그분의 말씀에 의하여, 그리고 구운 물고기 한 토막과 벌집(honeycomb)을 잡수셨다는 등등의 말씀에 의하여 주님은 그것을 명확하게 하고 있습니다. 여기서 "손과 발"(hands and feet)은 사람의 궁극적인 것들을 뜻하고, "살과 뼈"(flesh and bones)도 같은 것을 뜻하고, "구운 생선"(broiled fish)은 선에서 비롯된 진리의 측면에서 자연적인 것을 뜻하고, "꿀"(honey)은 진리가 비롯된 근원인 선의 측면에서 자연적인 것을 뜻합니다. 이런 것들은 자연적인 사람에게 대응하기 때문에, 그리고 그것으로 인하여 그것을 뜻하기 때문에, 그것들을 제자들의 면전(面前)에서 잡수셨습니다. 왜냐하면 "물고기"(fish)는, 이 단락에서 언급한 것과 같이, 대응으로 말미암아 아는 것(=과학지적인 것)에 대한 자연적인 것을 뜻하기 때문입니다. 그러므로 역시 성경말씀에서 "물고기"는 자연적인 사람에게 속한 지식이나 아는 기능(=능력 · the knowing faculty)을 뜻하고, "구운 물고기"(a broiled fish)는 자연적인 선에서 비롯된 지식을 뜻합니다. 그러나 주님에게서 그것은 선에서 비롯된 진리에 관한 신령 자연적인 것(the Divine natural)을 뜻합니다. 그리고 "꿀"(honey)이 자연적인 선을 뜻한다는 것은 《천계비의》 5620 · 6857 · 10137 · 10530항을 참조하십시오. 성경말씀의 모든 개별적인 것에 영적인 뜻이 있다는 것을 모르는 사람이나, 그리고 자연적인 뜻인 문자의 뜻이 있다는 것을 알지 못하는 사람은 이와 같은 비의(秘義 · arcanum)을 알 수 없습니다. 다시 말하면 주님께서 구운 생선이나 벌집(=꿀 · honeycomb)을 제자들 앞에서 왜 드셨는지 그 이유를 알지 못합니다. 그리고 여기서 제자들에게 구운 생선과 빵을 주셨는지 그 이유 또한 알지 못합니다. 그럼에도 불구하고 주님께서 말씀하셨고, 행하신 모든 것은 신령합니다. 그리고 이런 신령한 것들은 성경말씀에 쓰여진 각각의 것 안에 숨겨져 있습니다.

[20] 이상에서 볼 때, 우리의 본문인 "바다에 사는, 생명이 있는 피조물들의 삼분의 일이 죽었다"는 말씀의 뜻을 이제는 알 수 있겠습

니다. 다시 말하면 자연적인 사람 안에 있는 모든 살아 있는 지식은 소멸되었다는 것을 알 수 있겠습니다. 같은 말이지만, 그것 안에 있는 지식들의 측면에서 그 자연적인 사람이 죽었다는 것을 잘 알 수 있겠습니다. 자연적인 사람이 영적인 사람으로 말미암아 살지 않을 때, 자연적인 사람은 죽은 것이다고 합니다. 다시 말하면 영적인 사람을 통하여 주님에게서 비롯된 천계의 입류에 의하여 사는 것이 아닐 때 죽은 것이라고 합니다. 왜냐하면 주님께서는 영적인 사람을 통하여 자연적인 사람에 입류하시기 때문입니다. 그러므로 천계의 진리가 더 이상 시인되지 않을 때, 영적인 사람이라고 하는, 영적인 마음은 닫혀지고, 그리고 자연적인 마음은 악에서 비롯된 철저한 거짓들을 영접, 수용하고, 그리고 악에서 비롯된 거짓들은 영적으로 죽은 것입니다. 그 이유는 선에서 비롯된 진리들은 영적으로 살아 있는 것이기 때문입니다.

[21] "피조물들의 삼분의 일"이라고 언급되었는데, 그것은 성경말씀에서 "피조물들"(creatures)이나 동물들(animals)은 사람 안에 있는 정동들(affections)이나 그것에서 비롯된 생각(思想)들을 뜻하기 때문입니다. 결과적으로 그것들은 정동들이나 생각들의 측면에서 사람들 자신들을 뜻합니다. 이러한 뜻이 마가복음에서 "피조물들"의 뜻입니다. 마가복음서의 말씀입니다.

> 예수께서 그들(=제자들)에게 말씀하셨다. "너희는 온 세상에 나가서, 만민(=피조물)에게 복음(=기쁜 소식)을 전파하여라"(마가 16 : 15).

묵시록서의 말씀입니다.

> 나는 또 하늘과 땅 위와 땅 아래와 바다에 있는 모든 피조물들과, 또 그들 가운데 있는 만물이, 이런 말로 외치는 소리를 들었습니다. "보좌

에 앉으신 분과 어린 양께서는 찬양과 존귀와 영광과 권능을 영원무궁하도록 받으십시오"(묵시록 5 : 13).

여기서 "모든 피조물들"은 천사들과 사람들 양자를 뜻합니다. 왜냐하면 "그는 그들이 하는 말을 들었다"고 언급되었기 때문입니다. 이 말씀이 설명된 본서 342-346항을 참조하십시오.

514[A]. 배들의 삼분의 일이 부서졌다.
이 말씀은 성경말씀에서 비롯된 모든 지식들과 성경말씀에서 비롯된 교리들에게서 비롯된 모든 지식들이 멸망되었다는 것을 뜻합니다. 이러한 내용은 여기서 모든 것들(all)을 가리키는, 전부들을 가리키는 "삼분의 일"의 뜻에서 명확합니다. 왜냐하면 그것은 진리나 선에 속한 지식들을 가리키는, 그리고 또한 교리적인 것들을 가리키는, "배들"(ships)의 뜻에서 명확합니다. "배들"은, 그것들이 교통이나 운송을 위해 바다를 건느는 재물들(財物 · riches)을 뜻하기 때문에, 이런 뜻을 가지고 있습니다. 그리고 성경말씀에서 "재물들"은 교리적인 것들을 가리키는, 진리와 선에 속한 지식들을 뜻합니다. "배들"은, 엄밀히 말하면, 무엇을 담는 그릇을 가리키기 때문에, 성경말씀(聖言 · the Word)나 성경말씀에서 비롯된 교리를 뜻합니다. 왜냐하면 성경말씀이나 그것에서 비롯된 교리는 진리와 선의 지식들을 담고 있기 때문입니다. 그것은 마치 배들이 재물들을 담는 것과 같습니다. 배들에 의하여 주로 행해지는 이른바 "교역"(=무역 · trading)은, 자기 자신을 위하여, 그리고 그것을 다른 자들에게 전하는 지식들을 터득하는 것을 뜻합니다. 그러나 담는 그릇을 뜻하는 것 이외에 오히려 내용물들을 뜻할 때, "배들"은 성경말씀에서 비롯된 지식들을 뜻하고, 그리고 성경말씀에서 비롯된 교리에서 비롯된 지식들을 뜻합니다.

[2] "배들"의 이러한 뜻은 성경말씀에서 그것들이 언급된 장절들에

8장 1 - 13절

게서 아주 명확합니다. 따라서 에스겔서의 말씀입니다.

> 두로야,
> 네 경계선들이 바다의 한가운데 있고,
> 너를 만든 사람들이
> 너를 흠없이 아름다운 배로 만들었다.
> 스닐 산(=헐몬)의 잣나무로
> 네 옆구리의 모든 판자를 만들고,
> 레바논의 산에서 난 백향목으로
> 네 돛대를 만들었다.
> 바산의 상수리나무로 네 노를 만들었고,
> 키프로스 섬에서 가져 온 회양목에
> 상아로 장식하여,
> 네 갑판을 만들었다.……
> 시돈과 아르왓 주민이
> 너의 노를 저었다.
> 두로야,
> 너에게 있는 현인들이 네 선장이 되었다.
> 그발의 장로들과 지혜 있는 사람들이
> 배의 틈을 막아 주었다.
> 바다의 모든 배와 선원들이 네 안에서
> 너의 물품들을 거래하였다.……
> 다시스의 배들도 네 물품들을 싣고 항해하였다.
> "너는 화물선에 무겁게 물건을 가득 싣고
> 바다 한가운데로 나갔다."
> (에스겔 27 : 4-6, 8, 9, 25)

이 장은 두로에 관해서 다루고 있습니다. 그리고 "두로"가 진리나 선의 지식들을 뜻하기 때문에, 그러므로 두로와의 교역이 언급되었으며, 그리고 두로가 그것들에 의하여 치부(致富)한 다양한 종류의 상품들이 언급되었습니다. 왜냐하면 "두로가 치부한 다양한 종류의 상품들의 교역"은 곧 그런 부류의 지식들의 취득(取得)과 그리고 그것에서 비롯된 영적인 넉넉함을 뜻하기 때문입니다. 그러므로 여기서의 배는 그것의 배의 도구(船具)나 뱃전(船側)·노(櫓)들·돛대들·선장들·노잡이들(rowers)·선원들 등등으로 기술되었고 그리고 이 장의 앞절과 뒷절에는 그것의 상품들이 기술되었습니다. 그러나 이런 개별적인 것들이 영적인 뜻으로 무엇을 뜻하는 지를 여기서 설명한다는 것은 수많은 지면을 할애(割愛)해야 할 것입니다. 따라서 여기서는 "배"(ship)가 성경말씀에서 비롯된 교리를 뜻한다는 것으로 충분할 것이고, 그리고 또한 배의 선구(船具)들·노들·돛대들 따위는 그 교리를 형성하는 다양한 것들을 뜻한다는 것을 말하고, 그리고 "선장들·노잡이들·선원들"은 가르치고(teach), 인도하고(lead), 다스리는(rule)을 뜻한다는 것, 그리고 진리와 선의 지식을 가리키는 영적인 부(富)나 재산의 취득이나를 얻는 것 등은 교역(交易·trading)이 뜻한다는 것을 말하는 것으로 충분할 것입니다. 그러므로 "두로야, 너에게 있는 현인들이 네 선장들이 되었다"고 언급되었습니다.

[3] 뒤이어지는 장에서는 두로에 관해서 이렇게 기술하고 있습니다.

    너는, 다니엘보다 더 슬기롭다.
    아무리 비밀스러운 것이라도
    네게 드러나지 않는 것이 없다.
    너는 지혜와 총명으로 재산을 모았으며,
    네 모든 창고에 금과 은을 쌓아 놓았다.
    너는, 무역을 해도
    큰 지혜를 가지고 하였으므로,

네 재산을 늘렸다.
그래서 네 재산 때문에
네 마음이 교만해졌다.
(에스겔 28 : 3-5)

이 장절에서도 명확한 것은, "두로"나 두로의 "무역들"(=교역)은 그것을 통해서 지혜를 얻는 진리와 선의 지식들을 뜻한다는 것입니다. 만약에 그것들이 영적인 것들을 뜻하지 않는다면, 두로의 상품들이나 상품거래에 관해서 그렇게 많이 언급할 또 다른 이유가 무엇이겠습니까? 여기서 "두로"가 진리와 선의 지식들의 측면에서 교회를 뜻한다는 것, 결과적으로는 교회에 속한 진리와 선의 지식들을 뜻한다는 것은 《천계비의》 1201항을 참조하십시오.

[4] 진리와 선의 지식에 대한 교회의 황폐가 에스겔서의 28장에서 다루어졌는데, 그것은 이런 말씀으로 기술되었습니다. 에스겔서의 말씀입니다.

네 선장들의 울부짖는 소리에
해변 땅이 진동한다.
노 젓는 사람이 모두 배에서 내린다.
사공들과, 사람들이 모두 뭍으로 올라와서,
파선된 너를 애석해 하면서,
큰소리로 목놓아 울고,
비통하게 울부짖는다.
머리에 티끌을 끼얹으며,
재 속에 뒹군다.
(에스겔 27 : 28-30)

여기서 "선장들"(shipmasters)은 성경말씀에서 비롯된 지식들에 의한 현명한 자들을 뜻합니다. "노를 잡는 자들"은 총명한 자들을 뜻하고, 지혜와 총명의 폐허는 "선장의 울부짖는 소리"가 뜻하고, 그리고 "노 젓는 사람들이 배에서 내린다"는 것은 그것을 뜻합니다.

514[B]. [5] 성경말씀에서 "배들"(ships)이 진리와 선의 지식들을 뜻하고, 그리고 성경말씀에서 비롯된 교리적인 것들을 뜻한다는 것, 그리고 그 때 "배"가 뜻하는 화물(貨物), 다시 말하면 그 용기(容器)를 위한 내용물들인 그 지식들이나 교리적인 것을 뜻한다는 것은 아래의 장절들에게서 명확합니다. 이사야서의 말씀입니다.

> 이것은 두로를 두고 하신 엄한 경고의 말씀이다.
> 다시스의 배들아, 너희는 슬피 울어라.
> 두로가 파멸되었으니,
> 들어갈 집도 없고,
> 닻을 내릴 항구도 없다.
> 키프로스(=깃딤)에서
> 너희가 이 소식을 들었다.
> 항해자들이 부유하게 만들어 준
> 너희 섬 백성들아,
> 시돈의 상인들아, 잠잠하여라!……
> 다시스의 배들아, 너희는 슬피 울어라.
> 너희의 요새가 파괴되었다.
> (이사야 23 : 1, 2, 14)

여기서 "다시스의 배들"은 성경말씀에서 비롯된 교리적인 것들을 뜻합니다. 왜냐하면 이런 배들은, 선들이나 진리들을 뜻하고, 그리고 성경말씀에서 비롯된 그것들의 지식들을 뜻하는, 금이나 은을 운반하기 때문입니다. 그리고 "두로"가 진리와 선의 측면에서 교회를 뜻하기 때문에, 여기서는 황폐된 교회를 뜻하기 때문에, 그러므로

"다시스의 배들아, 너희는 슬피 울어라. 두로가 파멸되었다"라고 언급되었습니다. "너희 섬 백성들"(=섬의 주민들)은 그들의 교리적인 것들에 일치하는 삶의 선들 안에 있는 자들을 뜻하고, "시돈의 상인들"은 성경말씀에서 비롯된 진리들 안에 있는 자들을 뜻하는데, 그들에 관해서는 "그들(=시돈의 상인들)은 다시 너를 채웠다"고 언급되었습니다. "너희의 요새"는 방어하는 성경말씀에서 비롯된 교리를 뜻합니다. 그리고 "그 요새가 파괴되었다"는 것은 거기에 그것에 속한 지각이 전혀 없다는 것, 그리고 그것으로 인한 진리가 전혀 없다는 것을 뜻합니다. 왜냐하면 영적인 지각에서 멀리 떨어진 성경말씀에서 비롯된 동일한 교리적인 것들은 진리들이 아니기 때문입니다. 왜냐하면 그것들은 그것들을 우러르는 올바르지 않은 개념들에 의하여 위화되었기 때문입니다.

[6] 같은 책의 말씀입니다.

> 너의 자녀들이 온다.
> 섬들이 나를 사모하며,
> 다시스의 배들이 맨 먼저
> 먼 곳에 있는 너의 자녀들을 데리고 온다.
> 그들이,
> 너의 주 하나님의 이름,
> 곧 이스라엘 거룩하신 하나님께 드리려고,
> 은과 금을 함께 싣고 온다.
> 주께서 너를 영광되게 하셨기 때문이다.
> (이사야 60 : 9)

"맨 먼저 온 다시스의 배들"은 진리와 선의 지식들을 뜻하는데, 이런 부류의 자들이 제일 먼저 개혁되기 때문입니다. 이러한 내용은 본서 406[C]에서 볼 수 있는데, 거기에는 이 구절이 설명되었습니다. 왜냐하면 맨 먼저 온 다시스의 배들은 다량의 금과 은을 싣고 왔기 때문인데, 그것은 곧 삶에 속한 선들이나 교리에 속한 진리들을 뜻합니다.
[7] 다시스의 배들에 관해서는 열왕기 상서에는 이렇게 기술되었습니다. 그 책의 말씀입니다.

> 솔로몬 왕은 또 에돔 땅 홍해변 엘롯 근방에 있는 에시온 게벨에서 배를 만들었다. 히람은 자기 신하 가운데서 바다를 잘 아는 뱃사람들을 보내서, 솔로몬의 신하들을 돕게 하였다. 그들이 오빌에 도착하여서, 사백이십 달란트의 금을 솔로몬 왕에게로 가져 왔다(열왕기 상 9 : 26-28)

같은 책의 말씀입니다.

> 왕은 다시스 배를 바다에 띄우고, 히람의 배와 함께 해상무역을 하게 하였다. 세 해마다 한 번씩, 다시스의 배가 금과 은과 상아와 원숭이와 공작새들을 실어 오고는 하였다(열왕기 상 10 : 22).

역시 같은 책의 말씀입니다.

> 여호사밧이 오빌에서 금을 가져오려고 다시스 선단을 만들었으나, 그 배들이 에시온게벨에서 파선하였으므로, 가지 못하였다(열왕기 상 22 : 48).

비록 이런 것들이 역사적인 사실들이라고 해도, 그것들은 예언적인 것들과 똑같이, 영적인 뜻을 담고 있습니다. "에돔 땅 홍해변 엘롯 근방에서 만들어진 배들"은 자연적인 사람의 지식들을 뜻합니다. 왜냐하면 이런 것들은 자기 자신들 안에는, 마치 배들이 이 세상적인 재물을 운반하는 것과 같이, 말하자면 영적인 재물을 담고 있기 때문입니다. 왜냐하면 여기서 "홍해"(the Sea Suph)나 에시온 게벨이 있었던 "에돔 땅"은 가나안 땅의 가장 바깥 경계를 가리키고, 그리고 "가나안 땅의 가장 바깥 경계"는, 진리나 선의 지식들을 포함한, 지식들(=과학지들)을 가리키는 교회의 궁극적인 것들을 뜻하기 때문입니다. "금과 은"은 내적인 교회의 선들이나 진리들을 뜻하고, "상아 · 원숭이 · 공작새들"은 외적인 교회의 진리들이나 선들을 뜻하기 때문입니다. 여기서 지식들(=과학지들)은 고대사람들이 가지고 있었던, 그런 지식들을 뜻하는데, 다시 말하자면 천계나 지옥에 관한 대응들의 지식들, 표징들의 지식들, 입류들의 지식들을 뜻하는데, 그것들은 특히 교회의 진리나 선에 속한 선험지들을 내포하고 있고, 섬기는 것들입니다. "히람"(Hiram)은 선과 진리의 선험지들을 가지고 있는 자들에게 있는 교회 밖에 있는 민족들을 뜻합니다. 그리고 여호사밧 왕 휘하에 있는 "배들"이 "파선되었다"는 것은 그것의 진리들이나 선들의 측면에서 교회의 황폐를 뜻합니다.

[8] 이런 고찰들(考察)에서 볼 때, 앞절에서 "다시스의 배들"이 개별적으로 뜻하는 것이 무엇인지 잘 알 수 있겠습니다. 아래의 시편서의 말씀도 마찬가지입니다.

> 광풍에 파산되는 다시스의 배와도 같았다(시편 48 : 7).

여기서 광풍(=동풍 · the east wind)은 황폐나 폐허를 뜻합니다. 왜냐하면 영계에서 동쪽에서 오는 바람은 악한 자의 거처인 그들의 기초들이나 터전들로부터 전복(顚覆), 붕괴(崩壞)시키기 때문입니다. 그들이 그들의 마음의 것들 위에 두고, 집착했던 금은보화는 지옥으로 모두 날아가 버리는데, 이 바람에 관해서는 나의 작은 저서 《최후심판》 61항을 참조하십시오. 여기서 "다시스의 배들"은 거짓된 교리들을 뜻합니다.
[9] 이사야서의 말씀입니다.

> 그 날은 만군의 주께서 준비하셨다.
> 모든 교만한 자와 거만한 자,
> 모든 오만한 자들이
> 낮아지는 날이다.
> 또 그 날은,
> 높이 치솟은 레바논의 모든 백향목과
> 바산의 모든 상수리나무와,
> 모든 높은 산과
> 모든 솟아오른 언덕과,
> 모든 높은 망대와
> 모든 튼튼한 성벽과,
> 다시스의 모든 배와,
> 탐스러운 모든 조각물이
> 다 낮아지는 날이다.
> 그 날에,
> 인간의 거만이 꺾이고
> 사람의 거드름은 풀이 죽을 것이다.
> 오직 주님만 홀로 높임을 받으신다.
> (이사야 2 : 12-17)

"주의 날"(=여호와의 날)은, 최후심판이 주님에 의하여 수행되는 때의 주님의 강림(the Lord's coming)을 뜻합니다. 주님께서 이 세상에 계실 때 주님께서 행하신 최후의 심판은 나의 작은 저서 《최후심판》(the Last Judgement) 46항에서 볼 수 있습니다. 최후심판이 단행된 그 교회 안에 있는 자들이 여기서 하나하나 자세히 열거되었습니다. "높이 치솟은 레바논의 백향목들"은 자기 총명(=자만)으로 말미암아 자랑하는 자들을 뜻하고, "바산의 상수리나무"는 지식(=과학지)으로 말미암아 자랑하는 자들을 뜻합니다. 왜냐하면 성경말씀에서 "백향목들"(cedars)은 합리적인 사람에 관해서 서술하고, "상수리나무"(oaks)은 자연적인 사람에 관해서 서술하기 때문입니다. 그리고 합리적인 사람에 속한 총명은 전자가 뜻하고, 자연적인 사람의 지식은 후자가 뜻하기 때문입니다. "높은 산과 솟아오른 언덕"은 자기사랑(自我愛)이나 세상사랑(世間愛)에 빠져 있는 자들을 뜻하고(본서 405[G]항 참조), "높은 망대"나 "튼튼한 성벽"은 거짓에 속한 확증된 원칙들을, "다시스의 배들"과 "탐스러운 조각물들"은 이 세상적인 사랑들(=애욕들)의 쾌락을 선호하는 거짓 교리적인 것들을 뜻합니다. 자기총명(=자기교만)이나 지식 따위에서 솟아나는 온갖 오만(傲慢)이나 건방짐의 파멸은 "인간의 거만이 꺾이고, 사람의 거드름은 풀이 죽을 것이다"는 말씀이 뜻합니다. 그리고 주님에게서 비롯된 모든 총명이나 지식은 "오직 주님만 홀로 그 날에 높임을 받으신다"는 말씀이 뜻합니다. 지식이 사람에게서 비롯된다고 믿고 있지만, 그러나 지식이 총명을 섬기는 것에 비례하여, 그것 안에는 진리의 지각이 있는데, 그 지각은 바로 오직 주님에게서 옵니다.

514[C]. [10] 이사야서의 말씀입니다.

> 거기(=시온과 예루살렘)에는 주께서 우리의 능력이 되시니,
> 그 곳은 마치
> 드넓은 강과 시내가 흐르는 곳과 같겠지만,
> 대적의 배가 그리로 오지 못하고,
> 적군의 군함이 들어올 엄두도 못낼 것이다.
> (이사야 33 : 21)

여기서 "시온과 예루살렘"은 주님의 교회를 뜻하는데, "시온"은 사랑에 속한 선이 다스리는 교회를 뜻하고, "예루살렘"은 교리에 속한 진리가 다스리는 교회를 뜻합니다. 주님(=여호와)께서는, 교회에 속한 사람들이 주님에게서 비롯된 신령선이나 신령진리의 수용그릇들이 되었을 때, "영광스럽다"(glorious) 또는 "장대하다"(magnificent)고 불리웠습니다. 그리고 시온과 예루살렘은, 그들의 모든 지혜와 총명이, 그리고 선과 진리가 주님으로 말미암아 존재할 때, 또는 주님에게서 비롯될 때, "드넓은 강과 시내가 흐르는 곳과 같다"(=공간의 폭 · breadth of spaces)는 증대와 확장 가운데 있는 선에서 비롯된 진리들을 뜻하고, "대적의 배가 그리로 오지 못하고, 적군의 군함이 들어올 엄두도 못낼 것이다"는 말씀은 그 교회 안에는 사람의 자아(=고유속성 · proprium)에서 비롯된 총명이나 지혜가 전혀 없다는 것을 뜻합니다. 여기서 "대적의 배"(=노 젓는 배 · a ship of oar)는 사람의 자아(=고유속성)에서 비롯된 지혜를 뜻하는데, 그 이유는 사람이 그 지혜의 추론에 의하여 자랑하고(boastful), 교만하기(proud) 때문입니다. 왜냐하면 배가 바다를 지나, 통과할 때, 따라서 배가 수로를 따라서 화물을 운반할 때, 배는 총명이나 지혜를 뜻하기 때문입니다. 여기서 배는 확실히 배를 뜻하지 않습니다. 왜냐하면 시온이나 예루살렘에 관해서 언급하고 있기 때문입니다.

[11] 시편서의 말씀입니다.

> 주님, 주께서 손수 만드신 것이,
> 어찌 이리도 많습니까?
> 이 모든 것을 주께서 지혜로 만드셨으니,
> 땅에는 주님이 지으신 것으로 가득합니다.
> 저 크고 넓은 바다에는,
> 크고 작은 고기들이

헤아릴 수 없이 우글거립니다.
물 위로는 배들도 오가며,
주님이 지으신 리워야단도
그 속에서 놉니다.
이 모든 피조물이 주님만 바라보며,
때를 따라서 먹이 주시기를 기다립니다.
(시편 104 : 24-27)

여기서 바다는 바다를 뜻하지 않고, 그리고 헤아릴 수 없이 기는 것들이나 크고 작은 물고기들이나 리워야단(=고래)이나 배들도 그런 것들을 뜻하지 않고, 오히려 그런 것들은 교회에 속한 사람들에게 있는 그런 것들을 뜻합니다. 왜냐하면 이런 것들이 "주님만 바라본다"(=주님을 기다린다)는 것들이기 때문입니다. "저 크고 넓은 바다"는, 지식이 하는 것과 같이, 선들이나 진리들을 영접, 수용하는, 겉 사람, 즉 자연적인 사람을 뜻합니다. 여기서 "크다"(great)는 그것 안에 있는 선에 관해서 서술하고, "넓다"(wide)는 그것 안에 있는 진리에 관해서 서술합니다. 우굴거리는 것들(=기는 것들 · creeping things)은 살아 있는 지식들(=과학지들)을 뜻하고, "크고 작은 동물들"(=고기들)은 보다 높거나 낮은, 온갖 종류의 선이나 진리의 지식들을 뜻하고, 그리고 일반적인 것들이나 개별적인 것들을 뜻합니다(본서 513항 참조). "배들"은 교리적인 것들을 뜻하고, "리워야단"(=고래)은 복합적으로 자연적인 사람 안에 있는 모든 것들을 뜻합니다. 이것이 "바다에서 논다"고 언급되었는데, 그 이유는 아는 기쁨(the delight of knowing)이고, 따라서 현명하게 되는 기쁨 때문입니다. 이런 것들에 의하여 사람은 알고자 하고, 이해하고자 하는 바람에 의하여 발동(發動), 움직이기 때문에, "모든 피조물이 주님만 바라보고(=기다리고), 때를 따라서 먹이 주시기를 기다립니다"고 언급하고 있습니다. "기다린다"(=바라본다)는 것은 간절히 바라는 것(熱望)을 뜻하고, "먹이"(=먹거리 · food)는 지식이나 총명을 뜻하기 때문입니다. 왜냐하면 사람은 자기 자신으로 말미암아서는 이런 것들을 열망하지 않지만, 그러나 사람에게 있는 이런 것들은 주님에게서 비롯된 것들입니다. 결과적으로 이런 것들은, 비록 그것이 마치 사람이 자신으로 말미암아 열망한 것 같이 보이지만, 사람이 열망하는 것일 뿐입니다.

[12] 같은 책의 말씀입니다.

> 그들이 배를 타고 바다로 내려가서,
> 큰 물을 헤쳐 가면서 영업을 할 때에,
> 그들은, 주께서 하신 행사를 보고,
> 깊은 바다에서 일으키신 기사를 본다.
> (시편 107 : 23, 24)

"그들이 배를 타고 바다로 내려가서, 큰 물을 헤쳐 가면서 영업을 한다"는 말씀은 성경말씀에서 비롯된 진리에 속한 교리를 매우 열심히 공부, 연구하는 자들을 뜻합니다. "이들이 주께서 하신 행사를 보고, 깊은 바다에서 일으키신 기사(=이적)을 본다"는 것은 그들이 천계나 교회의 진리들이나 선들을 이해한다는 것을 뜻하고, 그리고 거기에 숨겨진 것들을 이해한다는 것을 뜻합니다. "여호와의 행위들"(=주께서 하신 행사)은 사람을 완전하게 하는 성경말씀의 모든 것들을 뜻하고, 그리고 진리나 선에 관계하는 모든 것을 뜻합니다. 그리고 "깊은 바다에서 일으키신 기사들"(=이적들)은 총명이나 지혜에 속한 숨겨진 것들을 뜻합니다.

[13] 이사야서의 말씀입니다.

8장 1 - 13절

너희들의 속량자요,
이스라엘의 '거룩하신 분'이신 주께서
이렇게 말씀하신다
"내가 바빌론에 군대를 보내어
그 도성을 치고 너희를 구하여 내겠다
성문 빗장을 다 부수어 버릴 터이니,
바빌로니아 사람(=갈대아)의 아우성이
통곡으로 바뀔 것이다
(이사야 43 : 14)

이 장절은 교회를 황폐하게 만든 자들의 억압이나 탄압으로부터 믿음이 돈독(敦篤)한 자들의 구출(=구원)을 다루고 있습니다. 교회를 황폐하게 하는 자들은 "바빌론"이 뜻하고, 그리고 그들은 그들만 알고 있고, 그리고 반드시 믿어야 한다고 단언(斷言)하는 진리와 선의 지식들로부터 이런 모든 것들을 억압, 억누르는 것에 의하여 교회나 사람을 황폐하게 만듭니다. 그럼에도 불구하고 그들은 진리에 관해서 아무것도 알지 못합니다. 따라서 그들은 매우 지독한 무지(無知) 가운데 자신들에게 있는 다른 것들을 간직, 유지(維持)하고 있습니다. 그리고 그들은, 자신들이 예배받기 위하여, 주님예배에서 외면해 버립니다. "그들의 성문 빗장을 다 부수어 버린다"는 것은 거짓에 속한 그들의 원칙들을 뜻하고, 그리고 진리들을 황폐하게 하고, 파괴시키는 온갖 거짓들을 뜻합니다. "빗장들"(bars)은 거짓의 원칙들을 뜻하고, "바빌로니아 사람"은 거짓들에 의하여 파괴, 황폐하게 하는 자들을 뜻합니다. 왜냐하면 "바빌론"은 악들에 의하여 선들을 파괴하는 자들을 뜻하고, "갈데아 사람"은 거짓들에 의하여 진리들을 파괴하는 자들을 뜻하기 때문입니다. "그들의 배에는 통곡이 있을 것이다"(=바빌로니아 사람의 아우성이 통곡으로 바뀔 것이다)는 말씀은 그들의 교리적인 것들의 파괴를 뜻합니다.
[14] 이 파괴가 묵시록서에서 "배들"에 의하여 더 상세하게 기술되었습니다. 묵시록서의 말씀입니다.

"그렇게도 많던 재물이,
한 순간에 잿더미가 되고 말았구나"
할 것입니다. 또 모든 선장과 선객과 선원과 바다에서 일하는 사람들도 다 멀리 서서,…… 그리고 그들은 머리에 먼지를 뿌리고, 슬피 울면서
"화를 입었다. 화를 입었다. 큰 도시야!
바다에 배를 가진 사람은 모두
그 도시의 값진 상품으로 부자가 되었건만,
그것이
한 순간에 잿더미가 되고 말았구나!"
하고 부르짖었습니다
(묵시록 18 : 17, 19)

이 장절도 상세하게 설명될 것입니다. 다니엘서의 말씀입니다.

북쪽 왕의 마지막 때가 올 무렵에, 남쪽 왕이 그를 공격할 것이다. 그러면 북쪽 왕은, 병거와 기마병과 수많은 해군을 동원하여, 홍수처럼 그를 칠 것이며, 여러 지역으로 쳐들어가서, 휩쓸고 지나갈 것이다(다니엘 11 : 40).

여기서 "마지막 때"(the time fo the end)는 교회의 마지막 때를 뜻하는데, 그 때 거기에는 선이 전혀 없기 때문에 거기에 진리가 전혀 없는 때입니다. "남쪽의 왕"은, 선에서 비롯된 진리를 가리키는, 빛 가운데 있는 진리를 뜻하고, "북쪽의 왕"은 거기에 선이 전혀 없기 때문에, 거기에 진리가 전혀 없는 것을 뜻합니다. 결과적으로, 진리

가 전혀 없는 곳에는 거짓이 있기 때문에, 그리고 그 때 사람은 스스로 천계로부터 이 세상으로, 그리고 주님에게서부터 자기 자신에게 방향을 돌리기 때문에, 그리고 그 때 주님으로부터 천계를 통하여 입류하는 것이 아무것도 없기 때문에, 그리고 악에서 비롯된 거짓을 제외하면 이 세상이나 자기 자신에게서 유입하는 거짓만 있습니다. 교회의 마지막 때에는 진리에서 비롯된 선과 악에서 비롯된 거짓 사이의 다툼이나 전쟁 따위가 남쪽 왕과 북쪽 왕 사이의 싸움에 의하여 이 장에 기술되었습니다. 그 때 거짓들이 돌격, 진리들을 파괴한다는 것은 "북쪽 왕이 병거와 기마병과 수많은 해군(=배들)을 가지고 남쪽 왕을 홍수처럼 칠 것이다"는 말씀이 뜻합니다. 여기서 "병거"(chariot)은 거짓의 교리를 뜻하고, "기마병들"(horsemen)은 그것에서 비롯된 "추론들"(the reasonings)을 뜻하고, 그리고 "배들"(=해군)은 거짓들이나, 온갖 종류의 진리의 위화(僞化)들을 뜻합니다. "그가 여러 지역으로 쳐들어가서, 휩쓸고 지나갈 것이다"는 말씀은 거짓들이, 내면적인 것이든 외면적인 것이든, 교회에 속한 모든 것들을 파괴할 것이다는 것을 뜻합니다.

[15] 신명기서의 말씀입니다.

> 주께서는 '다시는 그 길을 보지 않게 하겠다' 하고 약속하신 그 길로, 너희를 배에 태워 이집트로 끌고 가실 것이다. 거기에서는, 너희가 너희 몸뚱이를 원수들에게 남종이나 여종으로 팔려고 내놓아도, 사는 사람조차 없을 것이다(신명기 28 : 68).

이 장절은 진리의 측면에서 교회의 황폐를 다루고 있는데, 그 때 삶(=생명)은 성경말씀에 있는 주님의 가르침(敎理)들에 일치하지 않는 것을 뜻합니다. 이런 내용이 일러진 "이스라엘 자손들"은 성언(聖言)이 있는 곳에 있는 교회를 표징하고, 그리고 그 교회를 뜻하고, 그리고 그것에서 비롯된 교리의 진리들을 뜻하고, 따라서 영적인 사람들을 표징하고, 뜻합니다. 그러나 "이집트 사람들"은 철저한 자연적인 사람들을 뜻합니다. "주(=여호와)께서 그들을 배에 태워 이집트로 끌고 가실 것이다"는 말씀은, 그들이 결과적으로 거짓에 속한 교리적인 것들로 인하여 철저하게 자연적이 될 것이다는 것을 뜻합니다. 여기서 "배들"(ships)은 거짓에 속한 교리적인 것들을 뜻하고, "다시는 그 길을 보지 않게 하겠다" 하고 약속하신 그 길은 영적인 사람에게서부터 철저한 자연적인 사람에게로 라는 것을 뜻합니다. 왜냐하면 교회에 속한 사람은 자연적인 사람의 존재에서 영적인 것이 되기 때문입니다. 그러나 그가 성경말씀에서 비롯된 계명들이나 명령들에 일치는 삶을 살지 않는다면, 그는 영적인 사람의 존재에게서 철저한 자연적인 존재가 되기 때문입니다. "너희가 너희 몸뚱이를 원수들에게 남종이나 여종으로 팔려고 한다"는 말씀은 거짓들이나 악들이 지배적인 것이 된 것을 뜻하고, 그리고 "사는 사람이 전혀 없을 것이다"는 말씀은 전적으로 혐오스럽게 된 것을 뜻합니다.

[16] 욥기서의 말씀입니다.

　　내 일생이
　　달리는 경주마보다 더 빨리 지나가므로,
　　좋은 세월을 누릴 겨를이 없습니다.
　　그 지나가는 것이
　　갈대 배와 같이 빠르고,
　　먹이를 덮치려고 내려오는
　　독수리처럼 빠릅니다.
　　(욥기 9 : 25, 26)

"빠르게 지나가는 갈대 배"(=욕망의 배들 · ships of desire)는 자연적인 정동들이나 온갖 종류의 기쁨들을 뜻하는데, 그것은 전적으로 이 세상적인 것이나 육신적인 것을 가리킵니다. 이런 것들은, 영적인 것들에 비하여 보다 더 간절한 욕망들이고, 흡수하는 것들이기 때문에 "먹이를 덮치려는 독수리처럼 빠르다"고 언급되었습니다.
[17] 창세기서의 말씀입니다.

> 스불론은 바닷가에 살며,
> 그 해변은 배가 정박하는 항구가 될 것이다.
> 그의 영토는 시돈에까지 이를 것이다.
> (창세기 49 : 13)

여기서 "스불론"은 선과 진리의 결합을 뜻하고, "그가 바닷가에 살 것이다"는 말씀은 진리에 속한 삶(=생명)을 뜻하고, "그 해변은 배가 정박하는 항구가 될 것이다"는 말씀은 성경말씀에서 비롯된 교리적인 것들에 일치하는 것을 뜻하고, "그의 영토가 시돈에까지 이를 것이다"는 것은 한 쪽이 선에 속한 지식들에까지의 확장을 뜻합니다. 이 장절은 《천계비의》 6382-6386항에 설명된 것을 참조하십시오.
[18] 민수기서의 말씀입니다.

> 함대들이 깃딤 쪽에서 온다.
> 그것들이 앗시리아를 괴롭히고,
> 에벨도 괴롭힐 것이다.
> 그러나 그것들마저도 망하고야 말 것이다.
> (민수기 24 : 24)

이 장절은 발람의 예언에서 비롯된 것입니다. "깃딤 쪽에서 온 배들"(=함대들)은, 고대교회의 사람들이 가지고 있었던, 진리와 선의 지식들을 뜻하고, "그들이 괴롭힐 앗시리아"(=앗수르)는 거짓들에게서 비롯된 추론들을 뜻하고, "그들이 괴롭힐 에벨"은, 야곱의 자손들 가운데 존재했던, 예배의 외적인 것들을 뜻하고, 진리나 선에 대한 그들의 황폐는 "그것들마저도 망할 것이다"(=그도 영원히 멸망할 것이다)는 말씀이 뜻합니다.

[19] 사사기서의 말씀입니다.

> 어찌하여 길르앗은
> 요단 강 건너에 자리잡고 있고,
> 어찌하여 단은 배 안에 머물러 있는가?
> (사사기 5 :17)

여기서 "길르앗"은 "므낫세"가 가지고 있는 뜻과 동일한 뜻을 가지고 있고, "므낫세"는 자연적인 사람의 선을 뜻합니다. 그리고 므낫세 지파가 적군을 상대해서 드보라 발락의 무리와 같이 싸우지 않았기 때문에 "어찌하여 길르앗은 요단 강 건너에 자리잡고 있는가"라고 언급되었는데, 이 말은, 자연적인 사람에 속한 것을 가리키는 오직 외적인 것들 안에 살고 있는 이유를 뜻합니다. 교회에 속한 외적인 것은 "요단 강 건너의 지역들이 뜻하고, 그것의 내적인 것은 요단 강 이쪽의 지역들이 뜻합니다. 교회의 외적인 것은 영적인 것에 비하여 보다 더 자연적인 자들에게 있습니다. 그리고 단 지파가 적군과 싸울 때 드보라와 발락은 연합하지 않았기 때문에, 어찌하여 단은 배에 머물러 있는가?(=배를 두려워할 것이다)라고 언급되었는데, 그것은 어느 누구도 거짓들이나 거짓에 속한 교리적인 것들을 배척하지 않는 이유를 뜻합니다.

[20] 구약의 성경말씀에 있는 모든 것들은 본질적으로 영적인 뜻을 가지고 있기 때문에, 따라서 신약 복음서들이나 묵시록에 있는 성경말씀의 모든 것들도 영적인 뜻을 가지고 있습니다. 더욱이 주님께서

하신 모든 말씀이나 행하신 모든 일들이나, 기적들은 신령 천적인 것들을 뜻합니다. 그 이유는 주님께서는 신령존재로 말미암아 말씀하셨기 때문이고, 그리고 주님께서는 신령존재로 말미암아 그분의 일들이나 기적들을 행하셨기 때문입니다. 그러므로 처음 것들에서부터 마지막 것들에 이르기까지 따라서 충분함 가운데 있습니다. 이상에서 볼 때, 밝히 알 수 있는 것은 배들에서 가르치신 주님의 가르침(敎訓)은 표의(表意)적이라는 것이고, 그리고 또한 그들이 고기잡이를 하고 있는 동안, 주님께서 그의 제자들을 배에서 선택하셨다는 것도 역시 표의적이고, 그리고 제자들이 있는 그 배를 향해서 바다를 걸어 오셨다는 것도 표의적이고, 그리고 거기에서 바람을 잔잔하게 하셨다는 것 역시 표의적이다는 것입니다.

514[D]. 배에서 말씀하신 주님의 가르침에 관해서 복음서들에는 이렇게 언급되었습니다.

> 그 날에 예수께서 집에서 나오셔서, 바닷가에 앉으셨다. 큰 무리가 모여드니, 예수께서는 배에 올라가서 앉으셨다. 무리는 모두 물가에 서 있었다(마태 13 : 1 , 2 이하 ; 마가 4 : 1, 2 이하).

또 같은 말씀입니다.

> 그 때에 예수께서는 게네사렛 호숫가(=갈릴리 바닷가)에 서 계셨다. 그가 보시니, 배 두척이 호숫가에 대어 있고, 어부들은 배에서 내려서, 그물을 씻고 있었다. 예수께서 그 배 가운데 하나인 시몬의 배에 올라서, 그에게 배를 뭍에서 조금 떼어 놓으라고 하신 다음에, 배에 앉으시어 무리를 가르치셨다. 예수께서 말씀을 마치시고, 시몬에게 말씀하셨다. "너는 깊은 데로 나가거라. 너희는 그물을 내려, 고기를 잡아라."…… 그런 다음에, 그대로 하니, 많은 고기 떼가 걸려들어서, 그물이 찢어질 지경이 되었다(누가 5 : 1-9).

이런 개별적인 것들에서도 역시 "그분은 바닷가에 앉으셨다" "게네사렛 호수가에서" 그리고 그 때 "주님께서는 시몬의 배에 오르셔서, 거기에서 군중들을 가르치셨다"는 등등의 말씀에는 영적인 뜻이 있습니다. "바다"나 "게네사렛 호수"가 주님과 관련해서는 복합적으로 선과 진리의 지식들을 뜻하기 때문에 그런 일이 행해진 것입니다. 그리고 "시몬의 배"는 믿음에 속한 교리적인 것들을 뜻합니다. 그러므로 "배에서 말씀하신 그분의 가르침"은 그것이 교리에서 비롯되었다는 것을 뜻합니다.

[21] 주님께서 제자들이 있는 배를 향해서 바다 위를 걸으셨다는 것에 관해서 복음서들에 이렇게 언급되었습니다.

> 제자들이 탄 배는, 그 사이에 이미 육지에서 멀리 떨어져 있었는데, 풍랑에 몹시 시달리고 있었다. 바람이 거슬러서 불어왔기 때문이다. 이른 새벽에 예수께서 바다 위를 걸어서 제자들에게로 가셨다. 제자들이, 예수께서 바다 위로 걸어오시는 것을 보고, 겁에 질려서 "유령이다!" 하였다.…… 베드로가 예수께 대답하여 말하기를 "주님, 주님이시면, 나더러 물 위로 걸어서, 주님께로 오라고 명령하십시오" 하니, 예수께서 "오너라" 하셨다. 베드로는 배에서 내려 물 위를 걸어서, 예수께로 갔다. 그러나 베드로는 거센 바람이 불어오는 것을 보자, 무서움에 사로잡혀서, 물에 빠져 들어가게 되었다. 그 때에 그는 "주님, 살려 주십시오" 하고 외쳤다. 예수께서 곧 손을 내밀어서, 그를 붙잡고 "믿음이 적은 사람아, 왜 의심하였느냐?" 하셨다. 그리고 그들이 함께 배에 오르니, 바람이 그쳤다. 배 안에 있던 사람들은 그에게 무릎을 꿇어서 경배드리고 "선생님은 참으로 하나님의 아들이십니다" 하였다(마태 14 : 24-33 ; 마가 6 : 48-52).

또다시 이런 말씀도 있습니다.

8장 1 - 13절

날이 저물었을 때에, 예수의 제자들은 바다로 내려가서, 배를 타고 바다 건너편 가버나움으로 갔다. 이미 어두워졌는데도, 예수께서는 아직, 그들이 있는 곳으로 오시지 않았다. 그런데 큰 바람이 불고, 물결이 사나워졌다. 제자들이 배를 저어서, 십여 리쯤 갔을 때였다. 그들은, 예수께서 바다 위로 걸어서 배로 가까이 오시는 것을 보고, 무서워하였다. 예수께서 그들에게 "나다. 두려워하지 말아라"하고 말씀하시니, 그들은 기뻐서 예수를 배 안으로 모셔 들였다. 배는 곧 그들이 가려던 땅에 이르렀다(요한 6 : 16-21).

여기서도 역시 개별적인 것들은 신령 영적인 것들을 뜻하는데, 그럼에도 불구하고 그것은 문자에는 나타나지 않습니다. 바다, 그 위에 주님의 걸으심, 새벽녘에 그분께서 제자들에게 오심, 배, 주님께서 배에 오르심, 그리고 그것에서 바람과 바다의 물결을 억제하심, 그리고 그 밖의 다른 것들도 마찬가지로 신령 영적인 것들을 뜻합니다. 그러나 여기서 그것들이 뜻하는 영적인 것들을 하나하나 설명할 필요는 없겠습니다. 다만 "바다"가 천계나 교회의 극외적인 변방이나 변두리를 뜻한다는 것만 언급합니다. 천계의 극외적인 변방에는 바다들이 있기 때문입니다. 주님께서 바다 위를 걸으셨다는 것은 주님의 현존(現存)과 그것들에 유입하신 주님의 입류를 뜻합니다. 결과적으로는 신령존재에게서 비롯된 생명이 천계의 궁극적인 것 안에 있는 자들에게의 입류를 뜻합니다. 신령존재에게서 비롯된 그들의 생명은 주님의 바다 위에 걸으심에 의하여 표징되었습니다. 그리고 그들의 불영명하고, 혼란스러운 믿음은 베드로가 바다 위를 걸었고, 그가 곧 바다에 빠졌으나, 그 때 주님께서 그를 붙잡았을 때 구원되었다는 것 등을 표징합니다. 성경말씀에서 "걷는다"(to walk)는 것은 사는 것을 뜻합니다. "새벽에"(=네 시 경에) 이 일이 일어났다는 것은 교회의 첫째 상태를 뜻하는 것입니다. 그리고 그 때 그것은 동틀 무렵이고 뭍에서는 아침이었습니다. 왜냐하면 그 때 선은 진리를 통해서 활동하기 시작하기 때문이고, 그 때 주님께서 오시기 때문입니다. 그러는 동안에 바다가 바람에 의하여 요동하였다는 것, 그리고 주님께서 그것을 억제하셨다는 것, 등등은 그것이 발출한 삶(=생명)의 자연적인 상태를 뜻하는데, 그것은 평온한 것이 아니고, 말하자면 심한 소란스러운 상태를 뜻합니다. 그러나 이 상태로서는 아침에 가장 가까운 것인데, 그것은 바로 사람에게 있는 교회의 첫 번째 상태를 가리킵니다. 그 이유는 주님께서는 그 때 사랑의 선 가운데 나타나시기 때문이고, 거기에 마음의 평온이 있기 때문입니다.

[22] 주님께서 바람을 잔잔하게 하셨다는 것이나, 바다의 파도를 잠잠케 하셨다는 것은 복음서들에 이렇게 기술되었습니다.

> 예수께서 배에 오르시니, 제자들이 그를 따랐다. 그런데 바다에 큰 풍랑이 일어나서, 배가 물결에 막 뒤덮일 위험에 빠지게 되었다. 예수께서는 주무시고 계셨다. 제자들이 다가가서 예수를 깨우며 "주님, 살려주십시오. 우리가 죽게 되었습니다" 하고 말하였다. 예수께서 그들에게 "왜들 무서워하느냐? 믿음이 적은 사람들아!" 하고 말씀하시고 나서, 일어나서 바람과 바다를 꾸짖으시니 바다가 아주 잔잔해졌다(마태 8 : 23-26 ; 마가 4 : 36-40 ; 누가 8 : 23, 24).

이 말씀은, 그들이 자연적인 것 안에는 있지만, 그럼에도 불구하고 영적인 것 안에 있지 않을 때, 교회의 사람들의 상태를 표징하는데, 그 상태 안에는 자기사랑이나 세상사랑에서 솟아나는 온갖 종류의 탐욕들이나 정욕들을 가리키는 자연적인 정동들이 마음의 다종다양한 소동(騷動)이나 폭동을 일으키고 생성합니다. 이런 상태에는 주님께서는 마치 계시지 않은 것처럼 보이십니다. 이렇게 보이는 주님의 부재(不在)는 그분의 주무심이 뜻합니다. 그러나 그들이 자연적인 상태에서 영적인 상태에로 빠져나왔을 때 이런 소동이나 폭동은 소멸되고, 그리고 거기에 마음의 평온이 찾아 듭니다. 왜냐하면, 영적인 마음이 열려질 때, 주님께서는 자연적인 사람의 맹렬한 소동이나 폭동 따위를 진정(鎭靜)시키시기 때문이고, 그리고 주님께서는 그것을 통하여 자연적인 것에 입류하시기 때문입니다. 자기사랑이나 세상사랑에 속한 정동들, 결과적으로는 생각들이나 추론들 따위는 지옥에서 오기 때문에, 왜냐하면 그것들은 거기에서 일어나 자연적인 사람에 유입하는 온갖 종류의 욕망들이나 정욕들이기 때문입니다. 이런 것들은 역시 "바람과 바다의 풍랑"이 뜻하고, 그리고 지옥 자체는 영적인 뜻으로 "바다"가 뜻합니다.

[23] 이러한 내용은 마가복음서에서와 같이, "주께서 바람을 꾸짖으셨다"고 언급된 것에서 잘 알 수 있겠습니다. 마가복음서의 말씀입니다.

예수께서 깨어나셔서 바람을 꾸짖으시고, 바다더러 "고요하고, 잠잠해져라" 하고 말씀하시니, 바람이 그치고, 아주 고요해졌다(마가 4 : 39).

이 말씀은 만약에 그것이 지옥을 뜻하지 않는다면, 바람이나 바다에게 말씀하실 수 없었을 것입니다. 그것에 의하여 다양한 욕망들이나 탐욕들로부터 마음의 극심한 소동 따위는 일어났습니다. "바다"가 지옥을 뜻한다는 것은 본서 342[C]항을 참조하십시오.

515. 10절, 11절. 셋째 천사가 나팔을 부니, 큰 별 하나가 횃불처럼 타면서 하늘에서 떨어져서, 강들의 삼분의 일과 샘물들 위에 덮치면서 내렸습니다. 그 별의 이름은 '쑥'이라고 합니다. 그래서 물의 삼분의 일이 쑥이 되고, 많은 사람이 그 물을 마시고 죽었습니다. 그 물이 쓴 물로 변하였기 때문입니다.

[10절] :

"셋째 천사가 나팔을 불었다"는 것은 천계에서 온 입류를 뜻하고, 그리고 결과적으로는 악한 사람에게 있는 세 번째 상태를 뜻합니다 (본서 516항 참조). "횃불처럼 타면서 큰 별 하나가 하늘에서 떨어졌다"는 것은 자기사랑(自我愛 · self-love)에 의하여 위화된 성경말씀의 진리를 뜻합니다(본서 517항 참조). "강들의 삼분의 일과 샘물들 위에 덮치면서 내렸다"는 것은 결과적으로는 진리의 모든 이해가 소멸하였다는 것을 뜻하고, 그리고 그것에 의하여 교회의 교리가 멸망하였다는 것을 뜻합니다(본서 518항 참조).

[11절] :

"그 별의 이름은 '쑥'(wormwood)이라고 하였다"는 것은 악에 속한 거짓과 뒤섞인 진리를 뜻합니다(본서 519항 참조). "물의 삼분의 일이 쑥이 되었다"는 것은 모든 진리가 그 이해나 교리에서 그런 것이 되었다는 것을 뜻합니다(본서 520항 참조). "많은 사람이 그 물을 마시고 죽었다"는 것은 이런 부류의 모두는 성경말씀의 진리들의 뒤바뀐 거짓들에 의하여 멸망되었다는 것을 뜻합니다(본서 521항 참조). "그 물이 쓴 물로 변하였기 때문이다"는 것은 성경말씀의 진리들이 위화(僞化)되었기 때문이다는 것을 뜻합니다(본서 522항 참조).

516. 10절. **셋째 천사가 나팔을 불었다.**

이 장절은 천계에서 온 입류(入流)를 뜻하고, 결과적으로는 악한 자에게 있는 세 번째 변화들을 뜻합니다. 이러한 내용은 앞에서 이미 언급하고, 입증된 것에서 명백합니다.

517. **큰 별 하나가 횃불처럼 타면서 하늘에서 떨어졌다.**

이 말씀은 자기 사랑에 의해 위화된 성경말씀의 진리를 뜻합니다. 이러한 내용은, 진리와 선의 지식들을 가리키는, 마찬 가지로 성경말씀에서 비롯된 지식들의 진리들이나 선들을 가리키는 "별들"(stars)의 뜻에서 명확합니다(본서 72 · 402항 참조). 그리고 또한 자기사랑(自我愛 · self-love)에 의하여 위화된다는 것을 가리키는 "횃불처럼 탄다"(=등불처럼 탄다)는 말씀의 뜻에서 명백한데, 여기서 "탄다"(to burn)는 것은, "불"(fire)이 사랑을 뜻하기 때문에(본서 504[C]항 참조), 자기사랑에 관해서 서술하고, 그리고 "등불"(a lamp)은 성경말씀의 진리나, 교리의 진리나 믿음의 진리를 뜻합니다(본서 274항 참조). 이렇게 볼 때 밝히 알 수 있는 것은 "하늘에서 등불처럼 타는 큰 별이 떨어졌다"는 말씀은 자기사랑에 의하여 위화된 성경말씀의 진리를 뜻합니다.

[2] 여기서 주의하여야 할 것은, 만약에 그들이 성경말씀을 배우고, 연구한다면, 자기사랑에 빠져 있는 자들은 모두 성경말씀의 진리들을 위화한다는 것이고, 이런 이유 때문에, 주님으로부터 천계에서 온 모든 진리나, 그리고 사람의 자아(自我 · 고유속성(固有屬性 · a man's own proprium)에서 비롯된 것은 아무것도 아니고, 그리고 자기사랑에 빠져 있는 자들은 자기 자신의 고유속성에 빠져 들게 하고, 그리고 그들은 그것에서부터 성경말씀의 진리들에 대한 생각의 모든 개념을 취한다는 것 등입니다. 이런 결과로 인하여 그들은 이런 진리들을 위화하고, 그러나 성경말씀의 문자적인 뜻에 대해서는 그렇게 하지 못하지만, 그것 안에 있는 진리의 이해에 대해서는 그렇게 합니다. 왜냐하면 말씀을 이해한다는 것은, 그것들의 참된 뜻에 일치하는 것과 그것들을 위화하는 것과는 전혀 다른 것이기 때문입니다.

[3] 사람의 생각들에는 두 종류의 상태가 있는데, 하나는 사람이 주님으로 말미암아 진리에 대한 생각 안에 있을 때이고, 다른 하나는 자기 자신으로 말미암아 진리들에 대한 생각 안에 있을 때입니다. 주님으로 말미암아 사람이 진리들에 대한 생각 안에 있을 때 그

의 마음은 천계의 빛 가운데로 올리워지고, 그는 그것에서부터 진리의 예증(例證)이나 진리의 올바른 지각을 취하지만, 그러나 자기 자신에게서 비롯된 진리에 대한 생각 안에 있을 때, 그 사람의 마음은 이 세상의 빛 가운데 떨어져 있고, 그리고 영적인 것들이나, 천계의 것들이나, 교회의 것들에 대한 그 빛은 칠흑 같이 흑암이고, 그 빛 안에서 사람은, 그 불에서 비추는 것들만, 즉 자기사랑이나 세상사랑에서 비추는 그런 것들만을 보게 되는데, 이런 것들은 본질적으로 진리들에 정반대되는 거짓들입니다.

518[A]. 그것이 강들의 삼분의 일과 샘물들 위를 덮치면서 내렸다 (=그것이 강들의 삼분의 일과 물들의 원천에 떨어졌다).

이 말씀은, 결과적으로는 멸망된 진리의 모든 이해를 뜻하고, 그리고 그것에 의한 교회의 교리를 뜻합니다. 이러한 내용은, 이것에 관해서 곧 설명하겠지만, 별들에 관해서 볼 때 멸망하는 것을 가리키는 "하늘에서 떨어졌다"는 말의 뜻에서, 그리고 위에서 언급한 것과 같이(본서 506항 참조), 모든 것을 가리키는, 여기서는 전부(all)를 가리키는 "삼분의 일"의 뜻에서 명백합니다. 그 이유는 "강들"이나 "물들의 근원"(=샘물들)이 뜻하는, 진리의 이해나 교리의 이해에 관해서 그것이 언급하고 있기 때문입니다. 그리고 또한, 이것에 관해서도 곧 설명하겠지만, 진리의 이해를 가리키는 "강들"의 뜻에서, 그리고 성언에서 비롯된 성경말씀이나 교리를 가리키는 "물들의 샘"(=샘물들)의 뜻에서, 따라서 "샘들"은 성경말씀의 진리들이나 교리적인 것들을 뜻한다는 것에서 명백합니다(본서 483항 참조).

[2] 별들에 관해서 "떨어진다"(to fall)는 것은, 바로 위에서 언급한 것과 같이, 별이 성경말씀에서 비롯된 진리나 선의 지식들을 뜻하기 때문에, 그것이 떨어진다는 것은 멸망하는 것을 뜻합니다. 그 이유는 영계에서 신령진리가 하늘에서 악한 자들이 있는 거기에 있는

땅에 떨어질 때, 그것은 거짓으로 바뀌기 때문이고, 그리고 신령진리가 거짓이 되었을 때 그것은 멸망한 것이기 때문입니다. 이러한 내용이 아래의 장절이 뜻하는 것입니다. 복음서의 말씀입니다.

별들이 하늘에서 떨어진다(마태 24 : 29 ; 마가 13 : 25).

다시 말하면 교회의 마지막 때에 진리나 선의 지식들이 멸망하는 것을 뜻합니다. 영계에서 신령진리가, 악한 자들이 있는 거기의 땅에 떨어진다는 것은, 그것이 거짓으로 바뀌는 것을 뜻하고, 따라서 소멸하는 것을 가리킨다는 것은 앞서의 설명에서 잘 알 수 있습니다(본서 413[A] · 418[A] · 419[A · F] · 489항 참조). 왜냐하면 신령진리가, 그것이 유입하는 자에게 속한 악과 똑같은 동일의 성질의 거짓으로, 바뀌기 때문입니다. 이러한 사실은 아래의 경험에서 명확합니다. 신령진리가 지옥 깊숙이 통과할 때 신령진리가 어떻게 거짓으로 바뀌는지 조심스럽게 살피는 것이 나에게 허락되었습니다. 그리고 그것은 아래로 떨어져 내려갈 때 계속해서 바뀌는 것이, 종국에는 가장 최고의 거짓으로 바뀌는 것 등등이 지각되었습니다.
[3] "강들"(rivers)이 진리의 이해를 뜻하고, "물"이 진리들을 뜻하기 때문에, 마찬가지로 강들은 총명을 뜻합니다. 그리고 이해는 진리들의 수용그릇이나 진리의 복합체를 뜻합니다. 그것은 마치 강이 물의 것과 같습니다. 그리고 총명을 가리키는, 이해에서 비롯된 생각은 진리의 시내와 같기 때문입니다. 동일한 근원에서, 다시 말하면 진리들을 가리키는 "물"의 뜻에서 볼 때 "샘"은 성경말씀(聖글 · the Word)을 뜻하고, 진리의 교리를 뜻하고, 그리고 "작은 못들(pools) · 호수들(lakes)이나 바다(seas)"는 복합적으로 진리의 지식들을 뜻합니다. "물"이 진리들을 뜻한다는 것, 그리고 "생수"(生水 · living

waters)가 주님에게서 비롯된 진리들을 뜻한다는 것은 앞서의 설명에서(본서 71 · 483항 참조), 그리고 이 단락의 아래의 장절들에게서 잘 알 수 있겠습니다.
[4] "강들"이나 "시내들"(streams)이 진리의 이해나 총명을 뜻한다는 것은, "강들"이나 "시내들"이 언급된 성경말씀에서 잘 알 수 있습니다. 이사야서의 말씀입니다.

그 때에
다리를 절던 사람이 사슴처럼 뛰고,
말을 못하던 혀가 노래를 부를 것이다.
광야에서 물이 솟겠고,
사막에 시냇물이 흐를 것이다.
(이사야 35 : 6)

이 장절은 주님에 관해서 언급하고 있고, 그리고 또한 이방 사람들의 바로잡음(改革)이나, 그들 가운데의 교회의 설시에 관해서 언급하고 있습니다. "사슴처럼 뛸 다리를 저는 사람"은, 그가 진리나 선의 지식들 안에 있지 않기 때문에, 본연의 선(genuine good) 안에 있지 않는 자를 뜻하고, 그리고 "노래를 부를 벙어리의 혀"는, 진리의 무지(無知)의 상태에 있는 자들에 의한 주님의 고백(告白 · confession of the Lord)을 뜻합니다. "광야에서 물이 솟는다"는 것은 전에는 아무것도 없었던 그 곳에 있을 진리를 뜻하고, "사막에서 시냇물이 흐를 것이다"는 것은 전에 아무것도 없었던 그 곳에 총명이 있을 것이다는 것을 뜻합니다. 여기서 "광야"(wilderness)는 진리가 전혀 없는 곳을 뜻하고 "사막"(plain of the desert)은 총명이 전혀 없는 곳을 뜻하고, "물"은 진리들을, "시냇물"(brooks)은 총명을 뜻합니다.
[5] 같은 책의 말씀입니다.

내가 메마른 산(=높은 산)에서
강물이 터져 나오게 하며(=강들을 열고),
골짜기 가운데서 샘물이 솟아나게 하겠다.
내가 광야를 못으로 바꿀 것이며,
마른 땅(=사막)을 샘 근원으로 만들겠다.
(이사야 41 : 18)

이 장절은 주님에 의한 이방 사람들의 구원에 관해서 언급하고 있습니다. "메마른 산(=높은 곳)에 강들을 연다"는 것은 내면적인 총명을 주시는 것(賦與)을 뜻하고, "골짜기 가운데서 샘물이 솟아나게 한다"(=샘물을 둘 것이다)는 것은 진리들로 외적인 사람을 가르친다는 것을 뜻합니다. 이 장절의 나머지 것들은 본서 483항에 설명되었습니다.

[6] 역시 같은 책의 말씀입니다.

내가 이제 새 일을 하려고 한다
이 일이 이미 드러나고 있는데,
너희가 그것을 알지 못하겠느냐?
내가 광야의 길을 내겠으며,
사막에 강을 내겠다.
들짐승들도 나를 공경할 것이다.
이리와 타조도 나를 찬양할 것이다.
내가 택한 내 백성에게
물을 마시게 하려고,
광야에 물을 대고,
사막에 강을 내었기 때문이다.
(이사야 43 : 19, 20)

이 장절은 주님과 그리고 주님에 의하여 세워질 새로운 교회를 다루고 있는데, 그러한 내용은 "보아라, 내가 새 일을 행하리니, 이제 나타날 것이다"는 말씀이 뜻합니다. "광야에 길을 낸다, 사막에 강을 낸다"는 것은 전에는 아무것도 없던 그 곳에 진리와 진리의 이해가 있을 것이다라는 것을 뜻합니다. 여기서 "길"(way)은 천계로 인도하는 진리를 뜻하고, "강들"(rivers)은 이해를 뜻합니다. "백성에게 물을 마시게 한다"는 것은 그것을 열망하는 자들을 가르치는 것을 뜻하고, 짐승들(=들짐승들)·이리와 타조(=용들과 올빼미들)는 단순한 기억으로 말미암아 진리들이나 선들을 아는 자들을, 그러나 그것들을 이해하지 못하고, 깨닫지 못하는 자들을 뜻합니다. 이들은 진리의 개념이 전혀 없이 진리들에 관해서 다른 자들에게 전적으로 의존해서 말을 합니다.

[7] 역시 같은 책의 말씀입니다.

> 내가 메마른 땅에 물을 주고,
> 마른 땅에 시내가 흐르게 하듯이,
> 네 자손에게 내 영을 부어 주고,
> 네 족속에게 나의 복을 내리겠다.
> (이사야 44 : 3)

"목마른 자(=메마른 땅)에 물을 붓는다"는 것은 진리의 정동 안에 있는 자들을 진리들로 가르치는 것을 뜻하고, "마른 땅에서 시내가 흐르게 한다"는 것은 선에서 비롯된 진리를 위하여 열망하는 상태에 있는 자들에게 총명을 주는 것을 뜻합니다. 이러한 동일한 뜻은 "영을 부어 주고, 복을 내리겠다"는 말씀이 뜻합니다. 왜냐하면 하나님의 "영"(God's spirit)은 신령진리를 뜻하고, "복"(blessing)은 그것의 증식이나 번성을, 따라서 총명을 뜻하기 때문입니다. 어느 누군가, 여기서나 앞에서 언급된, 물이나 시냇물, 광야나 사막 등이 그것들을 뜻하지 않고, 오히려 교회에 속한 그런 것들을 뜻한다는 것을 모르겠습니까? 그러므로 여기서 "나는 나의 영을 네 자손에게 부어 주고, 나의 복을 네 족속에게 내리겠다"는 말씀이 부연되었습니다.
[8] 신명기서의 말씀입니다.

> 주 너희의 하나님이 너희를 데리고 가시는 땅은 좋은 땅이다. 골짜기와 산에서는 지하수가 흐르고, 샘물이 나고, 시냇물이 흐르는 땅이다(신명기 8 : 7).

여기서 여호와께서 그들을 인도하시려는 가나안 땅은 교회를 뜻합니다. 그러므로 "골짜기나 산에서 흐르는 지하수 · 샘물 · 시냇물"은 교회에 속한 그런 것들을 뜻합니다. 따라서 "시냇물"(=흐르는 지하수)은 진리의 이해를 뜻하고, "샘물"은 성경말씀에서 비롯된 교리적인 것들을 뜻하고, "골짜기나 산에는 깊은 곳들이 있다"는 것은 자연적인 사람과 영적인 사람 안에 있는 진리나 선의 지식들을 뜻합니다.
[9] 이사야서의 말씀입니다.

> 우리가 마음껏 절기를 즐길 수 있는
> 우리의 도성 시온을 보아라.
> 옮겨지지 않을 장막, 예루살렘을 보아라.
> 우리가 살기에 얼마나 안락한 곳인가?
> 절대로 옮겨지지 않을 장막과도 같다.
> 그 말뚝이 절대로 뽑히지 않을 것이며,
> 그 줄이 하나도 끊어지지 않을 것이다.……
> 그 곳은 마치

드넓은 강과 시내가 흐르는 곳과 같겠지만,
대적의 배가 그리로 오지 못하고,
적군의 군함이 들어올 엄두도 못낼 것이다.
(이사야 33 : 20, 21)

여기서도 역시 "강과 시내가 흐르는 곳"은 지혜와 총명을 뜻하고, 그리고 나머지 것들의 설명은 본서 514[C]항을 참조하십시오.
[10] 요엘서의 말씀입니다.

그 날이 오면,
산마다 새 포도주가 넘쳐 흐를 것이다.
언덕마다 젖이 흐를 것이다.
유대 개울마다 물이 가득 차고
주의 성전에서 샘물이 흘러 나와,
싯딤 골짜기에 물을 대어 줄 것이다.
(요엘 3 : 18)

이 장절은 이미 앞에서 설명되었습니다(본서 433[C] · 483항 참조). "주의 성전(=여호와의 집)에서 흘러 나오는 샘물"은 주님으로부터 천계에서 온 교리의 진리를 뜻하고, 대어 줄 "싯딤 골짜기의 물"은 이해에 속한 예증을 뜻합니다.
[11] 에스겔서의 말씀입니다.

성전 정면이 동쪽을 향하여 있었는데, 문지방 밑에서 물이 솟아 나와, 동쪽으로 흐르다가, 성전의 오른쪽에서 밑으로 흘러 내려가서, 제단의 남쪽으로 지나갔다.…… 그가 나를 강가로 다시 올라오게 하였다. 내가 돌아올 때에는, 보니, 이미 강의 양쪽 언덕에 많은 나무가 있었다. 그가 나에게 일러주었다.…… "이 강물이 흘러가는 모든 곳에서는, 온갖 생물이 번성하며 살게 될 것이다. 이 물이 사해로 흘러들어가면, 그 물도 깨끗하게 고쳐질 것이므로, 그 곳에도 아주 많은 물고기가 살게 될 것이다.…… 그 강가에는 이쪽이나 저쪽 언덕에 똑같이 온갖 종류의 먹을 과일 나무가 자라고, 그 모든 잎도 시들지 않고, 그 열매도 끊이지 않을 것이다. 나무들은 달마다 새로운 열매를 맺을 것인데, 그것은 강물이 성소에서부터 흘러 나오기 때문이다. 그 과일은 사람들이 먹고, 그 잎은 약재로 쓸 것이다"(에스겔 47 : 1-12).

이 장절에서도 역시 앞에서 이미 설명되었습니다(본서 422[C]・513[A]항 참조). 그 설명은 "동쪽을 향해 있는 여호와의 집(=성전)에서 흘러 나오는 물"이 주님에게서 발출하는 신령진리와 그리고 사랑의 선 안에 있는 자들에 유입하는 그것의 입류를 뜻합니다. "그 강의 양쪽 언덕에는 많은 나무가 있고, 이 강물이 흘러가는 모든 곳에서는, 온갖 생물이 번성하며 살고, 강물이 흘러가는 곳이면 어디에서나, 모든 것이 살게 될 것이다"는 그 강의 물은, 사람에게 있는 모든 것들인 그의 정동들이나, 지각들의 근원인, 신령진리의 영접, 수용에서 비롯된 총명을 뜻하는데, 그리고 또한 그것에서 비롯된 사람의 선험지나 지식들이나 생각들은 영적인 삶(=생명)에서 터득되는 것과 똑같습니다.

[12] 예레미야서의 말씀입니다.

    주를 믿고 의지하는 사람은
    복을 받을 것이다.
    그는 물가에 심은 나무와 같아서
    뿌리를 개울가로 뻗으니,
    잎이 언제나 푸르므로,
    무더위가 닥쳐와도 걱정이 없고,
    가뭄이 심해도, 걱정이 없다.

그 나무는 언제나 열매를 맺는다.
(예레미야 17 : 7, 8)

여기서 "물가에 심은 나무"는 주님에게서 비롯된 진리들이 그에게 있는 사람을 뜻합니다. "그가 그의 뿌리를 개울가로 뻗는다"는 것은 자연적인 사람 속으로 들어간 영적인 사람에게서 비롯된 총명의 확장이나 확대를 뜻합니다. 이 장절에서의 나머지 것은 본서 481항에 설명되었습니다.

518[B]. 성경말씀에는 나무들이나 동산들이 다루어져 있고, 그것들에게 물을 주는 호수(waters)나 강들이 언급되었습니다. 그 이유 때문에 "나무들"은 지각(知覺)들이나 지식들을 뜻하고, "호수들"(waters)이나 "강들"(rivers)은 그것에서 비롯된 진리들이나 이해를 뜻합니다. 왜냐하면 진리들의 이해가 없다면 사람은 거기에 물이 전혀 없는 곳인 동산(=정원·garden)과 같기 때문입니다. 거기의 나무들은 시들어 죽어버리기 때문입니다.

[13] 민수기서의 말씀입니다.

 계곡처럼 뻗었구나.
 강가의 동산 같구나.
 주께서 심으신 침향목 같구나.
 냇가의 백향목 같구나.
 물통에서는 물이 넘치고,
 뿌린 씨는 물을 흠뻑 먹을 것이다.
 (민수기 24 : 6, 7)

이 말씀은 이스라엘 자손에 관해서 언급하고 있는데, 그들은 그 때 심어진 교회를 뜻합니다. 이 교회는 그것들이 심어진 계곡들에게 비유되었고, "강가의 동산"에 비유되었는데, "계곡"은 자연적인 사람의 총명을 뜻하기 때문이고, "동산"은 영적인 사람의 총명에 비유되었기 때문입니다. 그리고 그것은 "침향목"(lign-aloes)이나 "백향목"(celar-trees)에 비유되었는데, 그 이유는 "침향목"이 자연적인 사람에게 속한 것들을 뜻하기 때문이고, 그리고 "백향목"은 합리적인 사람(the rational man)에 속한 것들을 뜻하기 때문입니다. 이런 모든 것들은 주님에게서 비롯된 신령진리의 입류로 말미암아 살아가기 때문에, 그것들은 "강"이나 "강가"에 심었다고 언급되었습니다. 여기서 "강"이나 "강가"는, 총명이 거기에서 비롯된 근원인, 입류하는 신령진리를 뜻합니다.

[14] "에덴 동산"이나 "낙원"(paradise)은 대홍수 이전에 살았던 태고시대 사람이 가지고 있었던 지혜나 총명을 뜻하기 때문에, 그러므로 그들의 지혜가 있었던 곳이 기술되었는데, 그 곳에 있는 신령진리의 입류(入流)와 그것에서 비롯된 총명의 입류가 이런 말씀들로 역시 기술되었습니다. 창세기서의 말씀입니다.

    강 하나가 에덴에서 흘러나와서 동산을 적시고, 에덴을 지나서는 네 줄기로 갈라져서 네 강을 이루었다(창세기 2 : 10 그 이하 장절).

"에덴에서 나온 강"은 사랑에서 비롯된 지혜를 뜻하는데, 그것이 바로 에덴입니다. "에덴을 적신다"는 것은 총명을 부여(賦與)하는 것을 뜻하고, 그리고 여기서 총명은 거기에서 다루어진 네 강들(four rivers)에 의하여 기술되었습니다. 이러한 내용은 《천계비의》 107-121항에 설명되었습니다.

[15] 에스겔서의 말씀입니다.

    앗시리아는 한 때
    레바논의 백향목이었다.

> 그 가지가 아름답고,
> 그 그늘도 숲의 그늘과 같았다.
> 그 나무의 키가 크고,
> 그 꼭대기는 구름 속으로 뻗어 있었다.
> 너는 물을 넉넉히 먹고 큰 나무가 되었다.
> 깊은 물줄기에서 물을 빨며 크게 자랐다.
> 네가 서 있는 사방으로는
> 강물이 흐르고, 개울물이 흘러,
> 들의 모든 나무가 물을 마셨다.
> (에스겔 31 : 3, 4)

여기서 "앗시리아"는 합리적인 사람이나 사람의 합리성을 뜻하고, "레바논의 백향목"도 마찬가지입니다. 그리고 본연의 합리성은 진리나 선의 지식들에 의하여 완전하게 되기 때문에, "물들이 그를 크게 하며, 깊은 물이 그를 높이 자라게 한다"(=너는 물을 넉넉히 먹고 큰 나무가 되었고, 깊은 물줄기에서 물을 빨며 크게 자랐다)라고 언급되었습니다. 여기서 "물"은 진리들을 뜻하고, "깊은 물"(=깊은 물줄기 · the abyss)은 자연적인 사람 안에 있는 진리의 지식들을 뜻합니다. 그 총명의 증대나 증가가 "그의 나무들 주위를 흐르는 강들과 같다"(=네가 서 있는 사방으로는 강물이 흐른다)는 말씀이 뜻하고, 그리고 진리의 지식들의 증가나 증식은 "작은 강들은 들의 모든 나무에 보냈다"(=개울물이 흘러, 들의 모든 나무가 물을 마셨다)는 말씀에 의해 기술되었습니다.

[16] 시편서의 말씀입니다.

> 주께서는 이집트에서
> 포도나무를 뽑아 오셔서,
> 뭇 나라를 몰아내시고,

> 그것을 심으셨습니다.……
> 그 가지는 지중해(=그 바다)에까지 뻣고,
> 새 순은 유프라테스(=그 강)에까지 뻗었습니다.
> (시편 80 : 8, 11)

"이집트에서 뽑아 온 포도나무"는 이스라엘 자손을 뜻하는데, 그들이 영적인 교회를 표징하기 때문에 그들은 "포도나무"라고 불리웠습니다. 그리고 "포도나무"가 성경말씀에서 뜻하는 것은 곧 영적인 교회입니다. 이집트에서의 그들의 머무름(滯留)은 그 교회에 속한 것들에 들어온 그들의 첫 번째 시작이나 착수(着手)를 표징합니다. 왜냐하면 여기서 "이집트"는 교회에 속한 것들에 예속(隸屬)되어 있는 지식들(=과학지들)을 표징하기 때문입니다. 그러므로 "포도나무"는 교회를 뜻하고, 그리고 "이집트"는 그것을 섬기는 지식을 뜻할 때, 우리의 본문 "주께서는 이집트에서 포도나무를 뽑아 오셨다"(=주께서는 이집트에서 포도나무 한 그루를 가져 오셨다)는 말씀이 영적인 뜻으로 뜻하는 것이 무엇인지 명확하게 합니다. 심지어 잘 알고 있는 것들이나 합리적인 것들에게까지의 교회의 총명의 확장은 "그 나무의 줄기들은 바다까지 뻗쳤고, 그 가지들은 강까지 뻗쳤다"(=그 가지는 그 바다(=지중해)까지 뻗고, 새 순은 그 강(=유프라테스 강)에까지 뻗었다)는 말씀이 뜻합니다. "줄기나 가지들(=새 순들)이 뻗는다"는 것은 증식이나 확장을 뜻하고, 그리고 "바다"는 지식(=과학지)을 뜻하고, 여기서 유프라테스 강을 가리키는 "강"은 합리적인 것을 뜻합니다. 그 교회의 확장이나, 그 교회의 진리들의 증식이나 거기에서 비롯된 총명의 증식은, 홍해에까지, 블레셋 바다에까지, 그리고 유프라테스 강까지 가나안 땅의 확장에 의하여 기술되었습니다.
[17] 출애굽기서의 말씀입니다.

내가 너희 땅 경계를 홍해에서 블레셋 바다까지, 광야에서 유프라테스 강까지로 정하고, 그 땅에 사는 사람들을 너희 손에 넘겨줄 터이니, 너희가 그들을 쫓아내어라(출애굽 23 : 31).

"가나안 땅(=너희 땅)의 경계들"은 진정한 지식들(=과학지들)을 가리키는 교회의 궁극적인 것들을 뜻하고, 그리고 성경말씀에서 비롯된 진리와 선의 선험지들(先驗知)을 뜻하고, 그리고 합리적인 것들을 뜻합니다. 여기서 "홍해"(the Sea Suph)는 참된 지식을 뜻하고, 두로나 시돈이 있는 곳인 "블레셋의 바다"는 성경말씀의 문자적인 뜻에서 비롯된 진리나 선의 지식들을 뜻하고, 그리고 "유프라테스 강"은 합리적인 것을 뜻합니다. 왜냐하면 지식들(=과학지들)은 성경말씀에서 비롯된 진리나 선의 선험지들을 뜻하기 때문이고, 그리고 이들 양자는 합리적인 것을 섬기기 때문이고, 그리고 합리적인 것은, 신령선에 결합된 신령진리들에 의하여 주어진 것을 가리키는, 총명을 섬기기 때문입니다.

518[C]. [18] 교회와 그 교회의 확장에 관해서 여기서 동일한 것이 언급되었는데, 그것은 곧 시편서에서 천계나 교회의 모든 것들을 다스리는 주님의 능력에 관해서 언급한 것입니다. 시편서의 말씀입니다.

그의 통치를 지중해(=그 바다)로 뻗게 하고,
그의 다스림이
유프라테스 강(=그 강)으로 뻗게 하겠다(=내가 또 그의 손을 바다에 세우며, 그의 오른손을 강들에 세우겠다).
(시편 89 : 25)

이 말씀은 다윗에 관해서 언급한 것인데, 여기서 그는 주님을 뜻합니다. 천계나 교회의 궁극적인 것들에게까지, 따라서 온 천계나 교회의 모든 것을 다스리는 주님의 능력은 "손을 바다에 세우고, 오른손을 강들에 세운다"는 것에 의하여 기술되었습니다. 여기서 "손"이나 "오른손"은 능력(power)을 뜻하고, "바다"나 "강들"은 천계나 교회의 궁극적인 것들을 뜻합니다. 천계의 궁극적인 것들이 바다들이나, 강들이라는 것은 앞에서 여러 차례 언급하였습니다. 이런 것들은 가나안 땅의 경계들(=변방들)을 형성한 두 바다들이나, 두 강들이 표징합니다. 두 바다들은 이집트의 바다와 두로와 시돈이 있는 블레셋의 바다를 가리키고, 그리고 두 강들은 유프라테스 강과 요단 강을 가리킵니다. 그러나 요단 강은 가나안 땅의 내면적인 땅과 외면적인 땅 사이의 경계입니다. 그리고 외면적인 땅에는 르우벤·갓지파와 므나세의 반쪽 지파가 있었습니다. 스가랴서에서도 마찬가지입니다.

> 그 왕은 이방 민족들에게
> 평화를 선포할 것이며,
> 그의 다스림이 이 바다에서 저 바다까지,
> 유프라테스 강에서 땅 끝까지 이를 것이다(=그가 이방에게 평화를 말하리니, 그의 다스리심이 바다로부터 바다까지며, 강으로부터 땅 끝까지 이를 것이다) (스가랴 9 : 10).

이 말씀 역시 주님에 관해서 언급하고 있는데, 그리고 동일한 뜻을 가지고 있습니다. 천계나 교회의 궁극적인 것들에게까지 이른 그분의 다스리심은 천계나 교회에 속한 모든 것들을 다스리는 것을 뜻합니다. 왜냐하면 궁극적인 것들은 곧 경계들(=변방들)이기 때문입니다.

[19] 시편서의 말씀입니다.

주님의 왕위는
예로부터 견고히 서 있었으며,
주님은 영원 전부터 계십니다.
주님, 강물 소리가 높습니다.
강들이 물결 소리를 높입니다
그러나 높이 계신, 위엄이 있으신 주님은,
큰 바다의 소리보다 더 크시고,
광란하는 바다보다 더 힘세십니다.
(시편 93 : 2-4)

이 장절 역시 주님에 관해서 언급하고 있습니다. "영원 전부터 영원까지의 그분의 다스리심(統治)"은 "주의 보좌(=왕위)는 예로부터 견고히 서 있었으며, 주님은 영원 전부터 계신다"는 말씀이 뜻합니다. 그분의 강림 때문에, 그리고 결과적으로 인류의 구원 때문에, 주님의 영화(the glorification)은 "강들이 그들의 물결 소리를 높인다"는 말씀이 뜻합니다. 왜냐하면 여기서 세 번 언급된 "강들"은, 겉사람이나 속사람 안에 있는 사람의 총명에 속한 모든 것들을 뜻하기 때문입니다. 그리고 그것을 통해서 능력이 있고, 그것을 통해서 구원이 있는, 주님에게서 비롯된 신령진리는 "큰 바다의 소리보다 더 크시고, 광란의 바다(=찬란한 바다 · glorious waters)보다 더 힘세신다"는 말씀이 뜻하는데, 여기서 "물들"(=바다)은 진리들을 뜻하고, "광란의 바다(=찬란한 바다)의 소리들"은 신령진리들을 뜻합니다.

[20] 심령의 즐거움이나 기쁨에서 비롯된 주님의 영화나 찬양이나 축하(celebration)는 시편서의 어디에서나 이와 같이 기술되었습니다. 시편서의 말씀입니다.

바다와 거기에 가득 찬 것들과

8장 1 - 13절

세계와 거기에 살고 있는 것들도
뇌성 치듯 큰소리로 환호하여라.
강들도 손벽을 치고,
산들도 함께 큰소리로 환호성을 울려라(=바다와 거기에 충만한 것은 외치며, 세상과 그 안에 거하는 것들도 외칠지어다. 큰 물들은 손벽을 치며, 산들은 함께 즐거워할 것이다) (시편 98 : 7, 8).

이 장절은 이런 말씀이 뜻하는 보편적인 천계(the universal heaven)에 의하여 주님의 영화를 다루고 있습니다. 그것의 궁극적인 것들에게서 비롯된 영화는 "바다와 거기에 가득 찬 것들이 큰소리로 환호하여라"는 말씀이 뜻합니다. 그리고 "온 천계에서 비롯된 영화"는 "세계와 거기에 살고 있는 것들이 큰소리로 환호하여라"는 말씀이 뜻합니다. 여기서 "세상"(=세계 · the world)은 그것의 진리의 측면에서 보편적인 천계를 뜻하고, "거기(=세계)에 살고 있는 것들"은 그것의 선의 측면에서 보편적인 천계를 뜻합니다. 왜냐하면 "주민들"(inhabitants)은 성경말씀에서는 천계의 선들이나, 교회의 선들 안에 있는 자들을 뜻하고, 그리고 따라서 그런 것들의 선들을 뜻합니다. 총명에 속한 진리들이나 사랑에 속한 선들에 의한 주님의 영화는 "강들(=큰 물들)은 손벽을 치고, 산들도 함께 큰소리로 환호한다"는 말씀이 뜻합니다. 여기서 "강들"(=큰 물들)은 총명의 진리들을 뜻하고, "산들"은 사랑의 선들을 뜻합니다.

518[D]. [21] 총명의 근원인 그것의 수용그릇인 주님에게서 비롯된 신령진리는 "호렙 산 바위에서 터져 나온 물들"(출애굽기 17 : 6)이 뜻하고, 따라서 시편서에는 이렇게 언급되었습니다.

(주께서는)
광야에서 바위를 쪼개셔서,
깊은 샘에서 솟아오르는 것같이,

> 물을 흡족하게 마시게 하셨다.
> 반석에서 시냇물이 흘러나오게 하시며,
> 강처럼 물이 흘러내리게 하셨다.……
> 그가 바위를 쳐서,
> 물이 솟아나오게 하고,
> 그 물이 강물이 되게 하여,
> 세차게 흐르게는 하였다.
> (시편 78 : 15, 16, 20)

같은 책의 말씀입니다.

> 반석을 갈라서 물이 흐르게 하셨고,
> 마른 땅에 강물이 흐르게 하셨다.
> (시편 105 : 41)

여기서 "반석"(the rock)은 주님을 뜻하고, "반석에서 흘러 나오는 물"은 그분에게서 비롯되는 신령진리를 뜻하고, 그리고 "강들"은 총명이나 그것에서 비롯된 지혜를 뜻합니다. "깊은 샘에서 솟아오르는 물을 흡족하게 마신다"는 것은 지혜에 속한 비의(秘義 · the arcana)를 흡수하고, 지각하는 것을 뜻합니다.
[22] 요한복음서의 말씀입니다.

> 예수께서 일어서서 큰소리로 말씀하셨다. "목마른 사람은 다 내게로 와서 마셔라. 나를 믿는 사람은, 성경에 이른 것과 같이, 그의 배에서 생수가 강처럼 흘러 나올 것이다." 이것은 예수를 믿은 사람들이 받게 될 성령을 가리켜서 하신 말씀이다. 예수께서 아직 영광을 받지 않으셨으므로, 성령이 아직 사람들에게 와 계시지 않았다(요한 7 : 37-39).

여기서 "주님에게 와서, 마신다"는 것은 주님으로부터 교리에 속한 진리들을 받고, 그리고 그것 안에 있는 확신(belief)을 수용하는 것을 뜻하고, 영적인 총명이 그것에서 온다는 것은 "그의 배에서 생수가 강처럼 흘러 나올 것이다"는 말씀이 뜻합니다. 여기서 생수(living water)는 오직 주님에게서만 오는 신령진리를 가리키고, "강들"(rivers)은 총명에 속한 것들을 뜻하고, "배"(belly)는 기억에서 비롯된 생각을 뜻합니다. 왜냐하면 배가 이것에 대응하기 때문입니다. 그리고 "생수의 강들"(rivers of living water)은 주님에게서 온 신령진리를 통한 총명을 뜻하기 때문에, 여기에서 "이것은 예수를 믿은 사람들이 받게 될 성령을 가리켜서 하신 말씀이다"라고 부연하고 있습니다. "그들이 주님으로부터 받게 될 성령"은 신령진리를 뜻하고, 그리고 그것에서 비롯되는 총명을 뜻합니다. 그러므로 역시 주님께서는 그들이 받을 영을 "진리의 영"이라고 하셨습니다(요한 14 : 16-18 ; 16 : 7-15)

[23] 시편서의 말씀입니다.

> 분명히 주께서 그 기초(=땅)를
> 바다 밑에 놓으셨고,
> 강바닥에 단단히 세우셨구나.
> (시편 24 : 2)

여기서 "세상"은 복합체 안에 있는 천계와 교회를 뜻하고, "바다"(sea)는 교회의 궁극적인 것들을 가리키는 선험지들이나 지식들을 뜻하고, 개별적으로는 진리나 선의 선험지를 뜻하고, 그리고 이런 것들은 성경말씀의 문자적인 뜻 안에 있습니다. "강들"은 진리들을 통한 천계적인 총명에의 소개(=안내)를 뜻합니다. 이러한 사실은, 영적인 뜻으로 이것들이 뜻한다는 것, 다시 말하면 이른바 천적인 것이나 영적인 것이라고 부르는, 천계나 교회에 속한 내면적인 것들이, 합리적으로 이해된 성경말씀의 문자적 뜻 가운데 있는 진리와 선의 선험지들 위에 세워졌다는 것을 아주 명료하게 합니다. 그래서, "이것은 그가 바다들 위에 땅의 기초를 두셨으며, 많은 물 위에 그것을 세우셨다"라고 언급되었습니다. 그 이유는, 천계의 경계들(=변방들)에는 바다들이나 강들이 있기 때문인데, 이런 경계들(=변방들)은 홍해 바다 · 블레셋의 바다 · 유프라테스 강 · 요단 강이 표징하는데, 이것들이 바로 가나안 땅의 경계들입니다. 그리고 성경말씀에서 궁극적인 것은 가장 낮은 것을 뜻하기 때문에, 우리의 본문은 주께서 이것들 위에 "기초를 놓으셨다" "단단히 세우셨다"고 언급하고 있습니다. 분명하게는 땅이 바다들이나 강들 위에 세워지지 않았습니다.

[24] 같은 책의 말씀입니다.

> 주께서 임금님의 오른쪽에 계시니,
> 그분께서 노하시는 심판의 날에,
> 그분께서 왕들을 다 쳐서 흩으실 것입니다.
> 그분께서 뭇 나라를 심판하실 때에,
> 그 통치자들을 치셔서,
> 그 주검을 이 땅 이곳 저곳에
> 가득하게 하실 것입니다.
> 임금님께서는
> 길가에 있는 시냇물을 마시고,
> 머리를 높이 드실 것입니다.
> (시편 110 : 5-7)

이 말씀은 주님에 관해서, 그리고 지옥에서 비롯된 거짓들이나 악들에 대항해서 싸우시는 주님의 전쟁에 관해서, 그리고 그것들의 정복

(征服)에 관해서 언급하고 있습니다. 여기서 "왕들"은 지옥에서 비롯된 거짓들을 뜻하고, "뭇 나라들"은 그것에서 비롯된 악들을 뜻합니다. 주님의 신령능력(the Lord's Divine power)은 "오른쪽에 계시는 주님"이 뜻하고, "그분께서 뭇 나라를 심판하실 때에, 주께서는 그 주검(=시체)을 이 땅 이곳 저곳에 가득하게 하실 것이다"는 말씀은 지옥에서 비롯된 악들이나 거짓들의 정복이나 파멸을 뜻하고, "주께서 뭇 나라에서 치실 통치자들"(=머리들)은, 모든 악들이나 거짓들의 근원을 가리키는, 자기사랑을 뜻하고, "뭇 나라에서 치신다"는 것은 전체적인 파멸과 영벌을 뜻하고, "그 머리가 마실 길가의 시냇물"과 그리고 그것 때문에 "머리를 높이 드신다"는 "그 시냇물"은 문자 안에 있는 성경말씀(聖言)을 뜻합니다. 그리고 여기서 "그것을 마신다"는 것은 그것으로 말미암아 무엇인가를 배우는 것을 뜻하고, "머리를 든다"는 것은 잠시 동안 저항하는 것을 뜻합니다. 왜냐하면 앞에서 비롯된 거짓들 안에 있는 자들은 모두, 그들이 성경말씀에서 알게 된 모든 것들이 그들에게서 제거되기까지는 지옥으로 쫓겨날 수 없기 때문입니다. 성경말씀에 속한 것들은 모두 천계와 교류, 내통하기 때문에, 그리고 그 교류에 의하여 그들은 머리를 들기 때문입니다. 그러나 이런 것들이 제거되었을 때 그들은 지옥으로 쫓겨납니다. 이러한 내용이 우리의 본문 말씀들이 뜻하는 것인데, 그와 같은 사실은 성경말씀의 영적인 뜻이나, 성경말씀의 본질에 속한 지식에 의하지 않고서는 어느 누구도 알 수 없습니다.

[25] 하박국서의 말씀입니다.

주님,
강을 보고 분히 여기시는 것입니까?
강을 보고 노를 발하시는 것입니까?
바다를 보고 진노하시는 것입니까?

어찌하여 구원의 병거(=주의 병거는 구원이다)를 타고
말을 몰아오시는 것입니까?
(하박국 3 : 8)

이 말씀은 교회가 보호, 방어되고, 멸망하지 않게 하기 위한 애원(哀願)이나 탄원(歎願)을 가리킵니다. 여기서 "강들"이나 "바다"는, 위에서 언급한 것과 같이, 그것들이 그것의 궁극적인 것들을 가리키기 때문에, 교회에 속한 모든 것들을 뜻합니다. "말을 탄다"(乘馬)는 것은, 여호와, 즉 주님과의 관계에서는, 성경말씀에 있는 신령지혜를 뜻합니다. 그리고 "병거"(兵車 · chariots)는 그것에서 비롯된 교리적인 것들을 뜻합니다.
[26] 시편서의 말씀입니다.

땅이 흔들리고 산이 무너져
바다 속으로 빠져 들어도,
우리는 두려워하지 않는다.
물이 소리를 내면서 거품을 내뿜고
산들이 노하여서 뒤흔들려도,
우리는 두려워하지 않는다.
강 하나가, 그 강의 줄기들이,
하나님의 성을 즐겁게 하며,
가장 높으신 분의 거룩한 처소를
즐겁게 하는구나.
하나님이 그 성 안에 계시니,
그 성이 흔들리지 않는다.
동틀녘에 하나님이 도와주신다.
(시편 46 : 2-5)

이 말씀은, 영적인 뜻으로, 비록 교회나 교회에 속한 것들이 멸망한다고 해도, 그럼에도 불구하고 그것이 담고 있는 성경말씀이나 신령진리가 멸망하지 않을 것이다는 것을 뜻합니다. 왜냐하면 여기서 "땅"은 교회를 뜻하고, "산들"은 사랑에 속한 선들을 뜻하고, "물"은 진리들을 뜻하기 때문입니다. 여기서 "변한다"(=흔들린다)나, "움직인다"(=뒤흔들린다), "요동한다" "혼란스럽게 된다" "진동한다"(=지진이 일어난다)는 것 등등은 그것들이 멸망할 때 이런 것들의 상태들을 뜻하고, 그리고 온갖 거짓들이나 악들이 그것들의 자리에 들어가 차지하는 것을 뜻하는데, 결과적으로는 교회나 그 때의 교회의 상태들이 선들의 측면에 황폐하게 되는 것을 뜻하고, 진리의 측면에서 황폐하게 되는 것을 뜻합니다(이것들에 관해서 상세하게 설명된 본서 304[C]·405[H]항 참조). 교회를 위한 성경말씀이나 신령진리는 결코 멸망되지 않는다는 것은 "강이 있으니, 그 시내들이 하나님의 도성, 곧 지극히 높으신 분의 성소를 기쁘게 할 것이다. 그 도성이 흔들리지 아니 할 것이다"는 말씀이 뜻합니다. 여기서 "강"은, "샘"과 같이, 같은 뜻을, 다시 말하면 성경말씀(聖言)을 뜻하는데, 그것은 "시내들"이 그것에 관해서 서술하기 때문입니다. 그것은 역시 진리들을 뜻합니다. "하나님의 성"은 교리의 측면에서 교회를 뜻하고, "기쁘게 한다"는 것은 입류를 뜻하고, 그리고 마음의 기쁨에서 비롯된 영접을 뜻합니다. 그리고 "흔들리지 않는다"(=변하지 않는다)는 것은 어떤 것의 측면에서도 멸망하지 않는다는 것을 뜻합니다.
[27] 이사야서의 말씀입니다.

나일 강이 마를 것이다.
강바닥이 바싹 마를 것이다.
강에서는 악취가 나며,
이집트 시냇물의 물 깊이가 얕아져 마르겠고,

파피루스와 갈대도 시들어 버릴 것이다.
나일 강 가와 어귀의 풀밭과
강변에 심은 모든 나무가 말라서,
바람에 날려 사라지고 말 것이다.
(이사야 19 : 5-7)

이 장절은 자연적인 사람의 아는 능력을 뜻하는 이집트에 관해서 언급하고 있고, 그리고 그것의 "시냇물"은 선험지나 진리의 지각을 뜻하고, 나쁜 뜻으로는 거짓의 지각을 뜻합니다. 이런 것들이 장차 멸망할 것이라는 것은 "강바닥이 바싹 마를 것이다"는 말씀이 뜻하고, 따라서 거기에 가장 낮은 것을 가리키는, 자연적인 진리들 뿐만 아니라, 영적인 진리들까지, 더 이상 진리들이 없을 것이라는 것을 뜻한다는 것은 "갈대와 파피루스(=창포)도 시들어 버릴 것이다, 강변에 심은 모든 나무가 마르고, 바람에 날려 사라지고 말 것이다"는 말씀이 뜻합니다.

[28] 같은 책의 말씀입니다.

그리고는 땅을 파서
다른 나라의 물을 마시며,
발바닥으로 밟기만 하고서도,
이집트의 모든 강물을 말렸다.
(이사야 37 : 25)

이 말씀은 앗시리아 왕 산헤립에 관해서 언급하고 있는데, 그는 진리의 모든 지식이나 지각을 파괴하는 왜곡된 합리적인 것을 뜻합니다. 이러한 내용은 "발바닥으로 밟기만 하고서도 이집트의 모든 강물은 말라 버렸다"는 말씀이 뜻합니다. 여기서 "이집트의 강물"은 진리의 지식들이나 깨달음을 뜻하는데, 그것은 "이집트"가 지식들의 측면에서 자연적인 사람을 뜻하기 때문이고, 그리고 자연적인 사람에 속한 선험지나 깨달음을 뜻하기 때문입니다. 그것은 총명이 영적인 사람에게 행하는 것과 같습니다.

[29] 에스겔서의 말씀입니다.

>그 나라를 멸망시키려고,
>그가 민족들 가운데서도
>가장 잔인한 군대를 이끌고 갈 것이다.
>그들이 칼을 뽑아 이집트를 쳐서,
>칼에 찔려 죽은 사람들을
>그 땅에 가득 채울 것이다.
>내가 강을 마르게 하고,
>그 땅을 악한 사람들의 손에 팔아 넘기고,
>그 땅과 그 안에 풍성한 것을
>다른 나라 사람이 황폐하게 만들게 하겠다.
>(에스겔 30 : 11, 12)

여기서 "이집트"는 합리적인 사람이나 영적인 사람들의 총명을 섬기는 자연적인 사람의 아는 능력(=기능 · the knowing faculty)을 뜻합니다. 거짓들에 의한 참된 지식들(=과학지들)의 파괴는 "그들이 칼을 뽑아 이집트를 칠 것이다"는 말씀이 뜻합니다. 여기서 "칼"은 진리들을 파괴하는 거짓들을 뜻하고, "죽은 사람들"(=주검들 · the slain)은 거짓들에 의하여 멸망된 자들을 뜻하고, "강을 마른 땅으로 만든다"는 것은 거기에 더 이상 어떤 선험지나 진리의 지각이 없을 것이다는 것을 뜻하고, "그 땅을 악한 사람들의 손에 팔아 넘기고, 그 땅과 그 안에 풍성한 것을 다른 나라 사람이 황폐하게 만들게 한다"는 것은 온갖 악들이나 거짓들에 의하여 파괴, 멸망시키는 것을 뜻하고, "다른 나라 사람들"(=이방 사람들)은 거짓들을 뜻합니다.

[30] 스가랴서의 말씀입니다.

그들이 고난의 바다를 지나올 때에
나 주가 바다 물결의 기세를 꺾을 것이니,
나일 강(=유프라테스 강)이 그 바닥까지 다 마를 것이다.
앗시리아의 교만이 꺾일 것이며,
이집트의 홀도 사라질 것이다.
(스가랴 10 : 11)

"그 강의 모든 깊음들(=다시 말하면 유프라테스 강의 바닥까지)이 다 마를 것이다"는 말씀은 자기총명에서 비롯된 모든 예리한 추론들이 멸망할 것이다는 것을 뜻하고, "앗시리아의 교만"은 왜곡된 합리적인 것의 자기총명을 뜻하고, "이집트의 홀(=이집트의 막대기)이 사라질 것이다"는 것은 이런 추론들을 섬기는 지식들(=과학지들)이 쓸모가 없을 것이다는 것을 뜻합니다.

[31] 이사야서의 말씀입니다.

내가 큰 산과 작은 산을 황폐하게 하고,
그 초목들을 모두 시들게 하겠다.
강들을 사막으로 만들겠고,
호수를 말리겠다.
(이사야 42 : 15)

"내가 큰 산과 작은 산을 황폐하게 한다"는 것은 사랑의 선들이나 인애의 선들이 멸망할 것을 뜻하고, "초목들을 모두 시들게 한다"는 것은 이들 선들에게서 비롯된 진리들이 소멸할 것이다는 것을 뜻하고, "내가 강들을 사막(=섬들)으로 만들고, 호수를 말리겠다"는 것은 총명이나 진리의 지식이 소멸할 것이다는 것을 뜻합니다.

[32] 같은 책의 말씀입니다.

> 내가 꾸짖어서 바다를 말리며,
> 강을 광야로 바꾼다.
> 그러면,
> 물고기들이 물이 없어서 죽을 것이며,
> 썩은 고기들이 악취를 낼 것이다.
> (이사야 50 : 2)

이 말씀이 설명된 본서 342[C]항을 참조하십시오. 나훔서의 말씀입니다.

> 주께서는 바다를 꾸짖어 말리시고,
> 모든 강을 말리신다.
> (나훔 1 : 4)

시편서의 말씀입니다.

> 주께서는 강들을 사막으로 만드시며,
> 물이 솟는 샘들을 마른 땅이 되게 하신다.
> (시편 107 : 33)

욥기서의 말씀입니다.

> 아무리 힘센 사람이라도
> 한 번 죽으면
> 사라지게 되어 있고,
> 숨을 거두면
> 그가 어디에 있는지도 모르게 됩니다.

> 물이 말라 버린 강처럼,
> 바닥이 드러난 호수처럼,
> 사람도 죽습니다.
> (욥기 14 : 10, 11)

518[E]. [33] 따라서 "강들"이 진리의 이해나 총명의 이해를 뜻한다는 것을 잘 알게 되었습니다. 반대의 뜻으로 "강들"은 거짓의 이해(the understanding of falsity)나 거짓의 선호(選好)나 진리들을 반대하는 자기 총명에서 비롯된 추론을 뜻하는데, 이러한 사실은 아래의 장절들에게서 명확합니다. 이사야서의 말씀입니다.

> 너희 빠른 사신들아, 너희는 흩어지고 벗겨진 민족에게로, 처음부터 지금까지 지독한 백성에게로 가라. 그 민족은 강물이 그 땅을 망쳐 버린 벌받고 짓밟힌 민족이다(=너희 날쌘 대사들아, 가거라. 강물이 여러 갈래로 나뉘어 흐르는 땅으로 가거라. 거기에 사는 민족은, 곧, 키가 매우 크고 근육이 매끄러운 백성, 멀리서도 두려움을 주고 적을 짓밟는 강대국 백성에게로 가거라) (이사야 18 : 2).

여기서도 "강들"은 파괴하는 자기총명에 속한 거짓들을 뜻합니다. 나머지가 뜻하는 것은 이미 설명된 본서 304[D] · 331[A]항을 참조하십시오. 같은 책의 말씀입니다.

> 네가 물 가운데로 건너갈 때에,
> 내가 너와 함께 하고,
> 네가 강을 건널 때에도
> 물이 너를 침몰시키지 못할 것이다.
> (이사야 43 : 2)

"물 가운데로 건너고, 강을 건널 때, 물이 침몰시키지 못한다"는 것은 거짓들이나 진리에 거스르는 거짓에서 비롯된 추론들이 타락시키지 못하고, 더럽히지 못한다는 것을 뜻합니다.
[34] 예레미야서의 말씀입니다.

> 보아라, 북녘에서부터 물이 불어 올라서,
> 범람하는 강물이 되었다.
> 강물이 땅과 땅 위에 있는
> 모든 것을 휩쓸며 흐르고,
> 성읍과 그 주민을
> 다 같이 휩쓸고 지나갈 것이다.
> (예레미야 47 : 2)

"북녘에서 불어 올라온 물"은 자기 총명에서 비롯된 교리의 거짓들을 뜻하고, 이런 것들은 "땅을 휩쓸고 흐르는 강물"(=물줄기)에 비유되었는데, 그 이유는 "물줄기"(a stream)가 거짓들에게서 비롯된 추론을 뜻하기 때문이고, 그리고 "땅"(land)은 교회를 뜻하기 때문이고, "물줄기에 의한 그것이 넘쳐 흐름"은 거짓들에 의한 그것의 파괴를 뜻하기 때문입니다.
[35] 시편서의 말씀입니다.

> "주께서 우리 편이 아니셨다면,
> 원수들이 우리를 치러 일어났을 때에,……
> 물이 우리를 덮어
> 홍수가 우리를 휩쓸어 갔을 것이며,
> 넘치는 물결이
> 우리의 영혼을 삼키고 말았을 것이다."
> (시편 124 : 2, 4, 5)

여기서 언급된 "넘치는 물결"(=급류)은 자기사랑을 선호하는 거짓들이나, 그것을 확증하는 거짓들을 뜻하고, 그리고 또한 자기총명에서 비롯된 교리의 거짓들을 뜻합니다. 그리고 "강"은 진리들에 거스르는 거짓들에게서 비롯된 추론들을 뜻합니다. 이러한 것은, "사람들이 우리를 대적하여 일어났을 때 우리 편에 계신 분이 주가 아니었다면"이라는 말씀이 뜻하는데, 다시 말하면, 사람이 자기자신으로 말미암아, 그리고 자기총명으로 말미암아 일어나서 교회의 진리들을 파괴, 파멸시키기 위하여 온갖 애를 쓸 것이다는 것을 뜻합니다. 왜냐하면 이 장절은, 그들이 교회를 뜻하는, 이스라엘에 관해서 다루고 있기 때문입니다. "그 때 그들을 덮칠 물"이나 "우리의 혼 위로 넘쳐 흐를 급류"(=우리의 영혼을 삼킬 넘치는 물결)은 거짓들을 뜻하고, 거짓들에게서 비롯된 추론들을 뜻하고, 그리고 결과적으로는 사람이 진리들을 통해서, 그리고 그것들에 일치하여 사는 삶을 통하여 취하게 되는 영적인 생명의 파괴나 파멸 따위를 뜻합니다. 여기서 "물"은 거짓들을 뜻하고, "급류"(=물결·강들)은 그것들에게서 비롯된 추론들을 뜻하고, "우리의 혼 위로 넘쳐 흐른다"(=우리의 영혼을 삼키고 만다)는 것은 영적인 생명의 파괴나 파멸을 뜻합니다.
[36] 이사야서의 말씀입니다.

> 나 주가
> 저 세차게 넘쳐 흐르는 유프라테스 강 물,
> 곧 앗시리아 왕과 그의 모든 위력을
> 이 백성 위에 뒤덮이게 하겠다.
> 그 때에 그 물이 온 샛강(=수로들)을 뒤덮고
> 둑마다 넘쳐서,
> 유다로 밀려들고, 소용돌이치면서 흘러,

유다를 휩쓸고,
유다의 목에까지 찰 것이다.
(이사야 8 : 7, 8)

"앗시리아"나 그 왕은 성경말씀에서 합리적인 것을 뜻하고, 여기서는 왜곡, 타락된 합리적인 것을 뜻합니다. 그러므로 유프라테스 강이 가리키는 "그의 강"은 추론을 뜻하고, 그리고 "그 강의 물"은 추론들에 의하여 확증된 거짓들을 뜻합니다. 그러므로 이런 뜻들은 "세차고 맑은(=세차고 넘쳐 흐르는) 유프라테스 강 물"이라는 말씀에서 "세차다"는 것은 거짓에서 비롯된 것을 뜻합니다. 그리고 교회에 속한 선의 진리들을 파괴하는 악에서 비롯된 거짓들의 풍부함이나 부유(富裕) 따위는 "그 때에 그 강의 물이 온 샛강(=수로들) 뒤덮고, 둑마다 넘칠 것이다" 그리고 또한 "그 물은 유다를 통과할 것이요, 범람하여 흘러가서 유다의 목에까지 달할 것이다"는 말씀이 뜻하는데, 여기서 "유다"는 성언(=말씀·the Word)이 존재하는 교회를 뜻합니다.
[37] 예레미야서의 말씀입니다.

그런데도 이제 네가
시홀 강(=나일 강의 지류) 물을 마시려고
이집트로 달려가니,
그것이 무슨 일이며,
유프라테스 강 물을 마시려고
앗시리아로 달려가니,
이 또한 무슨 일이냐?
(예레미야 2 : 18)

"시홀의 강의 물" 즉 이집트의 물은 그릇된 지식들(=과학지들), 즉 거짓들을 확증하는 지식들을 뜻하고, "그 강의 물"(=유프라테스 강물)은 이런 것들에게서 비롯된 그릇된 추론들을, 따라서 자기총명에서 비롯된 그런 것들을 뜻합니다. 그리고 이런 부류의 거짓들이나 추론들이 결코 흡수, 흡입되면 안 된다는 것은 이런 말씀들이 뜻합니다.
[38] 같은 책의 말씀입니다.

> 발이 빠른 사람도 달아나지 못하고,
> 용사도 도망하지 못한다.
> 그들은 저 북녘 유프라테스 강 가에서,
> 비틀거리다가 쓰려져 죽는다.
> 나일 강 물처럼 불어 오르는
> 저것이 무엇이냐?
> 범람하는 강물처럼 불어 오르는
> 저것이 무엇이냐?
> 이집트가 나일 강 물처럼 불어 올랐다.
> 이집트는 외쳤다.
> '내가 강물처럼 불어 올라서
> 온 땅을 덮고,
> 여러 성읍과 그 주민을 멸망시키겠다.'
> (예레미야 46 : 6-8)

이 말씀은, 확증하는 지식들(=과학지들)에게서 비롯된 그릇된 추론들에 의한 교회의 파괴나, 그 교회의 진리들의 파괴를 뜻합니다. 여기서 "북녘"은, 그들 안에 거짓이 있는 자들을 뜻하고, 그리고 거짓들이 그자들에게서 비롯되었다는 것을 뜻합니다. 그리고 "유프라테스 강"은 그릇된 추론들을 뜻하고, "이집트"는 확증하는 지식들을 뜻하고, "불어 오르는 강물"은 거짓들 자체를 뜻하고, "불어 올라서, 온 땅을 덮고, 여러 성읍과 그 주민을 멸망시킨다"는 것은 교회와, 그 교회의 교리의 파괴를 뜻하고, 여기서 "땅"은 교회를 뜻하고, "성읍"은 진리에 속한 교리를 뜻하고, "거기에 사는 주민"은 그 교회의 선들을 뜻합니다. 성경말씀 어디에서나, 예를 들면 이사야 7 : 18, 19 ; 11 : 15, 16 ; 에스겔 29 : 3-5, 10 ; 31 : 15 ; 32 : 2 ; 시편 74 : 14, 15 ; 78 : 44 ; 출애굽 7 : 17-21에서와 같이, "이집트의 강" 나일이나 "앗시리아 강" 유프라테스도 동일한 것들을 뜻하고, 그리고 "바빌론의 강들"(시편 137 : 1)도 역시 동일한 것들을 뜻합니다. 모든 영적인 시험들은, 생각들을 부수고 들어온 온갖 거짓들을 통해서 오고, 그리고 내면적인 마음을 습격, 괴롭히기 때문에, 따라서 거짓들에게서 비롯된 추론들을 통해서 일어나기 때문에, 그러므로 온갖 시험들은 물의 범람(氾濫)에 의하여, 그리고 강물의 난입(亂入)들이나 급류(急流)들에 의하여 기술, 뜻하고 있습니다. 요나서의 말씀입니다.

주께서 나를
바다 한가운데, 깊음 속으로 던지셨으므로,
큰 물결이 나를 에워싸고,
주의 파도와 큰 물결이 내 위에 넘쳤습니다.
(요나 2 : 3)

시편서의 말씀입니다.

죽음의 사슬이 나를 휘감고
파멸의 파도가 나를 덮쳤습니다(=죽음의 슬픔이 나를 에워싸고, 경건치 아니 한 자들의 홍수가 나를 무섭게 하였도다) (시편 18 : 4).

마태복음서의 말씀입니다.

> 비가 내리고, 홍수가 나고, 바람이 불어서, 그 집에 들이치지만, 무너지지 않는다. 그 집을 반석 위에 세웠기 때문이다(마태 7 : 25, 27).

누가복음서의 말씀입니다.

> 그는 땅을 깊이 파고, 반석 위에다가 기초를 놓고 집을 짓는 사람과 같다. 홍수가 나서 물살이 그 집에 들이쳐도, 그 집은 흔들리지 않는다. 반석 위에 지은 집이기 때문이다(누가 6 : 48, 49).

519[A]. 11절. 그 별의 이름은 '쑥'이라고 합니다.
이 말씀은 악의 거짓과 뒤섞인 진리를 뜻합니다. 이러한 사실은 상태를 뜻하는, 그리고 한 사물의 성질을 가리키는, "이름"의 뜻에서(본서 148항 참조), 그리고 자기사랑에 의하여 위화(僞化)된 성경말씀의 진리를 가리키는, 여기서 "횃불처럼 타는 큰 별"인 "별"(star)의 뜻에서, 그리고 악의 거짓과 뒤섞인 진리를 가리키는 "쑥"(wormwood)의 뜻에서 명확합니다. 이런 뜻은 그것의 쓴맛 때문에 "쑥"(wormwood)이 뜻하는데, 그리고 그 쓴맛(bitterness)은 반대되는 달지 않는 것(the opposite unsweet)과 뒤섞인 단 것에서 솟아납니다. 그러므로 "쑥"이나 담즙(=쓸개・gall)과 같은 "쓴맛"은 영적인 뜻으로, 악에 속한 거짓들을 가리키는, 진리에 정반대되는 거짓과 뒤섞인 진리를 뜻합니다. 왜냐하면 맛(savor)이나 미각(味覺・taste)은 앎의 정동이나 현명하게 되려는 정동을 뜻하기 때문입니다. 그러므로 맛이 나는 것은 지혜에 속한 기쁨이나 즐거움을 뜻하고, 그리고 그것들이 감미로운 것이기 때문에 맛있는 것들(珍味・delicacies)은 지혜에 속한 진리들을 뜻합니다. 이것이 대응에서 비롯된 것이라는 것은 《천계비의》 3502 · 3536 · 3589 · 4791-4805항을 참조하십시오. "쑥"이나 "쓸개"(gall)는 그것의 쓴맛으로 말미암아 악에 속한 거짓과 뒤섞인 진리를 뜻한다는 것은 우리의 본문절에 뒤이어지는 것에서 명확합니다. 왜냐하면 "수많은 사람들이, 그 물이 쓴 물로 변하였기 때문에, 그 물을 마시고 죽었다"고 언급되었기 때문입니다. 여기서 이 말씀은 위화된 진리들을 통하여 영적인 생명(=삶)의 측면에서 멸망한 그런 부류를 뜻합니다. 왜냐하면 진리들은 영적인 생명(=삶)을 이루는 것이고, 이에 반하여 악에 속한 거짓들은 그것을 소멸시키기 때문입니다. 그리고 진리들이 악에 속한 거짓들과 뒤섞였을 때 그것들은 위화된 것 이외에 참된 것은 더 이상 아니기 때문입니다. 그리고 위화된 진리들은 본질적으로 거짓들입니다.

[2] 이런 부류의 거짓들이 유대 민족에게 있었습니다. 그러나 정직한 이방 민족들 가운데는 다른 종류의 거짓들이었습니다. 이런 거짓들이 "식초"(vinegar)가 뜻하지만, 그러나 전자의 뜻은 "쓸개즙"(gall)이나 몰약(myrrh)과 뒤섞은 포도주가 뜻합니다. 복음서의 말씀입니다.

그들은 골고다 곧 '해골 곳'이라는 곳에 이르러서, 포도주에 쓸개를 타서, 예수께 드려서 마시게 하였다. 그러나 예수께서는 그 맛을 보시고는, 마시려고 하지 않으셨다.…… 그러자 그들 가운데 한 사람이 곧 달려가서 해면을 가져다가, 신 포도주에 적셔, 갈대에 꿰어서, 그에게 마시게 하였다(마태 27 : 33, 34, 48 ; 마가 15 : 23, 36).

그 뒤에 예수께서는 모든 일이 이루어졌음을 아시고, 성경 말씀을 이루시려고 "목 마르다"하고 말씀하셨다. 거기에 신 포도주가 가득 담긴 그릇이 있었는데, 사람들은 해면을 그 신 포도주에 듬뿍 적셔서, 히솝 풀 대에다가 꿰어 예수의 입에 대었다. 예수께서 신 포도주를 드시고 "다

이루었다" 하고 말씀하신 뒤에, 머리를 떨어뜨리시고 숨을 거두셨다(요한 19 : 28-30).

주님의 고난(the Lord's passion)에 관해서 복음서들에 언급, 거명된 각각의 것이나, 모든 것들은 영적인 뜻으로 주님과 성경말씀에 관계되는 그 때의 교회의 상태를 뜻합니다. 왜냐하면 주님께서는, 그분이 신령진리이기 때문에, 성언(聖言·the Word)이셨기 때문이고, 그리고 유대 사람은 성경말씀을, 즉 신령진리를 다루고 있었기 때문에 그러므로 그들은 주님을 다루고, 언급하고 있습니다. 이것에 관해서는 본서 64·195항을 참조하십시오. 그들이 주님에게 드린 "쓸개와 뒤섞은 신 포도주"는, 역시 "몰약과 뒤섞은 포도주"라고 한 신 포도주는 유대 민족에게 있었던 성경말씀에서 비롯된 신령진리의 성질(=성품)을 뜻합니다. 다시 말하면 악에 속한 거짓과 뒤섞인 진리를 뜻합니다. 그러므로 주님께서는 그것을 마시지 않은 것입니다. 그러나 그 뒤 "그들이 주님에게 해면을 그 신 포도주에 듬뿍 적셔서, 히솝 풀 대에다가 꿰어 신 포도주를 드렸다"는 것은, 진리의 무지(無知)에서 비롯된 거짓을 가리키는 선한 이방 사람들에게 있었던 거짓을 뜻하는데, 그것에는 어떤 선이나 쓸모 있는 것이 있었습니다. 이 거짓이 주님에 의하여 받아드렸기 때문에 주님께서는 이 신 포도주를 드셨던 것입니다. 여기서 그들이 신 포도주를 적신 해면을 그것에 꿴 "히솝"(the hyssop)은 거짓의 정화(淨化·purification)을 뜻합니다. 그리고 주님께서 "목마르다"고 말씀하셨다는 것은 신령영적인 목마름(Divine spiritual thirst)을 뜻하는데, 왜냐하면 교회에서 신령진리나 신령선 그것에 의하여 인류가 구원받기 때문입니다. 악에 속한 거짓이나, 유대 민족에 있었던 것이나, 그리고 선이 그것 안에 있는 무지의 거짓(the falsity of ignorance)이나, 선한 이방 사람들에게 있는 것이 무엇인지는 《새 예루살렘의 교리》 21항을 참조하십시오.

[3] "쓸개"(=쓸개즙 · gall) "신 포도주"(vinegar)는 시편서에서도 동일한 뜻을 갖습니다. 시편서의 말씀입니다.

> 배가 고파서 먹을 것을 달라고 하면
> 그들은 나에게 독약을 주고,
> 목이 말라 마실 것을 달라고 하면
> 나에게 식초를 내주었습니다.
> 그들 앞에 차려 놓은 잔칫상이 도리어
> 그들이 걸려서 넘어질
> 덫이 되게 해주십시오.
> 그들이 누리는 평화가 도리어
> 그들이 빠지는 함정이 되게 해주십시오.
> 그들의 눈이 어두워져서,
> 못 보게 해주시며,
> 그들의 허리가 흔들려서,
> 영원히 가누지 못하게 해주십시오(=그들이 또 쓸개즙을 나의 음식물로 내게 주었으며, 내 갈증에 나로 식초를 마시도록 주었나이다. 그들의 식탁이 그들 앞에 올무가 되게 하시며, 그들의 안녕을 위한 것으로 덫이 되게 하소서. 그들의 눈이 어두워져서 보지 못하게 하시고, 그들의 허리는 계속해서 떨리게 하소서) (시편 69 : 21-23).

여기서 "쓸개"(=쓸개즙) · "신 포도주"(=식초) · "갈증"(=목마름)은 위에 언급된 것과 같은 뜻을 갖는데, 그 이유는 이것이 주님에 관해서 언급하고 있기 때문입니다. "그들 앞에 차려 놓은 잔칫상이 덫이 된다"는 것은 성경말씀에서 비롯된 교리의 모든 진리에 대한 타락하는 것(going astray)을 뜻합니다. 왜냐하면 "식탁"(=잔칫상)은 영적인 먹거리와 관계를 가지고 있고, 그리고 영적인 먹거리(=영적인 음식)은 성경말씀에서 비롯된 교리에 속한 모든 것을 뜻하기 때문입니다.

"그들이 보지 못하게 어두워진 눈"은 진리의 이해를 뜻하고, "가누지 못하게 흔들리는 허리"는 선에 속한 의지를 뜻하고, 그리고 진리에 속한 이해와의 그것의 혼인(=결합)을 뜻합니다. "허리(loins)는 성경말씀의 다른 곳에서도 동일한 뜻을 갖습니다.
[4] 애가서의 말씀입니다.

> 쓸개즙으로 나를 배불리시고,
> 쓴 쑥으로 내 배를 치우신다.……
> 나오느니 탄식뿐이다.
> 이제 내게서는 찬란함도 사라지고,
> 주께 두었던 마지막 희망마저 사라졌다.
> 내가 겪은 그 고통,
> 쓴 쑥과 쓸개즙 같은 그 고난을
> 잊지 못한다.
> (애가 3 : 15, 18, 19)

이 장절도 역시 주님에 관해서 언급하고 있습니다. 그 당시 유대 사람들 가운데 존재했던 교회에서 주님께서는 거짓들이나 위화된 진리들 이외에는 아무것도 찾을 수 없었다는 것은 "그분은 나를 쓸개즙으로 채우시고, 쓴 쑥으로 내 배를 채우신다"는 말씀이 뜻합니다. 여기서 "쑥"은 진리들과 뒤섞인 악의 거짓들을 뜻하고, 따라서 위화된 진리를 뜻합니다. 지옥과 싸우시는 주님의 싸움(=다툼)이나, 유대 민족의 진리의 수용이나 영접에서 되돌아오는 것에 대한 주님의 절망은 "이제 내게서는 찬란함도 사라지고, 마지막 희망도 사라졌다, 내가 겪은 그 고통, 쓴 쑥과 쓸개즙 같은 그 고난을 잊지 못한다"는 말씀이 뜻합니다. 왜냐하면 악에 속한 거짓들 안에 있으면, 그럼에도 불구하고 성경말씀의 문자적인 뜻에서 비롯된 진리들 안에 있는 영들은, 그들이 정복되기 전, 그리고 지옥으로 쫓겨나기 전, 지루한 저항을 일으키기 때문입니다. 그리고 진리들을 통하여 그들이 천계와의 교류를 가지기 때문에, 그리고 이 교류 때문에, 결과적으로 결합은, 그들이 지옥으로 쫓겨나기 전에, 반드시 깨지고 제거되어야 하기 때문입니다. 이러한 내용은 승리에 대한 절망을 내포하고 있는데, 주님께서 십자가 위에서 이런 절망을 경험하셨는데, 그 때 주님은 "나는 목마르다"고 말씀하셨고, 그들은 그분에게 신 포도주(=식초)를 드렸습니다.

[5] 예레미야서의 말씀입니다.

> 주 우리의 하나님께서
> 우리에게 독이 든 물(=쓸개의 물)을 마시게 하셔서,
> 우리를 죽이려 하신다
> (예레미야 8 : 14)

같은 책의 말씀입니다.

> 내가 이 백성에게 쓴 쑥을 먹이며, 독을 탄 물(=쓸개의 물)을 마시게 하겠다. 또 내가, 그들도 모르고 그들의 조상도 알지 못하던 이방 민족 가운데 그들을 흩어 놓고, 내가 그들을 전멸시킬 때까지 칼이 그들을 뒤쫓게 하겠다(예레미야 9 : 15, 16).

또 같은 책의 말씀입니다.

> 내가 그들에게 쓴 쑥을 먹이며,
> 독을 탄 물(=쓸개의 물)을 마시게 하겠다.
> 죄악이
> 예루살렘의 예언자들에게서 솟아 나와서,

온 나라에 퍼졌기 때문이다.
(예레미야 23 : 15)

이 장절 역시 유대 민족에 관해서 언급하고 있는데, 그 민족은 수많은 방법으로 성경말씀을 왜곡하였고, 그 말씀의 진리를 위화하였고, 그리고 그 말씀의 선을 모독, 섞음질하였습니다. 여기서 "쑥"은 거짓에 속한 악을 뜻하고, "독을 탄 물"(=쓸개의 물)은 악에 속한 거짓을 뜻하고, 이들 양자는 성경말씀의 진리들과 악이 뒤섞인 것을 뜻합니다. 그것들 자체에서, 모든 그들의 마음으로 말미암아, 그들이 악들이나 온갖 악들에게서 비롯된 거짓들 안에 빠져 있다는 것은 "주께서 그들에게 쓴 쑥을 먹게 하시고, 독을 탄 물(=쓸개의 물)을 마시게 한다"는 말씀이 뜻합니다. 왜냐하면 악이나 거짓을 여호와, 다시 말하면 주님의 탓으로 돌리기 때문입니다. 이러한 사실은 수많은 장절들에서 잘 알 수 있지만, 그럼에도 불구하고 그들은 그 사람 자신일 뿐입니다. 그리고 이러한 이유는 앞에서 자주 설명, 언급 되었습니다. "예루살렘의 예언자들에게서 솟아 나와 온 나라에 퍼져나간 죄악"(=불경함 · 위선)은 거짓과 진리의 뒤섞인 것을 뜻합니다. 왜냐하면, 그들이 거짓들을 가르치는 동안 그들은 진리들을 말하였기 때문입니다. 그리고 그들은, 그들이 성경말씀으로 말미암아 말할 때에는 진리들을 말하였고, 그리고 그들이 자기 자신들로 말미암아, 또는 그들의 교리로 말미암아 가르칠 때에는, 그들은 거짓들을 가르쳤습니다. 거짓에 속한 악들이나, 그리고 악에 속한 거짓들에 의한 그들의 파괴는 "내가 이방 민족들 가운데 그들을 흩어 놓고, 그 뒤를 따라 칼을 보낼 것이다"(=그들을 전멸시킬 때까지 칼이 그들을 뒤쫓게 하겠다)는 말씀이 뜻합니다. 여기서 "이방 민족들 가운데 흩어 놓는다"는 것은 거짓에 속한 악들에 의하여 파괴하는 것을 뜻하고, 그리고 "그들 뒤를 칼이 쫓게 하겠다"는 것은 악에 속한 거짓들에 의하여 파괴하는 것을 뜻합니다. "민족들"이 악들을 뜻한다는 것은 본서 175[B]·331[B]항을 참조하시고, "칼"이 거짓에 대항하여 싸우는 진리의 다툼(=전쟁)을 뜻한다는 것이나, 진리에 대항하여 싸우는 거짓의 다툼(=싸움)을 뜻하고, 그리고 그것의 파괴를 뜻한다는 것 등등은 본서 131[B]·367항을 참조하십시오.
[6] 아모스서의 말씀입니다.

> 나 주가 말한다.
> 큰 집은 허물어져서 산산조각 나고,
> 작은 집은 부서져서 박살 날 것이다.
> 말들이 바위 위에서 달릴 수 있느냐?
> 사람이 소를 부려 바다를 갈 수 있느냐?
> 그런데도 너희는
> 공의를 뒤엎어 독약(=쓸개즙)을 만들고,
> 정의에서 거둔 열매를
> 쓰디쓴 소태(=쑥)처럼 만들었다.
> (아모스 6 : 11, 12)

같은 책의 말씀입니다.

> 너희는 공의를 쓰디쓴 소태(=쑥)처럼 만들며,
> 정의를 땅바닥에 팽개치는 자들이다.
> (아모스 5 : 7)

"여호와께서 큰 집은 허물어서 산산조각 나고, 작은 집은 부서져서 박살나게 칠 것이다"는 말씀은 유식한 자들에게 있는 진리의 수많은 타락이나 곡해, 그리고 그들에게 있는 진리의 위화를 뜻하고, 그리고 배우지 못한 자들(=무식한 자들)에 있는 그런 것들을 뜻합니다. 그리고

"큰 집"은 유식한 사람(=배운 사람)을 뜻하고, "작은 집"은 무식한 사람을 뜻합니다. "산산조각"(=틈새들 · gaps)은 거짓들에 의하여 파괴된 진리들을 뜻하고, "쪼개진 것들"(=박살 난 것들 · clefts)은 보다 낮은 정도로는 역시 동일한 것을 뜻합니다. 그 진리의 이해나, 선의 의지가 악에 속한 거짓이 있는 곳에는 존재하지 않는다는 것은 "말들이 바위 위에서 달릴 수 있느냐? 사람이 소를 부려 바다를 갈 수 있느냐?"는 말씀이 뜻합니다. 여기서 "달리는 말"은 진리의 이해를 뜻하고, "소를 가지고 간다"(=쟁기질한다)는 것은 선의 의지를 뜻합니다. 이러한 것은 성경말씀의 진리들이 위화되었기 때문이고, 성경말씀의 선들이 섞음질되었기 때문이다는 것은 "그들은 공의를 쓰디 쓴 소태(=쓸개)처럼 만들었고, 정의의 열매를 쑥으로 만들었다"는 말씀이 뜻하는데, 여기서 "공의"(=심판)는 성경말씀의 진리를 뜻하고, "정의의 열매"는 그것의 선을 뜻합니다.

519[B]. [7] 이스라엘 민족이나 유대 민족이라고 불리운 야곱의 자손들이 이런 성품이었다는 것은 모세가 지은 가사(歌詞)가 잘 선포하고 있는데, 그것은 이런 말로 기술되었습니다. 신명기서의 말씀입니다.

> 그들의 포도는
> 소돔의 포도나무에서 온 것이며,
> 고모라의 밭에서 온 것이다.
> 그들의 포도에는 독이 있어서,
> 송이마다 쓰디쓰다.
> 그들의 포도주는
> 뱀의 독으로 담근 독한 술이요,
> 독사의 독이 그득한 술이다.
> (신명기 32 : 32, 33)

여기서 "포도나무"는 교회를 뜻하고, 그리고 이것은 "그들의 포도나무는 소돔의 포도나무에서, 고모라의 밭에서 온 것이다"라고 언급하고 있는데, 그 이유는 "소돔"은 자기사랑에서 솟아나는 모든 온갖 악들을 뜻하기 때문이고, 그리고 "고모라"는 그런 악들에 속한 모든 거짓들을 뜻하기 때문입니다. "포도"는 교회의 선들을 뜻하고, "포도송이들"은 교회의 진리들을 뜻합니다. 교회의 선들 대신에 그들이 가장 사악한 악들이나 진리들과 뒤섞인 거짓들을 가지고 있다는 것은 "그들의 포도는 쓸개의 포도이고, 그것들은 송이마다 쓰디쓰다"는 말씀이 뜻합니다. 여기서 "포도주"는 진리나 믿음의 선을 뜻합니다. 여기서 그들에게 있는 "포도주"가 진리나 믿음의 선 안에 있는 내면적인 것에서 비롯된 악이 있다는 것은 "그들의 포도주는 뱀의 독들(=용의 독들)로 담근 독한 술이요, 독사의 독이 그득한 술이다"는 말씀이 뜻합니다. 야곱의 자손들이, 비록 그들 가운데 교회가 있다고 할지라도, 이런 성품이다는 것은 《새 예루살렘의 교리》 248항을 참조하십시오.

[8] "쓸개"(=쓸개즙 · gall)이나 "쑥"이 선이나 진리와 뒤섞인 악과 거짓들을 뜻한다는 것은 모세의 이런 글에서 아주 더 명확합니다. 신명기서의 말씀입니다.

> 너희 가운데 남자나 여자나 가족이나 지파가, 주 우리 하나님으로부터 마음을 멀리하여, 다른 민족의 신들을 섬기려고 해서는 안 된다. 너희 가운데 독초나 쓴 열매를 맺는 뿌리가 있어서는 안 된다(신명기 29 : 18).

여기서도 역시 "쓸개"(=쓸개즙 · gall)이나 "쑥"은 악이나 거짓과 뒤섞인 선과 진리의 섞음을 뜻하는데, 그런 일은, 마음으로 여러 신들이 예배되고, 그리고 여호와는 단지 입술로 예배될 때, 행해집니다. 그때 외적인 소리들은 선과 같고, 진리들처럼 보이지만, 그러나 내적인 것은 악이나 거짓으로 나타납니다. 그리고 내면적인 것들이 악들이고, 거짓들일 때, 그리고 외면적인 것들이 선들이고 진리들일 때 거기에는 이들 둘(2)의 뒤섞임만 있고, 그리고 그 때 선은 쓸개즙(gall)이 되고, 진리는 쑥이 됩니다. 그것은, 사람이 그의 마음 속에서 이웃을 미워하고, 그리고 교회의 진리들을 부인할 때, 그리고 그럼에도 불구하고 겉으로는 이웃에 대한 인애(仁愛)를 인정하고, 그리고 교회의 진리들을 가지고 있을 때 비슷한 모습입니다. 그리고 그 사람 안에는 "쓸개(=독초)나 쑥(=쓴 열매)을 맺는 뿌리"가 있습니다. 왜냐하면 그는 내면적인 것에서 비롯된 악들이나 거짓들 안에 있게 하기 때문이고, 그리고 그가 외적인 것들 안에 드러내 치장하는 선들이나 거짓들을 뒤섞기 때문입니다.

[9] 욥기서의 말씀입니다.

> 그가 혀로 악을 맛보니, 맛이 좋다.
> 그래서 그는 악을 혀 밑에 넣고,
> 그 달콤한 맛을 즐겼다.
> 그러나 그것이 뱃속으로 내려가서는
> 쓴맛으로 변해 버렸다.
> 그것이 그의 몸 속에서
> 독사의 독이 되버렸다.
> 그 악한 자는
> 꿀꺽 삼킨 재물을 다 토해 냈다.
> 하나님은 이렇게 그 재물을
> 그 악한 자의 입에서 꺼내어서
> 빼앗긴 사람들에게 되돌려 주신다.
> 악한 자가 삼킨 것은 독과도 같은 것,
> 독사에 물려 죽듯이
> 그 독으로 죽는다.

(욥기 20 : 12-16)

이 장절들은 사람이 거룩한 것들이나 선한 정동들을 겉꾸미는 근원인 위선(僞善)을 이와같이 기술하고 있지만, 반면에 내적으로 그 사람은 부인하고, 모독(冒瀆)하고 있습니다. 내적으로 기술된 것은 "그가 그것을 혀 밑에 감추며, 입 안에 간직하고 있다"(=그는 악을 혀로 맛보고, 악을 혀 밑에 넣었다)는 말씀에 의하여 기술되었습니다. 결과적으로 선이 악으로 공격받고, 괴롭을 겪었고, 그리고 쫓겨났다는 것은 "배 속(=내장)에 있는 그의 빵은 쓴맛으로 변해 버리고, 그것은 그의 몸 속에서는 독사의 독이 피었다"는 말씀이 뜻하는데, 여기서 "빵"은 사랑의 선을 뜻하고, "배 속에 있다"(=내장 속에 있다)는 것은 내적이라는 것을 가리키고, "독사의 독"(=독사의 쓸개즙)은 악과 뒤섞인 선을 뜻합니다. 진리가 거짓에 의하여 쫓겨났다는 것은 "그가 재물을 꿀꺽 삼키고, 그것들을 다 토해 내고, 하나님은 그것들을 그의 배에서 꺼내었다"는 말씀이 뜻합니다. 이런 거짓은 바로 "독사의 독"(=독사의 쓸개즙)이 뜻합니다.

[10] 여기서 필히 주지하여야 할 것은, 선과 악, 그리고 선에 속한 진리와 악에 속한 거짓은, 악이나 거짓이 사람의 영 안에 있고, 이에 반하여 선과 진리가 행위들 안에 있고, 육신의 몸으로 말 할 때, 뒤섞인다는 것입니다. 그러나 내면적인 것을 가리키는, 사람의 영 안에 있는 것은 육신에 속한 것, 즉 외면적인 것으로 행동합니다. 왜냐하면 입류하고, 외면적인 것을 움직이게 하는데, 그것은 마치 선한 것이나 참된 것으로 보이고, 비록 사람들 앞에서는 매우 감미(甘味)로운 것처럼 보이지만, 그것은 쓸개즙이나 쑥과 같이 매우 쓰기 때문입니다. 그리고 그들의 입에 속한 선이나 진리, 또는 말하는 선이나 진리는 그런 부류의 것이기 때문에 그러므로 죽은 뒤에 사람이 하나의 영적인 존재가 되었을 때 선한 사람은 악한 사람에게서, 그리고 거짓된

사람은 참된 사람에게서 분리되어야 하고, 그리고 선과 진리는 제거되어야 합니다. 따라서 영적인 존재는 그 자신의 악이 되고, 거짓이 됩니다. 그러나 여기서 주지하여야 할 사실은 선과 악의 뒤섞임이나, 진리와 거짓의 뒤섞임은 선과 진리의 모독이나 남용 따위는 아니라는 것입니다. 사실 모독이나 남용 따위는, 제일 처음에는 마음 속으로, 그리고 믿음으로 진리와 선을 영접, 수용하지만, 그런 뒤에는 마음 속으로나 믿음으로 그것들을 부인할 때, 일어납니다.

520. 그래서 물의 삼분의 일이 쑥이 되었다.
이 말씀은 이해나 교리 안에 있는 모든 진리는 그런 부류가 되었다는 것을 뜻합니다. 이러한 사실은, 여기서는 이해나 교리 안에 있는 모든 진리를 가리키는 "삼분의 일"의 뜻에서 명확한데, 그 이유는 그것이 진리의 이해나 성경말씀에서 비롯된 교리를 뜻하는, "강들"이나 "샘들"에 관해서 서술하고 있기 때문입니다. "삼분의 일"이 모두나 전부를 뜻한다는 것은 본서 506항을 참조하십시오. 그리고 또한, 앞 단락에서 설명된 것과 같이, 악에 속한 거짓과 뒤섞인 진리를 가리키는 "쑥"의 뜻에서 잘 알 수 있습니다. 이러한 사실이나 내용은, "삼분의 일이 쑥이 되었다"는 말씀이 이해나 교리 안에 있는 모든 진리가 악에 속한 거짓과 뒤섞인 것을 뜻한다는 것을 명확하게 합니다. 불의・간음・살인・온갖 종류의 미움・원수・재물을 목적한 비정직 따위를 가리키는 삶에 속한 모든 악들, 그리고 교활하고, 음흉한 절도나 강도・교활이나 사기(詐欺)나 그밖의 수많은 악들이 성경말씀의 문자적인 뜻에 의하여 확증될 때 진리는 악에 속한 거짓과 뒤섞입니다. 그리고 또한 종교에 속한 거짓들이 자기사랑이나 따라서 자기총명의 자만 가운데 빠져 있는 자들이 가리키는 그런 수단들에 의하여 떠받쳐지고, 지지될 때 진리는 악에 속한 거짓과 뒤섞입니다. 그 때 진리들은, 성경말씀의 모든 것들이 진리들이기 때문에, 악에 속한 거짓들과 뒤섞입니다. 그러나 그것들이 삶에 속한 악들이나, 종교의 그릇된 원칙들을 확증하기 위하여 그것들이 적용되고, 또는 억지로 애써 노력할 때, 성경말씀의 진리들 자체는 더 이상 진리들이 아니고, 그것들은 다만 위화된 진리들이고, 그리고 본질적으로 이런 것들은 거짓들뿐입니다. 성경말씀의 문자적인 뜻에 속한 진리들은, 그것들로 남아 있기 위해서는, 삶에 속한 선의 확증이나 종교에 속한 참된 원칙들에 반드시 적용되어야합니다. 만약에 그것들이 그들의 목적에서 이 원칙에서 빗나가고 잘못 적용된다면 그것들은 더 이상 진리들이 아닙니다. 그 이유는 그것들 안에 진리의 지각이 전혀 없기 때문입니다. 진리의 지각은 악에서 오지 않고, 다만 선에서 오기 때문입니다.

[2] 왜냐하면 성경말씀의 모든 부분 부분에는 선과 진리의 혼인(=결합)이 있기 때문입니다. 결과적으로는 만약에 선이 성경말씀의 진리들 안에 있지 않다면, 진리들은 그들의 배우자(配偶者)가 없는 것으로 그것들이 지각되기 때문에, 그리고 그것들이 어떤 악에나 탐욕에 적용하고, 그리고 무엇이든 그릇된 원칙들에게 적용할 때, 따라서 지각된 진리들은 악에 속한 거짓들이 됩니다. 이런 식으로 자기사랑에서 비롯된 모든 자들에 의하여 위화된 성경말씀의 진리들은 자기 총명의 자만(自慢)에 빠지게 됩니다. 왜냐하면 내적으로 자기사랑에서 비롯된 모든 종류의 악들이나, 그것으로 말미암아 자기총명의 자만에서 비롯된 모든 종류의 거짓들은 통치권을 쥐지만 이에 반하여 외적으로는 언어나, 설교에서 보면 소박한 선 안에 있는 자들에게는 마치 진리들 같이 들리는 성경말씀에서 비롯된 진리들이 있습니다. 그러나 말하고 설교하는 사람의 안에 있는 것들은 온갖 종류의 거짓들과 무리를 이룹니다. 이런 부류의 성경말씀은 마치 깨끗하고, 빛이 나는 그릇 같아서, 그 그릇 안에는, 단순한 선 안에 있는 자들이 그 그릇을 통해

서 보지 못하는 불결한 물들이 있습니다. 그러나 천계의 천사들은 그것들이 명확하게 보입니다.

521. 많은 사람들이 그 물을 마시고 죽었습니다.
이 말씀은 이런 부류의 작자들은, 성경말씀의 진리들이 바뀌어 버린 거짓들에 의하여 파괴, 파멸되었다는 것을 뜻합니다. 이러한 내용은 그런 인물이나 작자를 가리키는 성경말씀에서 "많다"(many)는 낱말의 뜻에서 명확하고, 그리고 영적인 생명에 관해서 멸망하는 것을 가리키는, 그리고 영벌을 받는 것을 가리키는, "죽는다"(to die)는 말의 뜻에서 명확합니다. 이런 뜻에 관해서는 본서 78・186・383・487항을 참조하십시오. 그리고 또한 여기서는 악에 속한 거짓들인, 거짓들을 가리키는 "물"의 뜻에서 명확한데, 그 이유는 "그것들이 쑥이 되었기" 때문입니다. 왜냐하면 사람은 진리들에 의하여 성경말씀에서 "생명"(life)이나 "영생"(永生・eternal life)이라고 불리우는 모든 영적인 생명을 취하기 때문이고, 그리고 사람은 이른바 저주나 영벌을 가리키는 모든 영적인 죽음(all spiritual death)을 악에 속한 거짓들에 의하여, 특히 그 사람 자신이 성경말씀의 진리들을 바꾸어 버린 악에 속한 거짓들에 의하여, 취하기 때문입니다. 이러한 내용은 "쑥이 되어버린(=쓴 물이 된) 그 물을 마시고 많은 사람이 죽었다"는 말씀이 뜻한다는 것은 아주 명확하게 합니다.

522. (그것은) 그 물이 쓴 물로(=쑥으로) 변하였기 때문이다.
이 구절은 성경말씀의 진리들이 위화되었기 때문이다는 것을 뜻합니다. 이러한 뜻은, 이것에 관해서는 본서 518[A]항에서 설명한, 이해의 진리들이나 교리의 진리들을 가리키는 "강들의 물이나 샘들의 물"의 뜻에서 명확하고, 그리고 또한 악에 속한 거짓들과 진리의 뒤섞임이 뜻하는 위화된 것을 가리키는 "쓰다"(bitter) 또는 쑴(bitterness)이라는 낱말의 뜻에서 명확합니다. 왜냐하면 여기서 "쓰다"(bitter)는 말은 쑥의 쓴맛을 뜻하기 때문이고, 그리고 "쑥"은 그것의 쓴맛 때문에, 악에 속한 거짓과 뒤섞인 진리를, 따라서 위화된 진리를 뜻하기 때문입니다(본서 519항 참조). 성경 말씀에서 "쓰다"는 낱말은 불쾌한 것을 뜻하지만, 그러나 불쾌한 것의 한 종류는 쑥에서 비롯된 쓰다는 낱말이 뜻하고, 다른 하나는 쓸개에서 비롯된 쓰다는 낱말이 뜻하고, 또 다른 것은 독 담근(hemlock)의 쓰다는 낱말에서, 그리고 또 다른 것은 익지 않은 열매(unripe fruit)의 쓴맛에서, 또 다른 것은 목초(木草)나 열매에서 비롯된 것이 아닌 쓴맛이 뜻하기도 합니다. 이런 쓴맛은 다종다양한 원인들에게서 비롯된 마음의 비통(悲痛)이나 근심 걱정 따위를 뜻합니다.

[2] 이러한 내용은 아래의 장절들의 "쓴맛"(=씀 · bitterness)의 뜻을 명확하게 합니다. 이사야서의 말씀입니다.

> 악한 것을 선하다고 하고
> 선한 것을 악하다고 하는 자들,
> 어둠을 빛이라고 하고
> 빛을 어둠이라고 하며,
> 쓴 것을 달다고 하고
> 단 것을 쓰다고 하는 자들에게,
> 재앙이 닥친다! ……
> 포도주쯤은 말로 마시고,
> 온갖 독한 술을 섞어 마시고도
> 끄떡도 하지 않는 자들에게,
> 재앙이 닥친다!
> (이사야 5 : 20, 22)

같은 책의 말씀입니다.

새 포도주가 마르며,
포도나무가 시든다.
마음에 기쁨이 가득 찼던 사람들이
모두 탄식한다. ……
그들이 다시는
노래하며 포도주를 마시지 못할 것이며,
독한 술은 그 마시는 자에게 쓰디쓸 것이다.
(이사야 24 : 7, 9)

출애굽기서의 말씀입니다.

그들이 마라에 이르렀는데, 그 곳의 물이 써서 마실 수 없으므로 ……
모세가 주께 부르짖으니, 주께서 그에게 나무 한 그루를 보여 주셨다.
그가 그 나뭇가지를 꺾어서 물에 던지니 그 물이 단물로 변하였다(출애굽
15 : 23-25).
그 날 밤(=유월절의 밤)에 그 고기를 먹어야 하는데, 고기는 불에 구워서,
누룩을 넣지 않은 빵과 쓴 나물을 곁들여 함께 먹어야 한다(출애굽 12 :
8 ; 민수기 9 : 11).

민수기서의 말씀입니다.

쓴 물, 곧 저주의 물을 음란을 범한 그녀의 남편이 그녀에게 주어 마시
게 한다. 만약에 그녀가 이런 범죄를 저질렀다면, 그 물은 그녀에게서
쓴 물이 되고, 저주를 불러일으키는 이 물이 그녀의 몸 속으로 들어가서,
네 배를 부어오르게 하고, 허벅지를 마르게 할 것이다(민수기 5 : 12-29).

묵시록서의 말씀입니다.

내가 그 천사에게로 가서, 그 작은 두루마리를 달라고 하니, 그는 나에

게 "이것을 받아 먹어라. 이것은 너의 배에서 쓰겠지만, 너의 입에서는 꿀같이 달 것이다" 하였다. 나는 그 천사의 손에서 그 작은 두루마리를 받아서 삼켰습니다. 그것이 내 입에는 꿀같이 달았으나, 먹고 나니, 뱃속은 쓰라렸습니다(묵시록 10 : 9, 10).

다른 장절에서도 마찬가지입니다. 그러나 여기서 "많은 사람이 그 물을 마시고 죽었습니다. 그 물이 쓴 물로 변하였기 때문입니다"고 언급되는데 그것은 쑥의 쓴 맛을 뜻합니다. 그리고 이 쓴맛의 뜻은 바로 앞에서 설명되었습니다.

523. 12절. **넷째 천사가 나팔을 부니, 해의 삼분의 일과 달의 삼분의 일과 별들의 삼분의 일이 타격을 입어서, 그것들의 삼분의 일이 어두워지고, 낮의 삼분의 일이 빛을 잃고, 밤도 역시 그렇게 되었습니다.**

[12절] :
"넷째 천사가 나팔을 불었다"는 말씀은 천계에서 비롯된 입류를 뜻하고, 결과적으로는 변화를 뜻합니다(본서 524항 참조). "해의 삼분의 일이, 달의 삼분의 일이 별들의 삼분의 일이 타격을 입었다"는 말씀은, 사랑에 속한 모든 선과, 믿음에 속한 모든 선과 진리와 그리고 선과 진리에 속한 모든 지식이 멸망하였다는 것을 뜻합니다(본서 525항 참조). "그것들의 삼분의 일이 어두워졌다"는 말씀은 이런 모든 것들이 악에 속한 거짓들이나 거짓에 속한 악들로 바뀌었다는 것을 뜻합니다(본서 526항 참조). "낮의 삼분의 일이 빛을 잃고, 밤도 역시 그렇게 되었다"는 말씀은 진리에 속한 영적인 빛이나, 진리에 속한 자연적인 빛이 완전히 소멸되었다는 것을 뜻합니다(본서 527항 참조).

524. 12절. **넷째 천사가 나팔을 불었다.**
이 말씀은 천계에서 비롯된 입류를 뜻하고, 그리고 결과적으로는 네 번째 변화를 뜻합니다(본서 502항 참조).

525. **해의 삼분의 일과 달의 삼분의 일과 별의 삼분의 일이 타격을**

입었다(=강타를 당하였다).
이 말씀은 사랑에 속한 모든 선과, 믿음에 속한 모든 선과 진리와, 선과 진리에 속한 모든 지식이 멸망하였다는 것을 뜻합니다. 이러한 사실은 모든 것을 가리키는 "삼분의 일"의 뜻에서(본서 506항 참조), 그리고 주님에게서 비롯된 사랑에 속한 선을 가리키는 "해"(sun)의 뜻에서, 그리고 주님에게서 비롯된 선이나, 믿음의 진리를 가리키는 "달"(the moon)의 뜻에서(본서 401[A-H]항 참조), 그리고 역시 주님에게서 비롯된 선과 진리에 속한 지식들을 가리키는 "별들"의 뜻에서 (본서 72 · 402항 참조), 그리고 사랑이나 믿음의 선이나, 선과 진리에 속한 지식들과의 관계에서는, 멸망하는 것을 가리키는 "타격을 입었다"(=강타를 당하였다)는 말의 뜻에서, 아주 명백합니다. 이러한 내용이나 사실은 "타격을 입은(=강타를 당한) 해의 삼분의 일이나, 달의 삼분의 일이나, 별들의 삼분의 일"이 멸망당한 사랑에 속한 모든 선이나, 모든 선이나 믿음에 속한 진리나, 그리고 선과 진리의 모든 지식을 뜻한다는 것을 아주 명확하게 합니다. 여기서 "해 · 달 · 별들"은 우리의 태양계에서 사람들의 눈에 나타나 보이는 해 · 달 · 별들을 뜻하지 않고, 오히려 영계에서 천사들의 안전(眼前)에 보이는 해 · 달 · 별들을 뜻합니다. 왜냐하면 주님께서는 그분으로 말미암아 그분에 대한 사랑에 속한 선 안에 있는 자들 앞에서는 태양으로 나타나시기 때문이고, 그리고 선이나 믿음에 속한 진리 안에 있는 자들 앞에서는 주님께서 달로서 나타나시기 때문입니다. 그리고 이것은 "해"(=태양)가 사랑에 속한 선을 뜻하는 이유이고, 그리고 "달"은 선이나 믿음에 속한 진리를 뜻하는 이유입니다. 명확한 것은, 그가 그것들을 보았을 때 그가 영의 상태에 있었기 때문에, 요한에게 나타나 보인 그 해요, 그 달이요, 그 별들이라는 것입니다. 주님께서 천사적인 천계에서 해나 달 같이 나타나신다는 것은 저서 《천계와 지옥》 116-125항을 참조하십시오. 그리고 그것은 이런 것들이 타격을 입었다(=강타를 당하였다)고 언급된 겉모습에서 명확합니다. 왜냐하면 사랑에 속한 선이나, 선이나 믿음에 속한 진리가 사람에게 더 이상 존재하지 않을 때, 그 사람에 대한 겉모습(外現)은 그것들이 존재하지 않는 것이고, 그리고 그것들이 멸망한 것과 같은 겉모습이기 때문입니다. 그리고 문자적인 뜻으로 성경말씀은 그런 겉모습들(=外現들)에 일치하여 기술되었기 때문입니다.

526[A]. 그것들의 삼분의 일이 어두워졌다.
이 말씀은 이런 모든 것들이 악에 속한 거짓들이나, 거짓에 속한 악들로 바뀌었다는 것을 뜻합니다. 이러한 내용은 거짓들을 가리키는 "어둠"(darkness)의 뜻에서, 그리고 따라서 "어둡게 되었다"는 것은 거짓들로 바뀌었다는 것을 뜻합니다. 그것의 바뀜(變化)은 악에 속한 거짓들과 거짓에 속한 악들의 변화 양자를 뜻합니다. 그 이유는, "해의 삼분의 일이, 달의 삼분의 일이, 별들의 삼분의 일이 어두워졌다"고 언급되었기 때문입니다. 그리고 여기서 "해"는 사랑에 속한 선을 뜻하고, "달"은 선과 믿음에 속한 진리를 뜻하고, "별들"은 선과 진리에 속한 지식들을 뜻하기 때문입니다. 그러므로 "해의 삼분의 일이 어두워졌다"는 말씀은 사랑에 속한 선이 악으로 바뀌고, 그리고 악으로 말미암아 거짓으로 바뀌는 것을 뜻하는데, 그것은 곧 악에 속한 거짓들을 가리킵니다. 왜냐하면 선은 악으로 바뀌고, 그것으로 말미암아 진리는 거짓으로 바뀌지만, 그러나 "달"이 뜻하는 믿음에 속한 진리는 거짓으로 바뀌고, 그것으로 말미암아 선은 악으로 바뀌는데 이 때의 악이 바로 거짓에 속한 악이기 때문입니다. 거짓에 속한 악은 삶에 속한 악(evil of life)이 그것에서 나온 교리의 거짓이고, 그리고 악에 속한 거짓은 삶에 속한 악인데, 그것에서 교리의 거짓은 나옵니다.

[2] 어둠(darkness)은, 빛이 진리를 뜻하고, 그리고 어둠이 빛에 속한 것과 같이, 거짓은 진리의 반대이기 때문에, 거짓을 뜻합니다. 더욱이 신령진리를 가리키는, 생명에 속한 빛(the light of life)이 사람에게 존재하지 않을 때, 죽음의 그림자(the shadow of death)는 그 사람에게 있는데, 그것이 곧 거짓입니다. 왜냐하면 그 사람 자신의 고유속성에서 비롯된 사람은 모든 악 가운데 있고, 그리고 그 악에서 비롯된 거짓 안에 있기 때문이고 그리고 그 사람은 교회에 속한 진리들에 의하여서만 이런 것들에게서 옮겨지기 때문입니다. 결과적으로 진리가 전혀 없는 곳에는 악에 속한 거짓들만 있기 때문입니다. 사람이 오직 진리들에 의하여 악들에게서 옮겨진다는 것은 정화되는 것이나 개혁되는 것을 가리키는데, 이러한 내용은 《새 예루살렘의 교리》 24항에서 잘 볼 수 있습니다.

[3] 성경말씀에서 "어둠"(黑暗 · darkness)이 다종의 거짓들을 뜻한다는 것은 아래의 장절들에게서 밝히 알 수 있겠습니다. 요엘서의 말씀입니다.

> 해가 어두워지고
> 달이 핏빛 같이 붉어질 것이다.
> 끔찍스럽고 크나큰 주의 날이 오기 전에,
> 그런 일이 먼저 일어날 것이다.
> (요엘 2 : 31)

여기서 "해가 어두워지고(=어둠으로 바뀔 것이고), 달이 핏빛 같이 붉어질 것이다"(=피로 바뀔 것이다)는 말씀은 "해의 삼분의 일이, 달의 삼분의 일이 어둡게 된다" 말씀과 같이, 동일한 뜻을 갖습니다. 다시 말하면 교회의 마지막 때에 사랑에 속한 선의 자리에 악에 속한 거짓이 있을 것이고, 믿음에 속한 진리의 자리에 거짓에 속한 악이 있을 것이다는 것을 뜻합니다.

[4] 성경말씀 어디에서나 해의 어둠이나 달의 어둠에 관해서 언급된 것은 같은 뜻을 가리킵니다. 이사야서의 말씀입니다.

> 하늘의 별들과 그 성좌들이
> 빛을 내지 못하며,
> 해가 떠도 어둡고,
> 달 또한 그 빛을 비치지 못할 것이다.
> (이사야 13 : 10 ; 24 : 21, 23)

에스겔서의 말씀입니다.

> 내가 네 빛을 꺼지게 할 때에,
> 하늘을 가려 별들을 어둡게 하고,
> 구름으로 태양을 가리고,
> 달도 빛을 내지 못하게 하겠다.
> 하늘에서 빛나는 광채들을
> 모두 어둡게 하고,
> 네 땅은 어둠으로 뒤덮어 놓겠다.
> (에스겔 32 : 7, 8)

요엘서의 말씀입니다.

> 판결의 골짜기에서
> 주께서 심판하실 날이 가까이 왔다.
> 해와 달이 어두워지고,
> 별들이 빛을 잃는다
> (요엘 3 : 14, 15)

복음서들의 말씀입니다.

> 그 환난의 날들이 지난 뒤에,
> 곧 해는 어두워지고,
> 달은 빛을 내지 않고,
> 별들은 하늘에서 떨어지고,
> 하늘의 세력들은 흔들릴 것이다.
> (마태 24 : 29 ; 마가 13 : 24, 25)

이 장절은 교회의 마지막 때에 관해서 언급하고 있습니다. 그 때 거기에는 더 이상 영적인 선이나 영적인 진리가 전혀 없고, 또한 천계나 교회에 속한 선이나 진리도 전혀 없고, 다만 악과 거짓만 있습니다. 사랑의 선들이나 믿음의 진리들이라고 하는 교회에 속한 선들이나 진리들이 악들이나 거짓들로 바뀌었다는 것은 "해와 달이 어두워지고, 빛을 내지 않고, 별들이 빛을 잃는다"는 말씀이 뜻하고, 그 때 뒤이어지는 최후심판은 "끔찍스럽고 크나큰 주의 날"이 뜻합니다. 이러한 것은 교회가 어둠이나, 칠흑같은 암흑의 상태에 있을 때 오기 때문에, 그 날은 "캄캄하고 어두운 날, 먹구름과 어둠에 뒤덮이는 날"이라고 하였는데, 여기서 "먹구름과 어둠으로 뒤덮이는 날"은 아래 장절에서와 같습니다.

[5] 아모스서의 말씀입니다.

> 너희는 망한다!
> 주의 날이 오기를 바라는 자들아,
> 왜 주의 날을 사모하느냐?
> 그 날은 어둡고 빛이라고는 없다.……
> 주의 날은 어둡고 빛이라고는 없다.
> 캄캄해서, 한 줄기 불빛도 없다.

8장 1 - 13절

(아모스 5 : 18, 20)

스바냐서의 말씀입니다.

> 주께서 심판하실 그 무서운 날이 다가온다. ……
> 그 날은 주께서 분노하시는 날이다.
> 환난과 고통을 겪는 날,
> 무너지고 부서지는 날,
> 캄캄하고 어두운 날,
> 먹구름과 어둠이 뒤덮이는 날이다.
> (스바냐 1 : 14, 15)

이사야서의 말씀입니다.

> 바로 그 날에, 그들이 이 백성을 보고서,
> 바다의 성난 파도같이 함성을 지를 것이니,
> 사람이 그 땅을 둘러보면,
> 거기에는 흑암과 고난만 있고,
> 빛마저 구름에 가려져 어두울 것이다.
> (이사야 5 : 30)

같은 책의 말씀입니다.

> 그런 다음에, 땅을 내려다 보겠지만, 보이는 것은 다만 고통과 흑암, 무서운 절망뿐일 것이니, 마침내 그들은 짙은 흑암 속에 떨어져서, 빠져 나오지 못할 것이다(이사야 8 : 22).

같은 책의 말씀입니다.

어둠이 땅을 덮으며,
짙은 어둠이 민족들을 덮을 것이다.
그러나 오직 너의 위에는
주께서 아침 해처럼 떠오르시며,
그의 영광이 너의 위에 나타날 것이다.
(이사야 60 : 2)

예레미야서의 말씀입니다.

너희는
주께서 날을 어두워지게 하시기 전에,
너희가 어두운 산 속에서 실족하기 전에,
주 너희 하나님께 영광을 돌려라.
그 때에는 너희가 빛을 고대해도,
주님은 빛을 어둠과 흑암으로
바꾸어 놓으실 것이다
(예레미야 13 : 16)

이 말씀은 교회의 마지막 때에 관해서 언급하고 있는데, 그 때 주님께서는 이 세상에 오실 것이고, 그리고 심판은 그 때 단행될 것이라고 언급하고 있습니다. 그 이유는 그 때 거기에는 더 이상 사랑에 속한 선이나, 믿음에 속한 진리가 전혀 없고, 오히려 거짓에 속한 악과 악에 속한 거짓만 있기 때문입니다. 그리고 그 날은 "캄캄하고 어두운 날"(=어두움의 날이요, 흑암의 날)이라고 불리웠습니다.
[6] 아래 장절은 동일한 뜻을 뜻합니다. 복음서의 말씀입니다.

주님(=예수님)께서 십자가에 돌아가실 때 어둠이 열두 시부터 온 땅을 덮어서, 오후 세 시까지 계속되었다(마가 15 : 33 ; 마태 27 : 45 ; 누가 23 : 44-49).

"땅을 뒤덮은 어둠"은 온 교회에 악과 그것에서 비롯된 거짓 이외에는 아무것도 없었다는 것을, 그리고 거짓과 그것에서 비롯된 악 이외에는 아무것도 없었다는 것을 표징합니다. 더욱이 세 시는 충분한 것이나 완전한 것을 뜻합니다. 왜냐하면 주님의 고난에 관한 복음서에 언급된 개별적인 것들이나 전체적인 것들은 그것들 안에 천계의 비의(=천계의 비밀·a arcana of heaven)가 저장(貯藏), 담겨 있기 때문이고, 그리고 그것은 내적 영적인 뜻에 의해서만 열려지는 것인, 신령 천적인 것을 뜻하기 때문입니다.

526[B]. [7] "어둠"(darkness)이 거짓을 뜻한다는 것은 아래의 장절들에게서 더욱 더 명확합니다. 이사야서의 말씀입니다.

> 악한 것을 선하다고 하고
> 선한 것을 악하다고 하는 자들,
> 어둠을 빛이라고 하고
> 빛을 어둠이라고 하며,
> 쓴 것을 달다고 하고
> 단 것을 쓰다고 하는 자들에게,
> 재앙이 닥친다!
> (이사야 5 : 20)

여기서 "어둠을 빛이라고 하고, 빛을 어둠이라고 한다"(=빛 대신 어둠을, 어둠 대신에 빛을 둔다)는 것은 거짓을 진리라고, 진리를 거짓이라고 하는 것을 뜻합니다. 이러한 뜻은 "어둠"이 거짓을 뜻하고, "빛"이 진리를 뜻한다는 것을 명료하게 합니다. 왜냐하면 처음에 선과 악이 언급되었고, 따라서 뒤이어지는 것은 반드시 진리와 거짓에 관한 것이기 때문입니다.
[8] 요한복음서의 말씀입니다.

> 심판을 받았다고 하는 것은, 빛이 세상에 들어왔지만, 사람들이, 자기들의 행위가 악하므로, 빛보다 어둠을 더 좋아하였다는 것을 뜻한다(요한 3 : 19).

여기서 주님께서는 당신을 빛이라고 부르셨는데, 그것은 그분께서 이 세상에 계실 때 신령진리 자체이셨기 때문입니다. 그러므로 "빛"(the Light)은 신령진리와의 관계에서 주님을 뜻하고, 또한 주님에게서 비롯된 신령진리를 뜻합니다. 그리고 어둠이 빛에 정반대이기 때문에 사람들이 "빛 보다 더 사랑하는 어둠"은, 악에 속한 거짓을 가리키는, 지옥적인 거짓을 뜻합니다. 여기서 "어둠"이 악에 속한 거짓을 뜻한다는 것은 이렇게 언급된 것, 즉 "그들의 행위가 악하기 때문이다"라는 말씀에서 잘 알 수 있습니다. 악에 속한 거짓은 악한 일들(=행위들 · evil works)에서, 또는 삶에 속한 악들(=악한 삶)에서 솟아납니다. 왜냐하면 선은 진리 자체에 결합하고, 악은 거짓 자체에 결합되기 때문입니다. 왜냐하면 전자는 후자에 속해 있기 때문입니다.
[9] "빛"(light)과 "어둠"(darkness)은 요한복음서의 아래 장절에서 동일한 뜻을 갖습니다. 요한복음서의 말씀입니다.

> 그의 안에서 생겨난 것은 생명이었으니, 그 생명은 모든 사람의 빛이었다(=그의 안에 생명이 있었다. 그 생명은 사람의 빛이었다). 그 빛이 어둠 속에서 비치니, 어둠이 그 빛을 이기지 못하였다(=깨닫지 못하였다)(요한 1 : 4, 5).

같은 책의 말씀입니다.

> 예수께서 다시 그들에게 말씀하셨다. "나는 세상의 빛이다. 나를 따르는 사람은 어둠 속에 다니지 않고, 생명의 빛을 얻을 것이다"(요한 8 : 12).

역시 같은 책의 말씀입니다.

> 예수께서 그들에게 대답하셨다. "아직 얼마 동안은 빛이 너희 가운데 있을 것이다. 빛이 있는 동안에 다녀라. 어둠이 너희를 이기지 못하게 하여라. 어둠 속에 다니는 사람은, 자기가 어디로 가는지 모른다. …… 나는 빛으로 세상에 왔다. 그것은 나를 믿는 사람이면, 누구든지 어둠 속에 머무르지 않게 하려는 것이다"(요한 12 : 35, 46).

이 장절들에서 "어둠"은 지옥적인 거짓을 뜻합니다. 왜냐하면 어둠에 정반대되는 "빛"은 신령진리를 뜻하기 때문입니다. 여기서 "빛"은, 천계에서 빛은 그것의 본질에서 주님에게서 발출하는 신령진리이기 때문에, 신령진리를 뜻합니다. 이것에 관해서는 《천계와 지옥》 116-140항을 참조하십시오. 따라서 신령진리가 천계에 있는 빛이기 때문에, 그것에서 뒤이어지는 것은, 지옥에 있는 거짓을 가리키는, 악에 속한 거짓은 어둠이라는 것입니다. 이 어둠은 사실 지옥에 있는 자들에게는 어둠이 아닙니다. 왜냐하면 그들은 그것과 전혀 다른 것을 보기 때문입니다. 그러나 그들이 그것에 의하여 보고 있는 빛은 석탄불에서 비롯된 루멘(lumen)과 같은 것이기 때문입니다. 그리고 천계의 빛이 그 속에 유입할 때 그 루멘은 철저한 어둠이 되기 때문입니다. 이런 이유 때문에, 거기에 있는 동굴(洞窟)이나 굴들은 천계에 있는 자들에게는 어둑어둑한 동굴들처럼 보입니다.

[10] 이렇게 볼 때 "어둠"이 악에 속한 거짓들을 뜻하는 이유를 잘 알 수 있겠고, 그리고 주님께서는 그 이유를 이렇게 말씀하셨습니다.

마태복음서의 말씀입니다.

> 그러나 이 나라의 아들들(=그 왕국의 자녀들)은 바깥 어두운 데로 쫓겨나서, 거기에서 울며 이를 갈 것이다(마태 8 : 12 ; 22 : 13 ; 25 : 30).

시편서의 말씀입니다.

> 원수들이
> 내 목숨을 노리고 뒤쫓아와서,
> 내 생명을 땅에 짓이겨서,
> 죽은 지 오래된 사람처럼,
> 흑암 속에서 묻혀 살게 하였습니다.
> (시편 143 : 3)

여기서 "그의 목숨(=영혼)을 노리고 쫓아온 원수"는 영적인 뜻으로 악을 뜻합니다. 결과적으로는 "나를 흑암 속에 묻혀 살게 하였다"는 것은 온갖 거짓들을 뜻합니다.

[11] 이사야서의 말씀입니다.

> 그러므로 공평이 우리에게서 멀고,
> 공의가 우리에게 미치지 못한다.
> 우리가 빛을 바라나,
> 어둠뿐이며,
> 밝음을 바라나,
> 암흑 속을 걸을 뿐이다.
> (이사야 59 : 9)

여기서 "우리에게서 멀리 있는 공평"은 거기에 진리의 이해가 전혀 없다는 것을 뜻하고, "공의가 우리에게 미치지 못한다"(=우리를 따라잡지 못한다)는 것은 거기에 삶에 속한 선이 전혀 없다는 것을 뜻합니다. "우리가 빛을 바라지만, 어둠뿐이다"는 것은 진리를 고대하지만, 거짓만 본다는 것을 뜻합니다. "우리가 밝음을 바라지만, 암흑 속을 걸을 뿐이다"는 것은 진리들을 통한 선들을 바라지만, 그러나 악들에게서 비롯된 거짓의 삶만 본다는 것을 뜻합니다. 왜냐하면 "밝음"(brightness)은 진리의 선들을 뜻하는데, 그것은 "빛"이 진리를 뜻하고, 그리고 진리는 선으로 말미암아 밝기 때문입니다. "암흑"(=짙은 흑암)은 악에 속한 거짓들을 뜻하고, "걷는다"(to walk)는 것은 사는 것을 뜻합니다.

[12] 누가복음서의 말씀입니다.

> 그러나 지금은 너희의 때요, 어둠의 권세가 판을 치는 때다(누가 22 : 53).

이것은, 유다의 도움에 의하여 주님을 체포하려고 온 대제사장들과 성전의 수위대장들과 장로들에게 주님께서 하신 말씀입니다. 이런 사악한 짓을 행하는 능력을 주님께서는 "어둠의 권세"(the power of darkness)라고 하셨는데, 그것은 그들이 주님에 대해서는 악의 거짓들이나 거짓들 안에 있기 때문이고, 그리고 그분을 거스르는 악들 안에 있기 때문입니다. 여기서 "어둠"은 지옥을 뜻하는데, 그것은 악에 속한 이런 부류의 거짓들이 거기에 있기 때문입니다.

[13] 같은 책의 말씀입니다.

> 네 눈은 몸의 등불이다. 네 눈이 성하면 네 온몸도 밝을 것이요, 눈이 성하지 못하면 네 몸도 어두울 것이다. 그러므로 네 속에 있는 빛이 어둡지 않은지 살펴보아라. 네 온몸이 밝아서 어두운 부분이 하나도 없으

면, 마치 등불이 그 빛으로 너희를 환하게 비출 때와 같이, 네 몸은 온전히 밝을 것이다(누가 11 : 34-36 ; 마태 6 : 22, 23)

여기서 "눈"(eye)은 이해를 뜻하고 "성한 눈"(the pure eye)은 선에서 비롯된 진리의 이해를 뜻하고, 그러나 "성하지 않은 눈"(=악한 눈·evil eye)은 악에서 비롯된 거짓의 이해를 뜻하고, 밝다 또는 어둡다는 몸은 온전한 사람 자신을 뜻합니다. 이상에서 볼 때 시리즈로 된 이 말씀들의 결론은, 다시 말하면 온전한 사람은 의지에서 비롯된 그의 이해와 같은 존재라고 하겠습니다. 왜냐하면 모든 사람은 그의 진리이고, 그의 선이기 때문입니다. 그 이유는 그가 곧 그의 사랑이고, 정동이기 때문입니다. 그러므로 사람은 처음부터 끝까지 그의 의지에서 비롯된 그의 이해에 측면에서 그는 그런 부류의 인물이기 때문입니다. 왜냐하면 모든 진리는 이해에 속한 것이고, 그리고 모든 선은 의지에 속한 것이기 때문입니다. 왜냐하면 몸(body)은 단순한 복종(a mere obedience)이기 때문입니다. 그것은 성취하는 원인(an effecting cause)의 결과이기 때문이고, 그리고 성취하는 원인은 의지에서 비롯된 이해이기 때문입니다. 그러므로 이런 것은 곧 전자의 성품은 후자에 속한 성품을 가리킵니다. 왜냐하면 결과는 그것의 성취하는 원인에서 그것의 모든 것을 취하기 때문입니다. 여기서 반드시 유념(留念)하여야 할 것은, 한번 이해에서 지각되고, 그리고 의지에 영접, 수용된 진리는, 악으로 말미암아 행해진 것을 가리키는, 거짓으로 바뀌지 않는다는 것인데, 그것은 "그러므로 네 속에 있는 빛이 어둡지 않은지 살펴 보아라"는 말씀이 뜻합니다. 왜냐하면 이 거짓들로 말미암아 행위는 더 사악해지기 때문입니다. 그러므로 이 말씀과 관련해서 마태복음서는 이렇게 언급하고 있습니다. 마태복음서의 말씀입니다.

그러므로 네 속에 있는 빛이 어두우면, 그 어둠이 얼마나 심하겠느냐?

(마태 6 : 23).

[14] "어둠"은 이사야서에서도 악에 속한 거짓을 뜻합니다. 이사야서의 말씀입니다.

> 딸 바빌로니아(=갈대아)야,
> 잠잠히 앉아 있다가 어둠 속으로 사라져라.
> 사람들이 이제부터는 너를
> 민족들의 여왕이라고 부르지 않을 것이다.
> (이사야 47 : 5)

"바빌로니아의 딸"(=갈대아의 딸)은 진리의 위화(僞化)를 뜻하고, 따라서 "어둠"은 악이 진리를 위화하기 때문에, 악에 속한 거짓들을 뜻합니다. 출애굽기서의 말씀입니다.

> 주께서 모세에게 말씀하셨다. "너는 하늘로 팔을 내밀어라. 그러면 손으로 더듬어야 다닐 만큼 짙은 어둠이 이집트 땅을 덮을 것이다." 모세가 하늘에다 그의 팔을 내미니, 이집트 온 땅에 사흘 동안 짙은 어둠이 내렸다.…… 그러나 이스라엘 자손이 사는 곳에는, 어디에나 빛이 있었다
> (출애굽기 10 : 21-23).

여기도 역시 "어둠"은 악에 속한 거짓을 뜻합니다. 창세기서 15장 17절이나 그 밖의 다른 많은 장절들에서도 "어둠"은 같은 것을 뜻합니다.

[15] 따라서 성경말씀에서 "어둠"이 악에 속한 거짓들을 뜻한다는 것은 이미 자세하게 입증되었습니다. "어둠"은 또한 악에 속하지 않은 거짓들을 뜻하기도 하는데, 이런 것들의 거짓들은, 그들의 진리의 무지(無知) 때문에 그들에게 있었던, 선한 이방 사람들 가운데 있었던

종교의 거짓들이 되겠습니다. 이런 거짓들이 역시 "어둠"이라고 불리운 것은 아래의 장절들에게서 명확합니다. 이사야서의 말씀입니다.

> 어둠 속에서 헤메던 백성이
> 큰 빛을 보았고,
> 죽음의 그림자가 드리운
> 땅에 사는 사람들에게 빛이 비쳤다.
> (이사야 9 : 2)

마태복음서의 말씀입니다.

> 어둠에 앉아 있는 백성이 큰 빛을 보았고,
> 그늘진 죽음의 땅에 앉은 사람들에게
> 빛이 비치었다.
> (마태 4 : 16)

누가복음서의 말씀입니다.

> 이것은 우리 하나님의 자비로운 심정에서 오는 것이다.
> 그분은 해를 하늘 높이 뜨게 하셔서,
> 어둠 속과
> 죽음의 그늘 아래에 사는 사람들에게
> 빛을 비추게 하시고,
> 우리의 발을 평화의 길로 인도하실 것이다.
> (누가 1 : 78, 79)

이사야서의 말씀입니다.

네가 너의 정성을 굶주린 사람에게 쏟으며,
불쌍한 자의 소원을 충족시켜 주면,
너의 빛이 어둠 가운데서 나타나며,
캄캄한 밤이 오히려 대낮같이 될 것이다.
(이사야 58 : 10)

같은 책의 말씀입니다.

감옥에 갇혀 있는 죄수들에게는
'나가거라. 너희는 자유인이 되었다!'
하고 말하겠고,
어둠 속에 갇혀 있는 사람들에게는
'밝은 곳으로 나오너라!' 하고 말하겠다.
(이사야 49 : 9)

역시 같은 책의 말씀입니다.

그 날이 오면,
듣지 못하는 사람이
두루마리의 글을 읽는 소리를 듣고,
어둠과 흑암에 싸인 눈 먼 사람이
눈을 떠서 볼 것이다.
(이사야 29 : 18)

또 같은 책의 말씀입니다.

무지몽매한 나의 백성을
내가 인도할 것인데,
그들이 한 번도 다니지 못한 길로

인도하겠다.
내가 그들 앞에 서서,
암흑을 광명으로 바꾸고,
거친 곳을 평탄하게 만들겠다.
이것은 내가 하는 약속이다.
반드시 지키겠다.
(이사야 42 : 16)

미가서의 말씀입니다.

지금은 내가 어둠 속에 있지만,
주께서 곧 나의 빛이 되신다.
(미가 7 : 8)

이들 장절들에서 "어둠"은 무지의 거짓들(無知 · the falsities of ignorance)을 뜻하는데, 이런 것들은 존재해 있고, 그리고 이런 것은 오늘날 선한 이방 사람들 가운데 있습니다. 이런 거짓들은 악에 속한 거짓들과는 전혀 다른 것입니다. 그런 거짓들은, 그것들이 악에서 비롯되었기 때문에, 그것들 안에 악을 저장하고 있지만, 이에 반하여 전자는, 그것들이 목적으로서 선을 가지고 있기 때문에, 그것들 안에 선을 저장하고 있습니다. 그러므로 이런 거짓들 안에 빠져 있는 자들은 진리들을 배울 수 있고, 그리고 역시 그들이 진리를 배울 때 그들은 마음에 진리들을 영접, 수용합니다. 이런 이유 때문에 그들의 거짓들 안에 있는 선은 진리를 애지중지하고, 그리고 또한 진리를 들었을 때 자신을 진리에 결합합니다. 그러나 악에 속한 거짓들에게는 전혀 다릅니다. 이런 것들은 모든 진리들에 대하여 반대, 혐오(嫌惡)하고, 그리고 그것이 진리이기 때문에, 따라서 악과 일치하지 않기 때문에 그것을 던져 버립니다.

[16] 재차 언급하면, 성경말씀에서 "어둠"은 진리의 결핍(缺乏)에서 비롯된 철저한 무지를 뜻하는데, 예를 들면 이런 것들은 시편 18 : 29 ; 139 : 11, 12의 말씀이 되겠습니다. "어둠"이 역시 자연적인 밝음(natural lumen)을 뜻하고, 이런 이유 때문에 어둠은 영적인 빛에 비교됩니다. 그러므로 천사들이 사람의 자연적인 선험지 안에 있는 그런 것을 가리키는 사람의 자연적인 밝음을 살피게 되었을 때, 그들은 그것을 마치 어둠으로 여기고, 그리고 마치 어둠 안에 있는 것과 같이, 그것 안에 있는 그런 것들로 여깁니다. 이런 빛이 창세기서 1장 2-5절에서 "어둠"이 뜻하는 빛입니다. 성경말씀에서 문자의 뜻이 자연적인 것이기 때문에, 역시 또한 그 뜻은 성경말씀에서 "구름"이라고 불리웠고, 그리고 또한 "어둠"은, 천계의 빛을 가리키고, 그리고 "영광"(glory)이라고 불리우는 내적인 영적인 뜻(the internal spiritual sense)에 비교, 비유되었습니다.

527. 낮의 삼분의 일이 빛을 잃고, 밤도 역시 그렇게 되었습니다(=낮이 삼분의 일 동안 비치지 못하고, 또 밤도 마찬가지였습니다).

이 말씀은 진리에 속한 영적인 빛이나, 진리에 속한 자연적인 빛이 완전히 소멸되었다는 것을 뜻합니다. 이러한 내용은, 영적인 뜻을 가리키는 "낮"(day)의 뜻에서, 그리고 자연적인 빛을 가리키는 "밤"(night)의 뜻에서 명확합니다. 이러한 뜻은, 곧 앞에서 "해의 삼분일과 달의 삼분일과 별들의 삼분의 일이 어두워졌다"고 언급되었기 때문입니다. 그리고 여기서 "낮"은 해의 빛을 뜻하고, "밤"은 달과 별들의 빛을 뜻하는데, 그것은 해가 낮 동안에 빛을 주기 때문이고, 그리고 달과 별들은 밤에 빛을 주기 때문입니다. 먼저는 낮의 빛이라고 부르는 해에서 비롯된 빛에 관해서 언급할 것이고, 뒤에는 "밤의 빛"이라고 부르는 달과 별들에게서 비롯된 빛에 관해서 언급할 것입니다.

[2] "낮의 빛"이나 "낮"이라고 부르는 해에서 비롯된 빛은 영적인 빛을 뜻하고, 이런 부류의 빛은 주님을 해로 보는 천사들이 가지고 있고, 그리고 "밤의 빛"이나 "밤"이라고 불리우는 달과 별들에게서 비롯된 빛은 자연적인 빛을 뜻하는데, 이런 부류의 빛은 주님을 달로서 보는 천사들이 가지고 있습니다. 주님께서 천사들에게 해나 달 양자로 보인다는 것은 《천계와 지옥》 116-125항을 참조하십시오. 주님을 해로 간직하고 생각하는 천계는 진리의 영적인 정동 안에, 다시 말하면 그것이 진리이기 때문에 진리를 사랑하는 진리의 영적인 정동 안에 있습니다. 이것이 영적이기 때문에 그러므로 해이신 주님에게서 비롯된 그 빛은 영적입니다. 그러나 주님을 달로 간직하고 생각하는 천계는 진리의 자연적인 정동 안에, 다시 말하면 그들이 배우기 위하여, 그리고 다른 자들을 가르치기 위하여 진리를 사랑하는 진리의 자연적인 정동 안에 있습니다. 이들은, 자신들에게 진리의 유용성(有用性)때문에, 진리를 애지중지하는 것이지, 진리 자체의 목적 때문에 진리를 애지중지하는 것은 아닙니다. 그러므로 그들은 달(月)이신 주님에게서 발출하는 빛 가운데 있습니다. 이 빛은 해(太陽)이신 주님에게서 나오는 빛과는 전혀 다릅니다. 그것은 마치 해에서 비롯된 낮의 빛은 우리의 자연계에서 달이나 별들에게서 나오는 밤의 빛과 같이 다릅니다. 마찬가지로 빛이 그들에게서 다른 것과 같이, 진리들도 다릅니다. 그것은 주님에게서 발출하는 신령진리는 천계에 있는 모든 빛을 생성하기 때문입니다(《천계와 지옥》 126-140항 참조).

[3] 그러므로 영적인 빛 안에 있는 자들은 진정한 진리들(genuine truths)안에 있습니다. 그리고 또한 전에 알지 못했던 진리들을 들으면 그들은 즉시 그것들을 시인하고, 그것들이 진리들이라는 것을 압니다. 그렇지만 자연적인 빛 가운데 있는 자들에게서는 전혀 다릅니다. 이런 부류가 진리들을 들으면 그들은 그것들을 영접, 수용하지만,

그들은 그것들을 알고, 지각하기 때문이 아니고, 다만 그들이 신뢰를 하는 사람 안에 있는 명성(名聲)에 속한 사람들에 의하여 언급되었기 때문입니다. 그러므로 이런 부류의 대부분의 믿음은 다른 자들로 말미암아 존재하지만, 그럼에도 불구하고 그들은 믿음에 일치하는 삶 가운데 있습니다. 비록 그들이 교리에 속한 거짓들 안에 있다고 해도 착하게 산 사람들은 모두 이런 천계에 들어갑니다. 뿐만 아니라 거기에 있는 거짓들은 계속해서 정결하게 되고, 종국에 그것들은 진리들처럼 드러납니다. 이러한 내용은 우리의 본문, "낮의 삼분의 일이 빛을 잃고, 밤도 역시 그렇게 되었다"(=낮이 삼분의 일 동안 비치지 못하고, 또 밤도 마찬가지였다)는 말씀이 뜻하는 것이 무엇인지 명료하게 합니다. "삼분의 일"이 모두(all), 충분(fullness), 전부(wholly)를 뜻한다는 것은 본서 506항을 참조하십시오.

[4] 여기서 "낮과 밤"은 창세기서 첫 장에 언급된 "낮과 밤"의 뜻과 동일한 뜻을 가지고 있습니다. 거기에는 이런 말씀이 언급되었습니다.

> 하나님이 말씀하시기를 "빛이 생겨라" 하시니, 빛이 생겼다. 그 빛이 하나님 보시기에 좋았다. 하나님이 빛과 어둠을 나누셔서, 빛을 낮이라고 하시고, 어둠을 밤이라고 하셨다. 저녁이 되고 아침이 되니, 하루가 지났다(창세기 1 : 3-5).

그 뒤의 말씀입니다.

> 하나님이 말씀하시기를 "하늘 창공에 빛나는 것들이 생겨서, 낮과 밤을 가르고, 계절과 날과 해를 나타내는 표가 되어라. 또 하늘 창공에 있는 빛나는 것들은 땅을 환히 비추어라" 하시니, 그대로 되었다. 하나님이 두 큰 빛을 만드시고, 둘 가운데서 큰 빛으로는 낮을 다스리게 하시고, 작은 빛으로는 밤을 다스리게 하셨다. 또 별들도 만드셨다. 하나님이 빛

나는 것들을 하늘 창공에 두시고 땅을 비추게 하시고, 낮과 밤을 다스리게 하시며, 빛과 어둠을 가르게 하셨다. 하나님 보시기에 좋았다. 저녁이 되고 아침이 되니, 나흘 날이 지났다(창세기 1 : 14-19).

첫째 날에 온 "빛"은 신령진리를 뜻하고, 그것 자체나 그것의 본질은 신령진리입니다. 따라서 이해를 빛나게 하는(=가르치는) 영적인 빛을 뜻합니다. 속뜻으로 이 장은 태고 사람에게 있었던 주님에 의한 교회의 설시(設始)를 다루고 있습니다. 그리고 처음 것은 조요(照耀)된 이해를 가지기 위한 것이기 때문인데, 왜냐하면 주님에 의한 조요(照耀)가 있기 전에는 거기에 바로잡음(改革 · reformation)이 전혀 없기 때문이고, 따라서 사람에게 교회가 없기 때문입니다. 그러므로 모든 빛에 속한 처음 것이 언급되었습니다. 따라서 첫째 날에 "빛"이 만들어졌다고 언급되었습니다. "하나님께서 보시니, 그 빛이 좋았다"는 말씀은 그들에게 있는 예증(例證 · illustration)과 수용(受容 · reception)이 좋았다는 것을 뜻합니다. 그러나 "어둠"은 자연적인 사람 안에 있는 밝음(lumen)을 뜻하는데, 그것은 자연적인 밝음이라고 합니다. 그 이유는 영적인 빛에 비유, 비교된 이 밝음은 어둠과 같기 때문이고, 결과적으로 이것은 "어둠"이 뜻합니다. 왜냐하면 모든 사람은 낮은 마음(a lower mind), 즉 외면적인 마음(exterior mind)과 높은 마음(a higher mind) 즉 내면적인 마음(interior mind)을 가지고 있기 때문입니다. 낮은 마음, 즉 외면적인 마음은 자연적인 마음이고, 그것은 자연적인 사람이라고 불리웁니다. 이에 반하여 높은 마음, 즉 내면적인 마음은 영적인 마음이고, 그리고 영적인 사람이라고 불리웁니다. 마음은 사람이라고 불리웁니다. 이런 이유 때문에 사람은 그의 마음 때문에 사람이 됩니다. 이런 두 마음들, 즉 높은 마음과 낮은 마음은 전적으로 다릅니다. 낮은 마음에 의하여 사람은 자연계에 있고, 그리고 거기에 있는 사람들과 함께 존재합니다. 그러나 높은 마음에 의하여 사람은 거기에 있는 천사들과 함께 영계에 있습니다. 이들 두 마음들은, 사람이 이 세상에 사는 동안 그가 그의 높은 마음 안에서 무슨 일이 계속되고 있는지 알 수 없을 만큼 서로 분별, 다릅니다. 그리고 그가 하나의 영이 되었을 때, 이런 일은 그가 죽은 뒤에 즉시 일어나는데, 그는 그의 낮은 마음에서 무슨 일이 계속되는지 알지 못합니다. 그러므로 "하나님은 빛과 어둠을 가르시고, 빛을 낮이라 하시고, 어둠을 밤이라고 하셨다" 라고 언급하고 있습니다. 이러한 것은 "낮"(day)이 영적인 빛을 뜻하고, "어둠"이 자연적인 빛을 뜻한다는 것을 명확하게 합니다. 모든 천계가 그와 같이 나뉘어지기 때문에 영적인 빛 안에 있는 자들은 태양이신 주님에게서 비롯된 빛 가운데 있고, 그리고 영적 자연적인 빛(spiritual-natural light)안에 있는 자들은 달(月)이신 주님에게서 비롯된 빛 안에 있습니다. 이러한 내용은 이미 이 단락에서 이미 언급하였습니다. 그리고 "하나님께서는 낮과 밤을 가르시기 위하여, 하늘 창공에 두 큰 빛을 있게 하시고, 큰 빛으로는 낮을 다스리게 하시고, 작은 빛으로는 밤을 다스리게 하시고, 그리고 빛과 어둠을 가르시기 위하여 하늘 창공에 두 큰 빛을 있게 하셨다"고 언급되었습니다. 그러므로 이렇게 볼 때, 여기서 "낮"(day)은 영적인 빛을 뜻하고, "밤"(night)은 천계에서 영적 자연적인 빛이라고 하는, 자연적인 빛을 뜻한다는 것은 아주 명확하게 합니다.

[5] 낮과 밤이 아래의 장절들에서도 동일한 뜻을 가지고 있습니다. 시편서의 말씀입니다.

> 지혜로 하늘을 만드신 분께 감사하여라.……
> 물 위에 땅을 펴 놓으신 분께 감사하여라.……
> 큰 빛들을 지으신 분께 감사하여라.……
> 낮을 다스릴 해를 지으신 분께 감사하여라.……
> 밤을 다스릴

달과 별을 지으신 분께 감사하여라.······
(시편 136 : 5-9)

예레미야서의 말씀입니다.

낮에는 해를 주셔서 빛을 밝혀 주시고, 밤에는 달과 별들이 빛을 밝히도록 정하여 놓으시고, 바다를 뒤흔들어 파도가 소리 치게 하신 분, 그 이름은 만군의 주이시다(예레미야 31 : 35).

시편서의 말씀입니다.

(주께서는)
낮도 주님의 것이요,
밤도 주님의 것입니다.
주께서 빛과 해를 창조하셨습니다.
(시편 74 : 16)

예레미야서의 말씀입니다.

"나 주가 이렇게 말한다. 낮에 대한 나의 약정과 밤에 대한 나의 약정을 너희가 깨뜨려서, 낮과 밤이 제시간에 오지 못하게 할 수 있겠느냐? 이런 일이 있을 수 없다면, 나의 종 다윗에게 세운 나의 언약도 깨지는 일이 없고, 다윗에게도 그의 왕좌에 앉아서 다스릴 자손이 끊어지는 일이 없고, 나를 섬기는 레위 지파의 제사장들에게 세운 나의 언약도 깨지는 일이 없을 것이다.······ 나 주가 말한다. 나의 주야의 약정이 흔들릴 수 없고, 하늘과 땅의 법칙들이 무너질 수 없는 것과 마찬가지로, 야곱의 자손과 나의 종 다윗의 자손도, 내가 절대로 버리지 않을 것이다"(예레미야 33 : 20, 21, 25, 26).

여기서 "낮의 언약(=낮에 대한 나의 약정)과 밤의 언약(=밤에 대한 나의 약정)"은 성경말씀에서 이스라엘 자손에 지시, 명령된 교회의 모든 법령들이나 규칙들을 뜻하고, 그들은 그것에 의하여 천계와 결합하였고, 그리고 천계를 통하여 주님과 결합하였습니다. 이런 것들이 "낮의 언약과 밤의 언약"이라고 불리웠는데, 그것은 그것들이 천계를 위한 것이고, 역시 교회를 위한 것이기 때문입니다. 천계를 위한 것은 영적인 것들을 표징하고, 뜻하고, 교회를 위한 것은 자연적인 것들을 표징, 뜻합니다. 그러므로 여기서 "낮과 밤의 언약들"(=약정)은 천계와 땅의 법령들이나 규칙들이라고 불리웠고, 그리고 "밤의 언약"(=약정)은 "달과 별들의 법령들이나 규칙들"이라고 불리웠습니다. 그리고 "나의 약정(=언약)도 깨지는 일이 없다"는 것은 지켜지지 않는 것이 없다는 것을 뜻합니다. 만약에 이런 것들이 지켜지지 않는다면, 신령진리나 신령선을 통한 주님의 결합이 결코 있을 수 없다는 것을 뜻한다는 것은 "나의 종 다윗에게 세운 나의 언약도 깨지는 일이 없고, 다윗에게도 그의 왕좌에 앉아서 다스릴 자손이 끊어지는 일이 없고, 나를 섬기는 레위 지파의 제사장들에게 세운 나의 언약도 깨지는 일이 없을 것이다"는 말씀이 뜻합니다. 여기서 "다윗과 세운 언약"은 신령진리를 통한 주님과의 결합을 뜻하고, 그리고 "그의 왕좌에 앉을 자손이 없다"(=끊어진다)는 것은 어느 누구에 의한 신령진리의 영접, 수용이 전혀 없다는 것을 뜻하고, "나를 섬기는 레위 지파의 제사장들에게 세운 나의 언약"은 신령선을 통한 주님과의 결합을 뜻합니다.
[6] 시편서의 말씀입니다.

  내가 말하기를
  "아, 어둠이 와락 나에게 달려들어서,
  나를 비추던 빛이 밤처럼 되어라" 해도,
  주님 앞에서는 어둠도 어둠이 아니며,

> 밤도 대낮처럼 밝으리니,
> 주님 앞에서는 어둠과 빛이 다 같습니다."
> (시편 139 : 11, 12)

이 장절은, 영적인 사람과 똑같이, 자연적인 사람도 주님에 의하여 밝게 빛을 받는다는 것을 뜻합니다. 여기서 자연적인 빛은 "어둠"과 "밤"이 뜻하고, 영적인 빛은 "빛"과 "대낮"(day)이 뜻합니다. "밤도 대낮처럼 밝을 것이다(=밤이 낮과 같이 빛날 것이다), 그리고 어둠도 빛과 같이 될 것이다"는 말씀도, 이사야에서와 같이, 동일한 뜻을 가지고 있습니다. 이사야서의 말씀입니다.

> 달빛은 마치 햇빛처럼 밝아지고…….
> (이사야 30 : 26)

이런 장절들은, 영적인 빛이 "낮의 삼분의 일이 빛을 잃었다"(=낮이 그 삼분의 일 동안 비치지 못한다)는 말씀이 뜻한다는 것을, 그리고 자연적인 빛이 "밤도 역시 그렇게 되었다"(=밤도 마찬가지더라)는 말씀이 뜻한다는 것을 밝히 알게 하기 위하여 인용되었습니다. 따라서 이런 표현들은, "해에서 비롯된 빛이나, 달에서 비롯된 빛과 똑같이" 동일한 뜻을 가지고 있습니다.

528. 13절. 그리고 내가 보고 들으니, 알아가는 독수리 한 마리가 하늘 한가운데로 날면서, 큰 소리로 "화가 있다. 화가 있다. 땅 위에 사는 사람들에게 화가 있다. 아직도 세 천사가 불어야 할 나팔 소리가 남아 있다" 하고 외쳤습니다.

[13절] :

"내가 보고 들으니, 독수리 한 마리가 하늘 한가운데로 날면서……" 라는 말씀은, 그것의 종말에 이른 교회의 상태에 관한 천계에 있는 모든 것을 비추는 주님을 뜻합니다(본서 529항 참조). "큰 소리로 외쳤다"는 말씀은 명료한 표현이나 현시(顯示)를 뜻합니다(본서 530항 참조). "화가 있다. 화가 있다. 땅 위에 사는 사람들에게 화가 있다"는 말씀은, 선과 진리에서 비롯된 혐오(嫌惡·aversion) 때문에 교회의 상태의 변화들로 인한 매우 비참한 애도(哀悼)나 비통(悲痛)을 뜻하고, 그리고 결과적으로는 저주(詛呪)나 영벌(永罰)을 뜻합니다(본서 531·532항 참조).

529. 13절. **내가 보고 들으니, 독수리 한 마리가 하늘 한가운데로 날면서……**

이 말씀은 교회의 마지막 때에 교회의 상태에 관한 천계에 있는 모든 것을 조요(照耀)하시는 주님을 뜻합니다. 이러한 뜻은, 그것에 관해서 곧 언급하겠지만, 지각하기 위하여 이해를 개방하는 것을 가리키는 "본다와 듣는다"(=보고 들었다·to see and to hear)는 낱말의 뜻에서, 그리고 주님을 가리키는 "천사"의 뜻에서 명확합니다. "천사들"이 성경말씀에서 주님에게서 발출하는 신령진리를 뜻한다는 것, 따라서 신령진리와의 관계에서 주님 당신을 뜻한다는 것 등은 본서 130·200·302항을 참조하시고, 여기서는 신령진리의 수용에 관해서 마지막 때에 이른 교회가 어떤 것인지를 명시(明示), 증명하시는 주님을 뜻합니다. 그리고 또한, 이것에 관해서 곧 언급하겠지만, 조요(照耀)하고 이해를 주는 것을 가리키는 "난다"(to fly)는 낱말의 뜻에서, 그리고 전 천계에 있다는 것을 가리키는, 또는 천계에 있는 자들 모두를 가리키는 "하늘 한가운데"(in midheaven)의 뜻에서 명확합니다. "가운데"(in the midst)라는 말이 전체(whole) 안에, 따라서 모두(all)를 뜻한다는 것은 본서 213항을 참조하십시오. 이렇게 볼 때 밝히 알 수 있는 것은, "내가 하늘 한가운데로 독수리 한 마리가 날면서 하는 말을 보고 들었다"는 말씀이 마지막 때에 이른 교회의 상태에 관해서 천계에 있는 모두의 조요(照耀)의 상태를 뜻한다는 것입니다. 여기서는 마지막 때에 이른 교회의 상태에 관한 조요냐, 조요의 상태를 뜻하는데, 그것은 아래에서 다루어지는 것 때문입니다. "보고 듣는다"(to see and to hear)는 말은 지각하기 위하여 이해를 여는 것(開放)을 뜻합니다. 왜냐하면 "본다"(to see)는 말은 이해하는 것을 뜻하기 때문이고, "듣는다"(to hear)는 말은 지각하는 것을 뜻하기 때문입니다. "본다"는 말이 이해하는 것을 뜻한다는 것은 본서 260항을 참조하시고, "듣는다"는 말이 지각하는 것을 뜻한다는 것은 본서 14 · 108항을 참조하십시오.

[2] "난다"(=나른다 · to fly)는 낱말이 주님과의 관계에서 조요(照耀)한다는 것을 뜻하는데, 그것은 "난다"(to fly)는 말이 이해(理解)에 관해서 언급하기 때문이고, 그리고 또한 주위의 그것의 환상(its vision)의 확장에 관해서 언급하기 때문입니다. 그러므로 주님과의 관계에서 "난다"(to fly)는 말은 이해의 조요를 뜻합니다. 주님과의 관계에서 "난다"(to fly)는 낱말이 편재(遍在 · 無所不在 · omnipresence)를 뜻한다는 것은 본서 282항을 참조하십시오. 결과적으로 그것은 역시 조요를 뜻합니다. 왜냐하면 어디에서나 주님께서는 조요가 있는 곳에 계시기 때문입니다. "난다"(=나른다 · to fly)는 낱말은 시편서에서도 동일한 뜻을 갖습니다. 시편서의 말씀입니다.

　　주께서 그룹을 타고 날아오셨다.
　　바람 날개를 타고 오셨다.
　　(시편 18 : 10 ; 사무엘 하 22 : 11)

여기서 "그룹"(cherub)은 극내적인 천계(the inmost heaven)을 뜻하고, "탄다"(to ride)는 말은, 이해를 주는 것이나 조요하는 것을 뜻합니다. "난다" "바람 날개를 타고 오셨다"는 것은 역시 동일한 뜻을 갖습니다. 그러나 여기서 "탄다"(to ride)는 말은 여기서는 "그룹"이 뜻하는 극내적인 천계에 이해를 주는 것을 뜻하고, 조요하는 것을 뜻합니다. "난다"(to fly)는 낱말은 역시 중간천계에 이해를 주는 것이나, 조요하는 것을 뜻합니다. 하지만 "바람 날개를 타고 오셨다"(=나타나셨다)는 말씀은 궁극적인 천계에 이해를 주는 것이나, 조요하는 것을 뜻합니다. "탄다"는 말이 이해를 주는 것을 뜻한다는 것은 본서 355[C]・364[B]항을 참조하시고, "그룹"(cherub)이 극내적인 천계(the inmost heaven)을 뜻한다는 것은 313[A]・322・362・462항을 참조하십시오. "난다"(to fly)는 말이 중간천계(the middle haven)를 조요하는 것을 뜻하는데, 그것은 천계가 영적인 천계(the spiritual heaven)을 가리키고, 그리고 성경말씀에서 영적인 것들은 다종의 새들이 뜻하고, 그리고 그것들의 날개들이나 비상(飛翔・flights)들이 뜻하기 때문입니다. "바람 날개를 타고 나타났다"(=오셨다)는 것은 궁극적인 천계(the ultimate heaven)을 조요하는 것을 뜻하는데, 그것은 "날개들"(wings)이 비상(飛翔)을 위한 것이기 때문이고, 그리고 "바람"(wind)은 그 천계의 영적인 것을 뜻하기 때문입니다. 그러므로 이런 모든 것은 천계에 계신 주님의 편재(遍在)를 기술하고, 그리고 그것으로 말미암아 이해에 속한 조요를 기술합니다. 왜냐하면, 위에서 언급한 것과 같이, 주님이 현존해 계신 곳에는 조요가 있기 때문입니다.

530. 큰소리로 외쳤습니다.
이 말씀은 들어냄(顯示・明示・manifestation)을 뜻합니다. 이러한 사실은 들어냄(=현시・명시)를 가리키는, 여기서는 아래에 이어지는 것에 예언된, 그 교회의 종말에 가까이 이른 교회의 다가오는 상태에 관한 들어냄(=현시・명시)을 가리키는 "큰소리로 외친다"는 말의 뜻에서 명확합니다. "큰 소리"라는 말이 언급되었는데, 그것은 주님과 관계를 가지고 있기 때문이고, 그리고 위에서 언급한 것과 같이 보편적인 천계(the universal heaven)와 관계를 가지고 있기 때문입니다.

531. "화가 있다. 화가 있다. 땅 위에 사는 사람들에게 화가 있다. 아직도 세 천사가 불어야 할 나팔 소리가 남아 있다."

이 말씀은 선과 진리에서 비롯된 혐오 때문에, 결과적으로는 저주나 영벌 때문에, 교회의 마지막 때에 그 교회의 상태의 변화들로 인한 매우 비참한 슬픔이나 애도를 뜻합니다. 이러한 뜻은, 선이나 진리에서 비롯된 혐오로 인한 매우 비참한 슬픔이나 애도를 가리키는, 결과적으로는 저주나 영벌을 가리키는 "화가 있다"(woe)는 말의 뜻에서 명확합니다. "화가 있다"(woe)는 말이 세 번 언급되었기 때문에, 이것에 관해서 곧 언급하겠지만, 매우 비참한 슬픔이나 애도를 뜻합니다. 그리고 또한 여기서 "땅"은 교회를 뜻하는데(본서 29 · 304 · 417항 참조), 교회에 속한 자들을 가리키는 "땅 위에 사는 사람들"의 뜻에서, 그리고 교회의 상태의 변화들을 가리키는 "나팔을 불 세 천사들의 나팔의 소리들"의 뜻에서 명확합니다. 왜냐하면 "나팔을 부는 천사들"은 천계에서 나온 입류에서 비롯된 변화들을 뜻하기 때문입니다(본서 502항 참조). 여기서 "셋"(3)이 종말에 이른 완전한 것을 뜻한다는 것은 아래의 단락에서 볼 수 있겠습니다. 이렇게 볼 때 우리의 본문, "화가 있다, 화가 있다, 땅 위에 사는 사람들에게 화가 있다. 아직도 세 천사가 불어야 할 나팔 소리가 남아 있다"는 말씀은, 선이나 진리에서 비롯된 혐오 때문에, 결과적으로는 저주나 영벌 때문에, 그 교회의 마지막에 이른 그 교회의 상태의 변화들로 인한 비참한 슬픔이나 애도를 뜻한다는 것을 잘 알 수 있겠습니다.

[2] 여기서 "화가 있다"(woe)는 말이 재난(災難 · calamity) · 위험(危險 · danger) · 고난(苦難 · hardship) · 파멸(破滅 · destruction)에 대한 슬픔이나 비애를 뜻한다는 것은 그 말이 나타나는 성경말씀의 여러 장절들에서 잘 알 수 있습니다. 그러나 여기서 그 낱말은 선과 진리

에서 비롯된 혐오에 대한, 결과적으로는 저주나 영벌에 대한, 슬픔이나 비애를 뜻합니다. 그 이유는 아래에 다루어진 것 때문입니다. 그리고 선과 진리에서 비롯된 혐오가 교회의 종말에 이르기까지 교회에서 계속해서 더욱 더 비참하게 되기 때문에 그 말이 세 번씩 언급되었고, 그리고 그 각각은 악에 속한 계속적으로 증대하는 심한 고통을 뜻합니다. 이러한 사실은, 그 말이 언급된, 아래의 장절에서 잘 알 수 있습니다. 묵시록서의 말씀입니다.

첫째 재앙이 지나갔습니다. 그러나 아직도 두 가지 재앙이 더 닥쳐올 것입니다(묵시록 9 : 12).

그 뒤에 이어지는 말씀입니다.

둘째 재난은 지나갔습니다. 그러나 이제 셋째 재난이 곧 닥칠 것입니다 (묵시록 11 : 14).

[3] "화가 있다"는 말이 성경말씀에서 각양각색으로 일어나는 사건들(=예기치 않았던 일)에 대한 슬픔이나 비애를, 특히 교회를 폐허로 만드는 온갖 악들에 대한 슬픔이나 비애를 뜻한다는 것은 성경말씀의 여러 장절들에게서 잘 알 수 있습니다. 예를 들면 마태복음서의 말씀입니다.

율법학자들과 바리새파 사람들아, 위선자들아, 너희에게 화가 있다!(마태 23 : 13, 14, 15, 16, 23, 25, 27, 29).

누가복음서의 말씀입니다.

인자를 넘겨 주는 그 사람에게는 화가 있다(누가 22 : 22).

이사야서의 말씀입니다.

> 너희가, 더 차지할 곳이 없을 때까지,
> 집에 집을 더하고,
> 밭에 밭을 늘려 나가,
> 땅 한가운데서 홀로 살려고 하였으니,
> 너희에게 재앙이 닥친다 !
> (이사야 5 : 8)
> 아침에 일찍 일어나 독한 술을 찾는 사람과,
> 밤이 늦도록
> 포도주에 얼이 빠져 있는 사람에게,
> 재앙이 닥친다 !
> (이사야 5 : 11)
> 죄를 끌어당기는 자들에게
> 재앙이 닥친다 !
> (이사야 5 : 18)
> 악한 것을 선하다고 하고
> 선한 것을 악하다고 하는 자들,
> 재앙이 닥친다 !
> (이사야 5 : 20)
> 스스로 지혜롭다 하며,
> 스스로 슬기롭다 하는 그들에게,
> 재앙이 닥친다 !
> (이사야 5 : 21)
> 포도주쯤은 말로 마시고,
> 온갖 독한 술을 섞어 마시고도
> 끄떡도 하지 않는 자들에게,
> 재앙이 닥친다 !

(이사야 5 : 22)

이 밖에도 많은 장절들이 있습니다. 예를 들면, 이사야 3 : 11 ; 10 : 1 ; 17 : 12 ; 18 : 1 ; 29 : 1, 15 ; 30 : 1 ; 31 : 1 ; 33 : 1 ; 45 : 9, 10 ; 예레미야 22 : 13 ; 에스겔 13 : 3 ; 묵시록 18 : 16, 19입니다.

532. 성경말씀의 모든 숫자들은 사물(事物 · things)들이나 상태(狀態 · states)들을 뜻하기 때문에, 그리고 합성된 수(合成數 · the composite numbers)는 그것들을 구성하는 소수(素數 · simple numbers)들에게서 그것들의 뜻(意味)을 취하기 때문에, 그리고 그 소수들은 주로 2 · 3 · 5 · 7이라는 수들이기 때문에, 성경말씀에서 이런 숫자들이 뜻하는 것이 무엇인지 입증한다는 것은 매우 중요합니다. 그리고 여기서 "셋"(3)이 뜻하는 것이 무엇인지 입증하는 것이 매우 중요합니다. 왜냐하면 "아직도 세 천사가 불어야 할 나팔 소리에서 '화가 있다, 화가 있다, 화가 있다'" 라고 언급되었기 때문입니다. 성경말씀에서 모든 숫자들이 그 어떤 사물이나 상태를 뜻한다는 것은 203 · 429항을 참조하시고, 보다 큰 숫자들이나 합성된 수들(composite numbers)도 곱셈에 의하여 생겨난 그것의 근원인 소수(素數 · the simple numbers)가 지니고 있는 동일한 뜻을 가지고 있다는 것, 그리고 그 소수들이 2 · 3 · 5 · 7이라는 것 등등은 본서 430[A]항을 참조하십시오.

[2] 성경말씀에서 "셋"(3 · three)은 충분한 것이나 완전한 것을 뜻하고, 그리고 그것으로 말미암아 시작에서 마지막(beginning and end)까지 전체의 기간이나 또는 그것의 크고 작은 기간을 뜻한다는 것은 아래의 장절들에게서 볼 수 있겠습니다. 이사야서의 말씀입니다.

삼 년 기한으로 머슴살이를 하게 된 머슴이 그 햇수를 세듯이, 이제 내가 삼 년을 센다. 삼 년 안에 모압의 영화가 그 큰 무리와 함께 모두 능욕을 당할 것이며, 남은 사람이라야 얼마 되지 않아, 보잘 것이 없을 것이다(이사야 16 : 14).

여기서 "모압"(Moab)은 악에서 비롯된 거짓들 안에 있는 자들을 뜻하고, "그의 영화"(his glory)나 "그의 큰 무리"는 그런 부류의 거짓들을 뜻하고, "그의 영화가 보잘 것이 없이 될 삼 년 동안"은 완전한 것이나 끝마친 것을 뜻합니다. 그러므로 "그 때 남은 사람이라야 얼마 되지 않을 것이다" 라고 언급되었는데, 이 말씀은 그것이 더 이상 아무 것도 아니다는 것을 뜻합니다. 여기서 언급된 "삼 년"(three years)은 마감된 것(finished), 따라서 시작부터 마지막까지를 뜻합니다. 여기서 우리가 주지하여야 할 사실은, 영적인 뜻으로 기간들(times)은 상태들을 뜻하기 때문에, 여기서 "세 번"(three times)은 그것의 길고, 짧은 것에 관계 없이, 충분한 때를 뜻하기 때문에, "삼 년"(three years)은 "세 달"(three months) · "삼 주"(three weeks) · "삼 일"(three days)이 뜻하는 것과 동일한 뜻을 가지고 있습니다.

[3] 같은 책의 말씀입니다.

> 그 때에 주께서 말씀하셨다.
> "나의 종 이사야가
> 삼 년 동안 벗은 몸과 맨발로 다니면서,
> 이집트와 에티오피아에게
> 표징과 징조가 된 것처럼,
> 앗시리아 왕이,
> 이집트에서 잡은 포로와
> 에티오피아에서 잡은 포로를,
> 젊은이나 늙은이 할 것 없이,
> 모두 벗은 몸과 맨발로 끌고 갈 것이니,
> 이집트 사람이 수치스럽게도,

그들의 엉덩이까지 드러낸 채로
끌려갈 것이다."
(이사야 20 : 3,4)

여기서 "이집트"와 "에티오피아"(=구스)는 그것들을 뜻하지 않고, 오히려 "이집트"는 지식(=과학지)에 관해서 외적인 것이나, 자연적인 것을 뜻하고 "구스"(=에티오피아)는 예배에 관해서 외적인 것이나, 자연적인 것을 뜻합니다. 그리고 이런 자연적인 것이 전혀 내적인 것이나 영적인 것을 가지지 못하였을 때, 그것은 진리나 선도 전혀 가지고 있지 못합니다. 왜냐하면 자연적인 사람이나 겉사람에게 속한 모든 진리나 모든 선은 주님으로 말미암아 영적인 사람을 통한 입류로 말미암아 존재하기 때문입니다. 그리고 자연적인 사람, 즉 겉사람이 전혀 진리나 선을 가지고 있지 않을 때, 그것은, 그것 안에 있는 것들에 관해서 보면, 마치 "벌거벗은 사람이나 맨발의 사람"과 같기 때문입니다. 그 때 거기에는 온갖 거짓들에게서 비롯된 추론들(推論 · reasonings)만 있다는 것, 그리고 이것들은 모두 파괴될 것이라는 것 등등은 "앗시리아 왕이 이집트에서 잡은 포로와 에티오피아(=구스)에서 잡은 포로를 모두 벗은 몸과 맨발로 끌고 갈 것이다"는 말씀이 뜻합니다. 그리고 모든 이노센스와 지혜가 파멸될 것이라는 것은 "앗시리아 왕이 끌고 갈 젊은이와 늙은이"가 뜻하고, 그리고 그들의 전적이고, 완벽한 파괴나 멸망은 "그 예언자가 삼 년 동안의 벗은 몸과 맨발로 다닌다"는 말씀이 표징하는데, 여기서 "삼 년"(three years)은 시작부터 끝까지 전 기간을 뜻하고, 결과적으로는 전적인 파괴나 멸망을 뜻합니다.

[4] 호세아서의 말씀입니다.

(주께서)

이틀 뒤에 우리를 다시 살려 주시고,
사흘 만에 우리를
다시 일으켜 세우실 것이며,
우리가 주 앞에서 살 것이다.
(호세아 6 : 2)

"이틀 뒤에 우리를 다시 살리시고, 사흘 만에(=셋째 날) 우리를 다시 일으켜 세우실 것이다"는 말씀은 교회를 바로잡고(改革) 회복하는 것을 뜻합니다. 여기서 "셋째 날"(the third day)은 충분한 바로잡음(改革)과 회복(回復 · restoration)을 뜻하기 때문에, 그러므로 그 때 "그는 다시 일으켜 세우실 것이다" 라고 언급하였습니다. 여기서 명확한 것은 이틀(two days)이나 "셋째 날"(the third day)을 뜻하지 않는다는 것입니다.

[5] 숫자 삼(three)이 종말이나 목적에 이르기까지의 완전한 것을 뜻하기 때문에, 그 숫자는 표징적인 교회에서 채용되었고, 적용되었는데, 그 때마다 완전한 것을 표징하였습니다. 이러한 것은 성경말씀의 이런 것들에게서 잘 볼 수 있습니다. 예를 들어 보겠습니다.

이집트의 임금에게 가서 "히브리 사람의 주 하나님이 우리에게 나타나셨으니, 이제 우리가 광야로 사흘길을 걸어가서, 주 우리의 하나님께 제사를 드려야 하니, 허락하여 주십시오" 하고 요구하여라(출애굽 3 : 18 ; 5 : 3).

이스라엘 자손이 이집트 땅에서 나온 뒤, 셋째 달 초하룻날, 바로 그 날, 그들은 시내 광야에 이르렀다(출애굽 19 : 1).

셋째 날을 맞이할 준비를 하여라. 바로 이 셋째 날에, 나 주가, 온 백성이 보는 가운데서 시내 산에 내려가겠다.…… 그는 백성에게 "셋째 날을 맞을 준비를 하고, 남자들은 여자를 가까이 하지 말라"고 당부하였다. 마침내 셋째 날 아침이 되었다.…… 진에 있는 모든 백성이 두려워서 떨었다.…… 주께서 불 가운데서 그 곳으로 내려오셨다(출애굽 19 : 11, 15, 16, 18).

모세가 하늘에다 그의 팔을 내미니, 이집트 온 땅에 사흘 동안 짙은 어둠이 내렸다. 사흘 동안 사람들은, 서로 볼 수도 없었고, 제자리를 뜰 수도 없었다. 그러나 이스라엘 자손이 사는 곳에는, 어디에나 빛이 있었다(출애굽 10 : 22, 23).

너희가 그 땅으로 들어가 온갖 과일나무를 심었을 때에, 너희는 그 나무의 과일을 할례받지 못한 것으로 여겨라(=따서는 안 된다). 과일이 달리는 처음 세 해 동안 그 과일을 따지 말아라(=할례 받지 못한 것으로 여겨라). 넷째 해의 과일은 거룩하게 여겨, 그 달린 모든 과일을 주를 찬양하는 제물로 바쳐야 한다. 그러나 과일을 맺기 시작하여 다섯째 해가 되는 때부터는, 너희가 그 과일을 먹어도 된다(레위기 19 : 23-25).

그는 그 제물을 자기가 바친 그 날에 먹을 것이며, 먹고 남은 것이 있으면, 그 다음날까지 다 먹어야 한다. 그러나 사흘 째 되는 날까지도 그 희생 제물의 고기가 남았으면, 그것은 불살라야 한다.…… 사흘 째 되는 날까지 남은 것을 먹었으면, 주께서는 그것을 바친 사람을 기쁘게 생각하지 않을 것이며,…… 그런 행위는 역겨운 것이어서, 날 지난 제물을 먹는 사람은 벌을 받게 된다(레위기 7 : 16-18 ; 19 : 6, 7).

그는 사흘 째 되는 날과 이레째 되는 날, 정결하게 하는, 물(=성별의 물 · the water of separation)을 그의 위에 뿌려야 한다(민수기 19 : 11-22).

사흘째 되는 날과 이레째 되는 날에는, 사람을 죽인 사람과 시체에 닿은 사람과, 너희만이 아니라 너희가 사로잡은 포로들도 모두, 부정탄 것을 벗는 예식을 올려야 한다(민수기 31 : 19-25).

여호수아는 백성의 지도자들에게 명령을 내렸다. "진을 두루 다니며 백성들에게 알려라. 양식을 예비하고, 지금부터 사흘 안에 우리가 이 요단 강을 건너, 주 우리 하나님이 우리에게 주셔서 우리가 소유하게 될 땅으로 들어가, 그 땅을 차지할 것이라고 말하여라"(여호수 1 : 10, 11 ; 3 : 2).

주께서 사무엘을 세 번째 부르셨다. 사무엘이 일어나 엘리에게 가서 "부르셨습니까? 제가 여기 왔습니다" 하고 말하였다. 그제야 엘리는, 주께서 그 소년을 부르신다는 것을 깨달았다(사무엘 상 3 : 1-8).
요나단이 다윗에게 모레 저녁 때(=셋째 저녁)까지 들녘에 숨어 있으라고 말하였다. 그 뒤 요나단은 그 바위 곁으로 화살을 세 번 쏘았다.…… 그 어린 종이, 성읍 안으로 들어가니, 다윗이 그 숨어 있던 바위 곁에서 일어나, 얼굴을 땅에 대면서 세 번 큰 절을 하였다(사무엘 상 20 : 5-41).
"너는 다윗에게 가서, 전하여라.…… '내가 너에게 세 가지를 내놓겠으니, 너는 그 가운데 하나를 택하여라.'"…… "임금님의 나라에 일곱 해 동안 흉년이 들게 하는 것이 좋겠습니까? 아니면, 임금님께서 왕의 목숨을 노리고 쫓아다니는 원수들을 피하여 석 달 동안 도망을 다니시는 것이 좋겠습니까? 아니면, 임금님의 나라에 사흘 동안 전염병이 퍼지는 것이 좋겠습니까?…… 저를 임금님에게 보내신 분에게, 제가 무엇이라고 보고하면 좋을지, 잘 생각하여 보시고, 결정하여 주시기 바랍니다"(사무엘 하 24 : 11-13).
그는 그 아이의 몸 위에 세 번이나 엎드려서, 몸과 몸을 맞춘 다음, 주께 또 부르짖었다(열왕기 상 17 : 21).
그들이 세 번을 그렇게 하였다(열왕기 상 18 : 34).
요나는 사흘 밤낮을 그 물고기 뱃속에서 지냈다(요나 1 : 17 ; 마태 12 : 40).
그 때 다니엘은 세 이레 동안 고행하였다(다니엘 10 : 2-4).
세 해마다 십일조를 드리는 해가 되면……(신명기 26 : 12).
예수께서 그들에게 비유로 말씀하셨다. "포도원을 일군 어떤 사람이 세 번 그의 종들을 보냈고, 나중에는 그의 아들을 보냈다"(마가 12 : 2-6 ; 누가 20 : 12, 13).
오늘 밤에 닭이 울기 전에 네가 세 번 나를 모른다고 할 것이다(마태 26 : 34, 69 ; 누가 12 : 34, 57-61 ; 요한 13 : 38).
예수께서 베드로에게 세 번, "나를 사랑하느냐?…… 내 어린양을 먹어라.…… 내 양을 쳐라" 말씀하셨다.…… 세 번이나 물으시므로 베드로는 불안하였다(요한 21 : 15-17).
하늘 나라는 누룩과 같다. 어떤 여자가 그것을 가져다가, 가루 서 말 속에 섞어 넣었더니(=감추었더니), 마침내 온통 부풀어올랐다(마태 13 : 33 ;

누가 13 : 21).
오늘과 내일은 내가 귀신을 내쫓고 병을 고칠 것이요, 사흘째 되는 날에는 내 일을 끝낸다. 그러나 오늘도 내일도 그 다음날에도, 나는 내 길을 가야 하겠다(누가 13 : 32, 33).
인자도 사흘 낮과 사흘 밤 동안을 땅 속에 있을 것이다(마태 12 : 40).
사흘 째 되는 날에 살아나야 한다는 것을, 제자들에게 밝히기 시작하셨다(마태 16 : 21 ; 17 : 22, 23 ; 20 : 18, 19 ; 누가 18 : 32, 33 ; 24 : 46).
이 사람이 하나님의 성전을 허물고, 사흘 만에 세울 수 있다고 했습니다(마태 26 : 61 ; 27 : 40 ; 요한 2 : 19, 20).
예수께서는 겟세마네에서 세 번 기도하셨다(마태 26 : 39, 42, 44).
예수께서 십자가에 못 박을 때는 제 삼 시(=아침 아홉 시)였다(마가 15 : 25).
낮 열두 시부터 어둠이 온 땅을 덮어서, 오후 세 시까지 계속되었다.…… 예수께서는 다시 큰소리로 외치시고 나서, 숨을 거두셨다(마태 27 : 45, 50 ; 마가 15 : 33, 37 ; 요한 19 : 30).
예수께서는 셋째 날에 다시 살아나셨다(마태 28 : 1 ; 마가 16 : 2 ; 누가 24 : 1 ; 요한 20 : 1).

[6] 이상에서 우리가 밝히 알 수 있는 것은, 숫자 "삼"(3 · 셋 · three)이 마지막에 이른 끝마친 것이나, 완벽한 것을, 결과적으로는, 크든 작든, 시작부터 마지막까지의 전 기간을 뜻한다는 것입니다. 이 단수(單數)에서 수많이 합성된 수많은 숫자들은 자신들의 뜻을 취합니다. 예를 들면 6 · 9 · 12 · 60 · 72는 숫자 삼(=셋 · three)에서 그것들의 뜻을 취하는데, 이런 숫자들은 복합적으로 "삼"에서 모든 진리들이나, 선들을 뜻합니다. 그리고 삼 십(30) · 삼 백(300) · 삼 천(3000)도 마찬가지입니다. 왜냐하면 앞 단락에서 언급한 것과 같이, 합성된 숫자들은, 그것들을 구성하는 단수에서 그것들의 뜻을 취하기 때문입니다. 더욱이 주지하여야 할 것은, 성경말씀에서 "삼"(=셋 · 3)

은 진리들에 관해서 서술하고, "둘"(2)이나 "넷"(4)은 선에 관해서 서술한다는 것입니다. 이런 이유 때문에 "둘"(2)과 "넷"(4)은 결합을 뜻하고, 한편 "삼"(3)은 충만을 뜻하고, 그리고 영적인 결합은 사랑을 가리키고, 그리고 모든 선은 사랑에 속한 것을 뜻합니다. 다른 한편 영적인 충만은 진리들에 의하여 형성됩니다. 성경말씀의 모든 숫자들이 표의(表意)적이라는 것을 알지 못하는 사람은, 성경말씀에서 "둘과 셋"(two and three) 또는 "셋과 넷"(three and four)이 언급되었을 때, 아래 장절들에서와 같이, 선이나 진리 안에 있는 자들 대신에, 둘 또는 셋, 또는 적다는 것(a few)을 뜻한다는 것 이외의 다른 생각이나 신념 따위는 전혀 가지지 않습니다.

[7] 이사야서의 말씀입니다.

> 그들은
> 열매를 따고 난 올리브 나무처럼 될 것이다.
> 마치 올리브 나무를 흔들 때에,
> 가장 높은 가지에 있는 두세 개의 열매나,
> 무성한 나무의 가장 먼 가지에 남은
> 네다섯 개의 열매와 같이 될 것이다.
> (이사야 17 : 6)

이 장절은 교회의 황폐나 폐허에 관해서 다루고 있고, 그리고 선과 진리 안에 남아 있는 극소수에 관해서 언급하고 있습니다. 올리브 나무를 흔드는 것에 비유되었는데, 그것은 "올리브 나무"가 사랑의 선에 관해서 교회를 뜻하기 때문이고, 그리고 "가지들"은 그것에서 비롯된 진리들을 뜻하기 때문입니다. 여기서 "두세 개"는 선이나, 그것에서 비롯된 진리 안에 있는 것이 극소수라는 것을 뜻하고, 그리고 여기서 "둘"(2)은 선을 뜻하고, "셋"(3)은 진리들을 뜻합니다. "네다섯"은 선 안에 있는 극소수를 뜻하는데, 여기서 "넷"(4)은 선한 자들을 뜻하고, "다섯"(5)은 거의 없다는 것을 뜻합니다. "네다섯"이 선 안에 있는 극소수를 뜻하기 때문에, "무성한 나무의 가장 먼 가지에 남은 네다섯 개의 열매"라고 언급되었습니다. 여기서 "무성한 올리브 나무"는 삶의 측면에서 선 안에 있는 교회 안에 자들을 뜻합니다. 이런 숫자들의 이런 뜻들 때문에 "두셋"이나 "네다섯"은 둘이나 셋을 뜻하지 않고, 또한 넷이나 다섯을 뜻하지 않습니다.
[8] 아모스서의 말씀입니다.

> 두세 성읍의 주민들이 물을 마시려고, 비틀거리며 다른 성읍으로 몰려갔지만, 거기에서도 물을 실컷 마시지 못하였다(아모스 4 : 8).

이 장절은 교회의 마지막 때의 진리들의 결핍(缺乏)을 다루고 있는데, 영적인 정동으로 말미암아 진리를 열망하는 자들이 교리들 안에서 어떤 진리도 찾지 못하는 때이고, 그들이 어디에서 찾으려고 하지만 찾지 못하는 때로, 그러므로 "두세 성읍의 주민들이 물을 마시려고 성읍으로 여기저기를 다녔지만, 물을 실컷 마시지 못하였다"고 언급하고 있습니다. 여기서 "두세 성읍들"은 선에서 비롯된 진리의 정동 안에 있는 자들을 뜻하고, 그리고 "성읍"은 교리의 진리를 뜻합니다. "물을 긷는다"는 말은 진리들을 배우는 것을 뜻하고, 그리고 "만족하지 못한다"(=실컷 마시지 못한다)는 것은 본질적으로 진리들을 가리키는 진리를 찾지 못한 것을 뜻합니다. "두세 성읍들"이라고 언급하였는데, 그것은 "두 셋"(two three)이 선 안에, 그리고 그것에서 비롯된 진리들 안에 있는 자들을 뜻하기 때문입니다.
[9] 스가랴서의 말씀입니다.

> 내가 온 땅을 치면,

삼분의 이가 멸망하여 죽고,
삼분의 일만이 살아 남게 될 것이다.……
그 삼분의 일은 내가 불 속에 집어 넣어서
은을 단련하듯이 단련하고,
금을 시험하듯이 시험하겠다.
그들은 내 이름을 부르고,
나는 그들에게 응답할 것이다.
나는 그들을 '내 백성'이라고 부르고,
그들은 나 주를
'우리 하나님'이라고 부를 것이다.
(스가랴 13 : 8, 9)

이 장절에서도 마찬가지로 선의 측면에서 교회의 황폐를 다루고 있는데, 모든 선이 멸망할 것이라는 내용은 "온 땅의 삼분의 이가 끊어지고(cut off), 소멸할(expire)것이다"는 말씀이 뜻합니다. "온 땅"은 모든 교회 안에 있는 것을 뜻하고, "삼분의 이"는 모든 선을 뜻합니다. 거의 순수한 진리를 제외하면, 진리의 다소가 남을 것이라는 내용은 "삼분의 일만이 살아 남게 될 것이지만, 그러나 그 삼분의 일은 내가 불 속에 집어 넣어서 단련하겠다"는 말씀이 뜻합니다. 여기서 "세 부분"은 남아 있는 진리들을 뜻하고, 그리고 이것들이 진정한 진리인지 아닌지 입증되어야 하는데, 그 입증이 "그들은 불을 통과하여야 한다"(=내가 불 속에 집어 넣는다)는 말씀이 뜻합니다. 여기서 "불에 의하여 입증한다"는 것은 사랑에 속한 정동에 의한 것을 뜻합니다. 만약에 진리가 이것에 조화, 일치하지 않는다면 그것은 순수한 진리가 아닙니다. 성경말씀에서 "불"은 사랑을 뜻합니다. 교회에서 사랑의 선이 멸망할 때 진리는 진리가 아닙니다. 그것은 모든 진리들도 그것의 본질을 선에서 취하기 때문입니다.

[10] 이러한 내용은 마태복음서의 주님의 말씀이 뜻하는 것이 무엇

인지를 명확하게 합니다. 그 책의 말씀입니다.

> 두세 사람이 내 이름으로 모이는 자리에는, 내가 그들과 함께 있다(마태 18 : 20).

여기서 둘과 셋(two and three)은 그것을 뜻하지 않고, 오히려 선 안에 있는 자들과 그것에서 비롯된 진리들 안에 있는 자들을 뜻합니다. 여기서도 역시 "주님의 이름"은 그분의 이름을 뜻하지 않고, 오히려 그것에 의하여 예배드려지는 것을 가리키는 모든 사랑의 선과 믿음의 진리를 뜻합니다(본서 102 · 135항 참조).
[11] 이러한 내용은 역시 누가복음서의 주님의 말씀이 뜻하는 것이 무엇인지 명확하게 합니다. 그 책의 말씀입니다.

> 이제부터, 한 집안에서 다섯 식구가 서로 갈려져서, 셋이 둘에 맞서고, 둘이 셋에게 맞설 것이다(누가 12 : 52).

이 장절은 주님의 강림 뒤, 주님께서 잘 알려졌을 때를 뜻하고, 그리고 성경말씀의 내면적인 것들이 그분에 의하여, 그리고 그분과 함께 계시된 것을 뜻하는데, 이 양자는 일반적으로는 교회 안에 있는 자들을, 그리고 개별적으로는 교회에 속한 사람 안에 있는데, 거기에는 선과 진리 사이에, 그리고 진리와 선 사이에 있는 분쟁(分爭)이나 알력(軋轢)이 있다는 것입니다. 이러한 내용은 "한 집안에서 다섯 식구가 서로 갈려져서, 셋이 둘에 맞서고, 둘이 셋에게 맞설 것이다"는 말씀이 뜻합니다. 여기서 "집"(house)은 일반적으로는 교회를 뜻하고, 개별적으로는 교회에 속한 사람에게 있는 것을 뜻합니다. 그리고 "셋"은 진리들을 뜻하고, "둘"은 선들을 뜻하고, 그것에 관해서 언급된 "다섯이 서로 갈리질 것이다"는 말씀은 거기에 개혁된 사람들에게 있는 분쟁이나 알력을 뜻하고, 결과적으로는 이런 말씀이 부연되었습니다. 누가복음서의 말씀입니다.

> 아버지가 아들에게, 아들이 아버지에게 맞서고, 어머니가 딸에게, 딸이 어머니에게 맞서고, 시어머니가 며느리에게, 며느리가 시어머니에게 맞서서, 서로 갈라질 것이다(누가 12 : 53).

여기서 "아버지"(father)는 교회에 속한 선을 뜻하고, "아들"(son)은 교회에 속한 진리를 뜻하고, "어머니"(mother)는 교회에 속한 진리를 뜻하고, "딸"(daughter)은 교회에 속한 선을 뜻합니다. 만약에 그것들이 이런 뜻을 가지고 있지 않다면, 어느 누가 숫자들, 다섯(5)·둘(2)·셋(3)이 사용된 것을 알겠습니까? 성경말씀에서 "둘"(2)과 "셋"(3)이 이어서 언급될 때 "다섯"(5)은 그런 모든 것들을 뜻하고, 그러나 "열"(10)이나 "열둘"(12)이 선행되고, 또는 뒤이어질 때에는, "다섯"(5)은 약간이나 전혀 없는 것을 뜻합니다.

[12] 십성언(十聖言)의 계명들에서도 동일한 내용을 뜻합니다. 십성언의 말씀입니다.

> 나를 미워하는 사람에게는, 그 죄값으로, 본인뿐만 아니라, 삼사 대 자손에게까지 벌을 내린다(출애굽 20 : 5 ; 민수기 14 : 18 ; 신명기 5 : 9, 10).

여기서 "삼사 대"라는 말씀은 악에서 비롯된 거짓들 안에 있는 모두를 뜻하고, "삼 대"는 악에 속한 거짓들 안에 있는 자들을 뜻하고, "사 대"는 거짓에 속한 악들 안에 있는 자들을 뜻합니다. "셋"(3)이 나쁜 뜻으로는 거짓들을 뜻하고, "넷"(4)은 악들을 뜻합니다. 부모들의 죄악이 자손들 삼 대와 사 대까지 자손에게 재앙이 닥치게 하는 것이 신령정의(The Divine justice)에 반대된다는 것을 누구가 모르겠습니까? 왜냐하면 주님께서 이렇게 가르치셨기 때문입니다. 에스겔서의 말씀입니다.

> 죄를 지은 영혼, 바로 그 사람이 죽을 것이며, 이들은 아버지의 죄에 대한 벌을 받지 않을 것이며, 아버지가 아들의 죄에 대한 벌도 받지 않을 것이다. 의인의 의도 자신에게로 돌아가고, 악인의 악도 자신에게로 돌아갈 것이다(에스겔 18 : 20 ; 신명기 24 : 16 ; 열왕기 하 14 : 6).

이 말씀은 "삼 대나 사 대"가 삼 대나 사 대를 뜻하지 않고, 오히려 이들 숫자들이 뜻하는 것을 뜻한다는 것을 명확하게 합니다. 마찬가지로 아모스서의 "삼 대와 사 대"도 동일한 것을 뜻합니다(아모스 1 : 3, 6, 9, 11 ,13 ; 2 : 1, 4, 6). 이상에서 볼 때 성경말씀에서 단순한 숫자들에 숨겨진 비의(秘義)도 얼마나 큰지도 잘 알 수 있고, 그리고 그 큰 비의도 성경말씀의 내적인 영적인 뜻이 없다면 그 누구도 알지 못한다는 것입니다.

《묵시록 계현》 [7]권 끝

□ 옮긴이 약력

이 영 근 서강대학교 경상대학 경제학과, 중앙대학교 사회개발 대학원 사회복지학과, 한국 새교회 신학원에서 공부하였으며, 예수교회 목사로 임직한 이후 예수교회 공의회 의장을 역임하였고, 월간 「비지네스」 편집장, 월간 「산업훈련」 편집장, 한국 IBM(주) 업무관리부장을 역임하였다. 현재 예수+교회 제일예배당 담임목사이고, 「예수 +교회」 발행인 겸 편집인, 도서출판 〈예수인〉 대표이다. 역서로는 스베덴보리 지음 <창세기1·2·3장 영해>(1993),<순정기독교 상·하>(공역·1995),<최후심판과 말세>(1995), 우스터 지음<마태복음 영해>(1994), 스베덴보리 지음<천계비의1권>·아담교회·2권 노아교회[1]·3권 노아교회[2]·4권 표징적 교회[1]·5권 표징적 교회[2]·6권 표징적 교회[3]·7권 표징적 교회[4]·8권 표징적 교회[5]·9권 표징적 교회[6]·10권 표징적 교회[7]·11권 표징적 교회[8]·12권 표징적 교회[9]와 13권 표징적 교회[10]·14권 표징적 교회[11]·15권 표징적 교회[12]·16권 표징적 교회[13]·17권 표징적 교회[14]·18권 표징적 교회[15]·19권 표징적 교회[16]·20권 표징적 교회[17]<천계와 지옥(上·下)>(공역·1998),<신령사랑과 신령지혜>(공역·1999), <혼인애>(2000) <새로운 교회·새로운 말씀>(공역·2001), <스베덴보리 신학 총서(上·下)>(2002), <영계일기[1]>(공역·2003)·<영계일기[2]>공역·2006)·<영계일기[3]>(공역·2008), <묵시록해설[1-6]>, <새로운 교회의 사대교리>(2003)와 저서로는 <이대로 가면 기독교 또 망한다>(2001), 성서영해에 기초한 설교집 <와서 보아라>[1]·[2](2004)와 [3](2005)과 편찬으로는<천계비의 색인·용어 해설집>이 있다.

묵시록 해설 [7]
―묵시록 8장 1-13해설―

2015년 8월 20일 인쇄
2015년 8월 30일 발행
지은이 임마누엘 스베덴보리
옮긴이 이 영 근
펴낸이 이 영 근
펴낸곳 예 수 인

　1994년 12월 28일 등록 제 11-101호
　(우) 157-014
　연락처·예수교회 제일예배당·서울 강서구 화곡 4동 488-49
　전　화·0505-516-8771·2649-8771·2644-2188
　대금송금·국민은행 848-21-0070-108 (이영근)
　　　　　　우리은행 143-095057-12-008 (이영근)
　　　　　　우 체 국 012427-02-016134 (이영근)

ISBN 97889-88992-29-6 04230(set)　　　　값 **19,000원**
ISBN 97889-88992-67-8